HAJO SCHUMACHER
Kein Netz!

Weitere Titel des Autors:

Restlaufzeit
Solange du deine Füße auf meinen Tisch legst
Männerspagat

Hajo Schumacher

KEIN NETZ!

GELD, ZEIT, LAUNE, LIEBE – WIE WIR UNSER
WIRKLICHES LEBEN ZURÜCKEROBERN

eichborn

Dieser Titel ist auch als E-Book erschienen

Eichborn Verlag in der Bastei Lübbe AG

Originalausgabe

Copyright © 2020 by Bastei Lübbe AG, Köln

Textredaktion: Carla Mönig, Berlin
Titelidee: Oliver Wurm
Umschlaggestaltung: U1berlin / Patrizia Di Stefano
Umschlagmotiv: © Toshiro Shimada / Getty Images
Satz: hanseatenSatz-bremen, Bremen
Gesetzt aus der Minion Pro
Druck und Einband: GGP Media GmbH, Pößneck

Printed in Germany
ISBN 978-3-8479-0062-7

5   4   3   2   1

Sie finden uns im Internet unter www.eichborn.de
Bitte beachten Sie auch www.luebbe.de

»Niemand wird an deiner Tür klingeln, um die Sicherheitseinstellungen deines Smartphones aufzufrischen. Deine Freiheit musst du dir schon selbst holen.«

Inhalt

Kein Netz? Ach du Schreck!

Kennen Sie diesen Moment, wenn die Panik kommt wie eine Monsterwelle? Was soll das heißen: kein Netz? Hektisches Klopfen auf die Tasten. Verbindung checken. Aus. Ein. Hilft alles nichts. Kein Netz. Der Panik folgt Verzweiflung. Ist doch noch so viel zu erledigen. Der lustige Post. Die Listen. Das Liken. Die WhatsApp. Noch mal: WLAN aus, WLAN wieder an. Es bleibt dabei. Kein Netz. Ich fühle mich abgehängt, einsam, allein auf der Welt. Doch dann, ganz langsam, steigt dieses wohlige Gefühl des Freiseins auf. Kein Netz – ein Geschenk, ein unerwarteter Moment des Durchatmens. Vorsichtig beginnen Körper, Geist und Seele, sich zu strecken. Endlich mal wieder aus eigener Kraft leben.

In der Coronakrise haben wir kapiert, dass auf weite Teile des Internets kein Verlass ist, wenn es ernst wird. Die hellsten Köpfe der reichsten Tech-Unternehmen haben wenig zum Eindämmen des Virus beigetragen. Wollten die KI-Experten nicht mal Grippewellen vorhersagen können? Wo war denn nun die tolle Tracing-App, mit der sich Infektionen zurückverfolgen lassen? Die Pandemie hat den Tech-Giganten eine historische Chance geboten, die Welt von ihren magischen Fähigkeiten zu überzeugen.

Stattdessen schoben die Redaktionen von Zeitungen und Sendern Extraschichten, um die Lügen und den gefährlichen Unsinn zu beseitigen, den Facebook und die anderen verbreiteten. Die C-Zeit offenbarte einen kaum überbrückbaren Graben: Social Media sorgte dafür, die Menschheit zu verunsichern und zu radikalisieren; die klassischen Medien kamen mit Klarstellen kaum hinterher. Die von Facebook seit Jahren versprochene Aufräumkampagne blieb auch diesmal aus.

Das Netz lässt unser Miteinander erodieren: immer zu viel, zu laut, dauererregt und phlegmatisch, Wutmaschine und Depressionsverstärker. Immer dieses unbestimmte Gefühl, nie fertig zu sein, dranbleiben müssen, Aufregendes zu verpassen, provisorisch zu leben, von Verhaltensdesignern manipuliert zu werden. Die Angst, dass die Hirne unserer Kinder weich werden und unsere eigenen auch. Ich spüre digitale Erschöpfung. Ist die Welt tatsächlich aus den Fugen? Oder ist sie so wie immer: wirr, ungerecht, gefährlich? Ist nicht vielmehr unsere Wahrnehmung aus den Fugen, überfordert vom ungesunden Zuviel an Schnipselinformationen, Gefühlsausbrüchen und Dreck? Ich fühle mich dauerhaft verunsichert, weil ich kaum noch kapiere, was hinter den verdächtig glatten Benutzeroberflächen geschieht. Hilflosigkeit und Kontrollverlust.

Ein Blick aufs Display. Immer noch nichts. Trommeln auf den Refresh-Button. Nichts. Erleichterung breitet sich aus. Ein Fenster der Freiheit, und Freizeit öffnet sich. Ich liebe diese Momente, und ich fürchte mich davor. Weil ich plötzlich mit meinem atemlosen Treiben und all den schlechten Ausreden konfrontiert werde. Weil ich die Abhängigkeit körperlich spüre. Was, wenn das jetzt so bleibt, ohne Netz?

Ein halbes Leben habe ich mit Netz verbracht, die andere Hälfte ohne. Aufgewachsen mit dem Plattenspieler, nun von den Kindern verlacht als »analoger Ötzi«. Nein, keine Nostalgie. Ich bin kein Pferdekutscher, der die Erfindung des Automobils verflucht. Aber nach 25 Jahren Internet können wir Boomer uns nicht mehr auf unsere analoge Herkunft rausreden. Wir sollten digital erwachsen werden.

Hat noch Zeit, dachte ich lange, ist gerade so lustig. Vorher rasch noch Mails checken, die schicke Karohose bestellen, tapfer weiterliken. Aber dann ist genug. Dann komme ich zur Ruhe. Dann lese ich mit dem Kind. Dann repariere ich Beziehungen und die Demokratie.

Schluss mit »dann«. Internet ist wie Klimawandel. Wir wissen halbwegs, was auf uns zukommt, dass es nicht weniger oder einfacher wird. Wir kennen die Suchtmechanismen, Manipulationen, die Hilflosigkeit der Politik. Niemand kann mir erzählen, dass es Fortschritt ist, wenn Menschen auf ihre Displays schauen anstatt einander ins Gesicht. Das geht nicht so weiter.

Die Phase des Ausprobierens, die digitale Pubertät ist endgültig vorüber. Es ist wie mit dem Alkohol. In der Jugend probiert man alles, findet Lust-, Sucht- und Schmerzpunkte. Dann sucht man eine Balance zwischen Nutzen und Schaden und justiert immer wieder nach. So ist es mit dem Digitalen auch. Das Netz kostet Geld, Zeit, Laune, das Netz stresst, aber immerhin kennen wir das ewige Locken und die Nebenwirkungen. Seit 2013 haben sich die weltweiten Investitionen in Social-Media- und Kommunikations-Apps halbiert. Party isch over. Jetzt wird justiert.

Es gehört zu den bizarren Paradoxien der digitalen Welt, dass mit ganz viel technologischem Aufwand imitiert werden soll, was es längst gibt: menschliches Zusammensein. Dafür hatten wir die vergangenen Jahre zu wenig Zeit, weil wir ja erst noch zu Ende spielen mussten. Wir brauchen Zeit zum Ordnen und Aufräumen entlang der Frage: Was können wir Menschen dauerhaft besser als die Technik, was ist erfüllender, wo nutzen wir neue Chancen, welche Fallen umkurven wir, wie vermeiden wir Abhängigkeit ebenso wie Abgehängtsein? Wie machen wir uns zukunftsfest? Kann ich mich vielleicht doch analog in die Rente retten?

Fragen über Fragen: Wie schütze ich meine Daten, was weiß Google, wie wird in meinem Job künftig gearbeitet, was ist so spannend an Computerspielen, wie geht Programmieren, wie kriege ich eine Digital-Life-Balance hin? Und wie, verdammt, bekomme ich endlich Ordnung in meine Musik- und Fotohalden?

Seit zwei Jahren erforsche ich mit meinem Projekt »Netzentdecker« das digitale Erwachsenwerden. Geholfen hat mir dabei die Essener Brost-Stiftung, die das Projekt großzügig unterstützt hat. Zwei Jahre lang habe ich mich in Laboren, Unternehmen und Instituten herumgetrieben, mich von Hackern,

Forscherinnen und jungen Spezialisten fortbilden lassen und mir immer wieder die Frage gestellt: Was ist nützlich? Was kann weg? Wie nutzen wir die Chancen des Netzes, ohne in die Fallen zu stolpern?

Es ist eine Machtfrage: Ein zufriedener erwachsener Mensch fühlt sich autonom, frei in seinen Entscheidungen. Wie souverän aber steuern wir unser digitales Leben? Und wie viel unseres Lebens wird gesteuert, von wem, mit welcher Absicht: Unser Aufwachen. Unser Einschlafen. Unser Miteinander. Unsere Kinder. Unsere Jobs. Unsere Debatten. Unser Sex. Unsere Demokratie. Unsere Laune. Unsere Liebe. Digitalisierung ist wie Schokolade in der Schublade, ein dauernder Charaktertest für Körper, Geist und Seele und selten so segensreich wie versprochen: Niemand schenkt uns was. Das Digitale betrachtet uns als Konsummaschinen, die ständig optimierbar sind. Mit ihren eigenen Daten, die sie liefern. Und weil wir das Negative, Eklige, Wütende häufiger klicken als das Edle, werden wir alle gemeinsam allmählich immer böser.

Um zu kapieren, was passiert, müssen wir Funktionsweisen und Motive durchblicken, liebevoll selbstkritisch unsere eigenen und äußerst kritisch die der anderen Seite, die die klügsten Programmierer der Welt einsetzt, um uns zum Anstarren von Katzenvideos zu bewegen. Die mit Tricks darum kämpft, uns abzulenken und aufzuregen. Diese Beziehung ist ein Machtkampf um Zeit, Befinden, Hirnkapazität. Nur mit digitalem Wissen können wir entscheiden, was uns nützt und was uns schadet.

Dieses Buch will Orientierung liefern und davon berichten, wie ich meine eigene digitale Unabhängigkeit schrittweise zurückgewonnen habe. Die gute Nachricht: Informieren hilft. Die zweite Nachricht: Wir müssen das allein hinbekommen. Niemand wird an unserer Tür klingeln, um die Sicherheitseinstellungen unseres Smartphones zu optimieren.

Ich bin sicher, dass die digitale Welt formbar ist; das Internet ist das, was wir daraus machen. Aber nur, wenn wir uns vom Bullshit abwenden und mutig in die Realität sehen: Es geht nicht um ein paar Likes oder Lacher, sondern um die Balance zwischen möglich und nötig.

Im ersten Teil dieses Buches schildere ich meine eigenen Erkenntnisse, im zweiten Teil lege ich dar, wie Konzerne und Regierungen den Geist der Aufklärung so wie die Säulen der sozialen Marktwirtschaft zermalmen, und schließlich biete ich eine breite Auswahl an Methoden, Tipps und Tricks , wie wir unsere digitale Souveränität zurückgewinnen.

Gönnen Sie sich für die Lektüre das gute Gefühl des Off-Seins. Konzentrierte, entspannte Köpfe entscheiden am besten, was wirklich guttut, jeder und jedem von uns, unseren Nächsten, unseren Mitbürgern, der ganzen Welt. Ich will mit diesem Buch dabei helfen.

Berlin, 2020, Hajo Schumacher

1 Ich und das Internet – Lehren einer leidenschaftlichen Hassliebe

»Lass uns Freunde bleiben« –
ein offener Brief

Liebes Internet,
wenn ich in unsere große E-Schublade blicke, saust unsere Affäre noch mal zeitgerafft an mir vorbei. »E« steht für »Elektronik«, aber »Emotionen« trifft es besser. Diese Schublade ist ein Album unserer gemeinsamen, hitzigen Jahre, sie birgt zwei Dutzend Mobiltelefone, eins mit aufgequollenem Akku, vier mit gesplittertem Display, dazu etwa drei Kilogramm Ladekabel und, als ironisch-historisches Zitat, einen roten Walkman. Ich bedaure, all die Chromdioxid-Kassetten weggeworfen zu haben, als du eines Tages mit Spotify kamst.
Jedes Gerät erzählt eine eigene Episode unserer über 25 Jahre währenden wilden, irrationalen Liebesgeschichte. Weißt du noch – Compuserve? Am Anfang war Unverständnis, dann kam Staunen und ging über in diese apokalyptische Anziehungskraft, dieses Gewirr aus Faszination, blinder Lust, Erschrecken, Nähe, Distanz, Trennung auf Zeit – das ganze Programm. Dann Wiederannähern, neue Lust, neue Panik, das Ausprobieren neuer Techniken, Streit, Rausch, Hass, Projektion, Routine, der zweite, dritte, vierte Frühling, Lügen, das Versprechen, Abstand zu halten.
Und immer wieder diese magnetische Attraktivität. Du hast nicht mal vor den Kindern Halt gemacht. Und ich habe für dich gelogen, immer wieder: »Nur ganz kurz …« – »Bin gleich fertig …« – »ist wichtig …« Ich schäme mich für all die Flunkereien, die mir irgendwann völlig normal vorkamen.
Es hat lange gedauert, bis ich von dir losgekommen bin. Nun sind wir erwachsen geworden. Ich habe mein Arrangement gefunden: Digital und analog müssen sich zusammenraufen. Statt Entweder-oder gilt Sowohl-als-auch. Wir sollten uns

nicht immer wieder gegeneinander ausspielen lassen. Seit Corona wissen wir, dass »Zoom« nicht jedes Treffen mit Kollegen ersetzt und »Houseparty« keine Alternative ist für das Umarmen lieber Menschen. Es geht nur gemeinsam, nicht gegeneinander.

Wir haben die Sache jetzt im Griff, oder? Ich will dich nicht hassen, aber auch nicht mehr lieben. Ich kenne dich. Und du kennst mich besser. Wir wollen Freunde bleiben oder zumindest gute Bekannte. Ich weiß, dass du weißt, was ich weiß. In diesem Kapitel möchte ich über meine Erkenntnisse aus den Jahren mit dir, mit uns reden, vor allem die schmerzhaften. Keine Abrechnung, aber eine Aufarbeitung. Hart, herzlich, aber fair. Denn du hast mich verändert. Und erst beim Aufschreiben habe ich gemerkt, wie sehr. Deine Tricks sind wirklich brillant, deine Reize betörend. Aber ich kann dir nicht geben, was du willst – die ganze Macht über mich. Ich möchte mein Leben zurück.

Also: Lass uns Freunde bleiben. Danke für all die Lehrstunden.

Dein User

Eine ganz kurze Geschichte
meines digitalen Lebens

1992: Freundschaftliche Kontakte zur Hamburger Künstlergruppe Ponton European Media Lab um Salvatore Vanasco, Ole Lütjens, Benjamin Heidersberger und Christian Wolff, die ihre interaktiven Projekte »Piazza virtuale« und »Van Gogh TV« auf der Documenta IX in Kassel präsentierten. Gewundert, bewundert, nichts verstanden.

1994: Uly Foerster und ein paar andere Verwegene gründen *Spiegel Online*. »Die Frittenbude«, sagen altgediente *Spiegel*-Redakteure herablassend, während das Heft ein »Feinschmecker-Restaurant« sei. Ich arbeite beim Feinschmecker-Restaurant, finde die Frittenbude aber cooler.

1994: Das erste Mobiltelefon, ein Siemens S4 – »der Knochen mit Ausziehantenne«. Anfänglicher Stolz schlägt in Skepsis um. Permanente Erreichbarkeit und ungeduldige Chefs sind eine toxische Kombination. Besorgniserregende Meldungen über Hirntumore durch zu viel Handykonsum.

1995: Zum ersten Mal Streifen auf einem Dienst-Bildschirm gesehen. Nach Ewigkeiten erscheint die Webseite der Suchmaschine Lycos. Oder war es Altavista? Das soll bahnbrechende Zukunftstechnologie sein? Enttäuschung.

1996: Meine Berichte von den Olympischen Spielen in Atlanta werden statt Fax via Internet nach Hamburg und wieder zurück übertragen. Nicht schlecht.

1997: Erste Kollegen geben mit einem Nokia 9000 Communicator an, »die Klappstulle«. Neid.

1998: Erwerb eines sündteuren Newton PDA, eine Art frühes iPhone, noch ohne Telefonie, Internet und Touchscreen. Fehlinvestition.

1999: Erwerb von Teldafax- und Biodata-Aktien am Neuen

Markt. Herbe Verluste. Bedeutung des Begriffs »Hausfrauen-Hausse« gelernt.

2000: Als Chefredakteur von MAX (mit Christian Krug) in der online-affinen Verlagsgruppe Milchstraße gearbeitet. Erste Video-Konferenz.

2001: Mein erster iPod. Besitzerstolz wie beim ersten Auto.

2002: Start in die Freiberuflichkeit. Zufällig Online-Pornografie entdeckt und aus rein journalistischem Interesse eine Weile verfolgt.

2004: Start einer Läufer-Kolumne unter dem Pseudonym Achim Achilles auf *spiegel.de*. Glücksgefühle wegen unkomplizierter, hierarchieflacher Zusammenarbeit.

2006: Mit Sebastian Esser das Medien-Magazin *V.i.S.d.P.* herausgegeben, bis 2012 von Papier auf digital transformiert.

2007: Mein erstes iPhone. Avantgarde-Gefühl.

2008: Gründung der Achim Achilles Gesellschaft für Bewegung mbH. Ziel: Weltherrschaft beim Thema Laufen und Ausdauersport.

2008: Bei Facebook gestartet. Anfängliche Euphorie, dann Langeweile.

2009: Bei Twitter gestartet, während des Arabischen Frühlings im Jahr darauf schätzen gelernt. Seitdem Suchttendenzen.

2010: Gründung des Start-ups *Spredder* mit Sebastian Esser. Ziel: Weltherrschaft bei der Zweitverwertung von Texten.

2011: Gründung der Achilles-Läuferliste. Ziel: Weltrangliste aller Hobbyläufer. Leider Flop.

Die Deutsche Post führt *DieRedaktion* und *Spredder* zusammen.

Gründung des E-Book-Verlags *Mano*. Wieder kein Imperium.

2012: Eigene Website doch nicht auf Wordpress umgestellt.

2013: Instagram nicht verstanden und verpennt.

2014: iPhone abgeschafft. Zurück zum Offline-Handy. Überzeugt, Anführer einer Bewegung zu sein. Einstieg als Lauf-Influencer verpennt.

2015: Erwerb eines Samsung-Tablets. Fest entschlossen, das

ganze Leben von iOS auf Android umzustellen. Schwachsinnige Idee. Fazit: Systemwechsel, egal in welche Richtung, ist möglich, aber unsinnig. Nichts als Ärger.

2016: Erstmals bei Airbnb gebucht, eine Bootskajüte im Hafen von Bristol.

2017: Erster Achilles-Podcast mit Frank Joung.

2018: Ende der Achilles-Kolumne nach etwa 500 Folgen bei *spiegel.de*. Wehmut und Befreiung, war einfach ausgelaufen.

2019: Projekt »Netzentdecker« für die Brost-Stiftung in Essen. Digitale Fortbildung und Neuanfang: zurück zum iPhone, zurück zu iOS.

TikTok versucht – keine Bindung gefunden. Schlechtes Gewissen.

Twitch versucht – keine Bindung gefunden. Weniger schlechtes Gewissen.

Asana versucht – keine Bindung gefunden. Kaum schlechtes Gewissen.

Slack versucht – keine Bindung gefunden. Kein schlechtes Gewissen.

Podcast versucht – Spaß gefunden.

2020: Ein gutes Vierteljahrhundert Internet. Auf die umweltfreundliche Google-Alternative Ecosia umgestellt. Neue Webseite. Das iPhone meldet: „1 Stunde und 6 Minuten" täglicher Bildschirmzeit. Da geht noch was.

»Aber Google Maps sagt ...«

Der Vater will sich analog orientieren, die Kinder vertrauen blind dem Navi. Protokoll einer alltäglichen Verwirrung und das Fazit: Nichts ist gut oder schlecht, nur weil es digital ist.

Wie haben wir es früher eigentlich geschafft, in die richtige Richtung zu fahren, ohne dass uns eine Computerstimme jeden Meter diktiert?

Mein großer Sohn hockt auf dem Beifahrersitz. Wir machen Urlaub in Israel und sind unterwegs von Haifa Richtung Golan. Junge Israelis betreiben in der Wüste eine Hippie-Kooperative mit hochmodernem Internethandel. Das will ich mir anschauen.

Die grobe Richtung unserer Fahrt: Osten, dorthin, wo die Sonne aufgeht. Weil Mittag ist, müsste die Sonne von Süden scheinen, sagt mein innerer Pfadfinder, also auf der rechten Seite des Autos. Leider steht sie links. Ich werfe einen fragenden Blick zum Co-Piloten. Selbstbewusstes Räuspern, dann die Meldung: »Alles super.«

Wenig später passieren wir das Ortsschild von Haifa, jener Stadt, die wir vor einer guten halben Stunde verlassen haben. Der Sohn dreht das Smartphone und stammelt »... aber Google Maps ...«. Die Chefin hat von der Rückbank aus in die zweite von drei Quengelstufen hochgeschaltet. Leiser Boomer-Triumph beim Piloten.

Wir erleben eine weitere Folge der epischen Serie »Analoger Vater vs. Super-Navi«. So viel darf ich verraten: Das Super-Navi hat selten eine Chance, was die Kinder nur schwer ertragen. Ich wende schweigend und navigiere nach den Karten im Reiseführer, den wir in Papierform mit uns führen. Relikt früherer Reisen. Mal sehen, wie weit wir kommen.

Denn dummerweise sind die jungen Israelis von der Hippie-Kooperative digital ähnlich verseucht wie unsere Kinder. Als ich vor vier Wochen per Mail fragte, welcher Weg denn der beste sei, lautete die Antwort: »Meldet euch, wenn ihr losgefahren seid.« Sie hätten uns auch einfach die Adresse verraten können. Ich frage mich in unbekannten Gegenden gern durch. Meistens ist es lustig.

Also gut: Wir sind jetzt losgefahren, sogar mehrfach. Dann melden wir uns mal. Widerwillig tippt mein Co-Pilot die Nummer. Telefonieren ist das neue Faxen; das mögen die jungen Leute nicht.

Tatsächlich geht jemand ran. Höfliches Geplauder. »Er sendet uns die Koordinaten …«, sagt der Sohn glücklich: »Haben wir Waze?« Das ist ein israelisches Navigationsprogramm, und nein, wir haben Waze nicht. Da könnte man sich jetzt die App laden, andererseits wollen wir ja nur diese eine kleine Adresse.

Nächster Anruf. Was tun ohne Waze? Man einigt sich auf WhatsApp. Weil die Nummern im Display nicht angezeigt werden, diktiert mein Sohn geduldig seine Mobilfunknummer, eine deutsche, was bedeutet, dass die Kosten für die Telefoniererei schon jetzt den Gegenwert einer guten Flasche Wein übersteigen, bei einer Luftlinie von knapp 30 Kilometern.

Mein Sohn diktiert seine Nummer erneut, offenbar lag ein Zahlendreher vor. Die Chefin macht von der Rückbank technische Anmerkungen. Und ich verstehe, warum die Milliardäre aus dem Silicon Valley ihre Kinder auf WLAN-freie Waldorfschulen schicken, wo sie mit einem Stück Holz klarkommen müssen.

Wir fahren und warten. Keine WhatsApp. Keine Koordinaten. Hektische Kontrolle der Vitalfunktionen: Haben wir Netz? Akku? Datenvolumen? Früher reichte es zu atmen.

Nächster Anruf, nächste Flasche Wein.

»Irgendwas klappt nicht. Ob wir auf Facebook sind …«, fragt mein Kind, das nur Instagram kennt.

»Dann müsste ich mein Smartphone rausholen«, sage ich: »Kann er nicht einfach die Adresse …?«

Wenn das so weitergeht, sind wir eher bei Assad in Damaskus als bei den Hippies.

»Er beschreibt jetzt den Weg«, sagt mein Sohn: »Den ersten Kreisverkehr im Ort am Olivenbaum verlassen und dann noch 50 Meter.«

Und weiter? Nichts weiter. Am Olivenbaum abbiegen. Das war's. Diese Information hätte man vor vier Wochen mit wenigen dürren Worten in die Mail schreiben oder aber während der letzten halben Stunde Datenaustauschversuch in einem Satz mitteilen können.

Während das Kind angestrengt auf den Bildschirm guckt, biege ich in den Kreisverkehr. »Da ist der Olivenbaum«, sage ich.

»Stimmt«, sagt das Kind und blickt auf: »Der sieht so aus wie im Internet.«

Bin ich ein Technikfeind, weil ich diese Art der Navigation für ein hirnloses Verschleudern von Geld und Energie halte? Was ist bitte modern daran, mit einem immensen Aufwand von Technik und Zeit und Geld eine läppische Information am Ende nicht zu übermitteln? Jede Brieftaube wäre zuverlässiger gewesen.

Darf ich mich über diese merkwürdige Realitätsverschiebung aufregen, dass das Echte erst für wahr genommen wird, wenn es auch im Internet zu finden ist? Nein, darf ich nicht. »Boomer«, sagen die Kinder, wenn ich meckere.

Nur was im Netz steht, ist wahr, finden unsere Kinder, dort fühlen sie sich zu Hause. Die echte Welt – Eltern, Lernen, Sport, Wetter, Adresse-Merken – erscheint ihnen dagegen als Lästigkeit, die notgedrungen zu absolvieren ist, bis man endlich wieder eintauchen kann ins Reich der Dopamine, wo alles warm ist, lustig, spielerisch.

Früher (ich weiß: ein Satzanfang, den man dosiert einsetzen sollte), früher diktierten Knappheit und mögliche Fehlerquellen unser Handeln. Alles war teuer, Telefongebühren, Faxgerät, Thermopapier. Und immer kam was dazwischen. Deswegen hätte ich der Kooperative früher ein Fax geschickt, und zwar nur ein Blatt. Denn wir waren froh, wenn wenigstens eine Seite problemlos eingezogen und wieder ausgespuckt wurde.

Die Israelis hätten wiederum auf ihrem einseitigen Antwort-Fax sowohl Adresse als auch Anfahrt angegeben, die heute irgendwo auf ihrer Webseite verborgen sind. Ich hätte also die Chance gehabt, als selbstbestimmtes Subjekt zur Hippie-Kooperative zu steuern, mit der Sonne zur Rechten und der Landkarte auf den Knien des Beifahrers. Am Abend vorher oder beim Frühstück hätte ich mir die Strecke schon mal angeguckt. Ich gestehe, diese Konstellation war auch nicht immer konfliktfrei.

Das Navi macht mich zu einem ferngesteuerten Objekt. Ich verlasse mich gutgläubig auf eine vermeintlich allwissende Technik. Die Tugend des Planens gilt unserem Nachwuchs als Charakterschwäche. »Kann man doch ganz einfach ...« – das stimmt meistens sogar. Denn im Reich des Immateriellen gilt das Gesetz des Überflusses, ob für Fotos, Musik, Datenvolumen. Warum planen, denken, effizient sein? Ist doch alles immer sofort da. Genau das ist das Problem. Unbegrenzter Speicherplatz führt zu manischem Horten. Und dann zum Verlust des Überblicks. Das Fax war nicht wegen seiner Technologie so wichtig, sondern als ein Kanal, dessen Enge zur präzisen Mitteilung zwang.

Als wir unsere Gastgeber hinterm Olivenbaum gefunden und Tee getrunken hatten, schauten wir uns im Warenlager der Kooperative um. Die jungen Menschen verschickten ökologisch und sozial verträgliche Kleidung in alle Welt, nicht unbedingt hübsch, aber mit gutem Karma. Natürlich kauften wir was.

Nun ging es ans Bezahlen. Und die Navi-Story wiederholte sich. Weil digitalisierte Reisende kein Bargeld mit sich führen, versuchte ich zunächst meine Kreditkarte. Doch das Lesegerät verschmähte mein Plastikgeld. Na gut, dann eben PayPal. Leider hatte nur die Chefin der Kooperative einen Zugang zum elektronischen Bezahlsystem, war aber nicht zu erreichen. Eine halbe Stunde lang aktivierte ich wechselweise PayPal oder versuchte mit der Kreditkarte erneut mein Glück. Der junge Mann klickte sich durch Webseiten mit Hilfetexten. Und immer wieder das Checken aller Vitaldaten: Waren wir online? Hatten wir Akku? Router-Stecker raus, wieder rein.

Als wir die bescheidene Summe nach einem weinflaschenteuren Anruf bei meiner Bank endlich transferiert hatten, ächzte unser junger Verkäufer, dass dieses Bargeld früher ja auch nicht schlecht gewesen sei.

Du kannst nicht nicht digital sein

Ich habe über Jahre versucht, mich der Always-on-Diktatur des Internets zu entziehen. Es hat nicht funktioniert. Die Geschichte einer Kapitulation.

Ich war ein vorbildlicher Jünger der neuen Sekte, besaß ein Siemens S4 mit ausziehbarer Antenne, bejubelte Steve Jobs, mailte, postete, gründete – und verlor den Überblick. Ich wollte meine Freiheit zurück. Also schaffte ich in einer Stressphase vor etwa zehn Jahren das Smartphone ab. Zurück zum Handy, offline, keine Apps, nur Telefon und SMS. Es war eine gute Zeit.

Zugegeben, das Teil war etwas klobig, dafür unverwüstlich, der Lada unter den Mobiltelefonen, Akkulaufzeit unendlich, mit einer wunderbaren Zusatzfunktion – der Taschenlampe. Wenn mein Fahrradlicht mal wieder schlappmachte, geleitete mich die Handy-Lampe sicher nach Hause.

»Pack das Ding weg!«, zischten meine Söhne, wenn ich beim Italiener das ziegelförmige Symbol meiner Individualität auf den Tisch legte. Nichts da. Mögen Angeber mit ihrem Tesla-Schlüssel klappern, ich hielt meinem Handy eine Preußen-Münster-hafte Treue, denn es war wasserdicht, stoßfest und nicht mit dem Internet verbunden – ein Horror für Google und NSA. Bei mir gab es keine Daten abzugreifen.

Leider machte mich mein geliebtes Handy einsam. Das Telefonieren kam aus der Mode, auch die SMS hat einen schweren Stand gegen WhatsApp. Bisweilen irrte ich hilflos durch Kleinstädte, weil ich nicht über einen digitalen Wegweiser verfügte. Früher gab es im Bahnhofsbuchhandel Stadtpläne, die mit der Zeit malerisch zerfledderten. Früher. Mit meinem Handy würde es sein wie mit Karohemden, Tennissocken und Vinylschallplatten, redete ich mir tapfer ein. Eines Tages bin ich Trendsetter, alles eine Frage der Geduld.

Dann kam der Tag, als ich verloren auf dem Bahnhof in Dortmund stand. Ich kam von dieser Konferenz, die ihr Programm nicht mehr auf Papier anbot, sondern nur online. Viele Züge waren verspätet, und ich suchte Anschluss nach Berlin. Es gibt eine wunderbare App namens DB-Navigator, die das tägliche Bahn-Durcheinander auf magische Weise ordnet, die Schlangen vor dem Servicecenter umgeht und ausgefallene Anzeigetafeln ersetzt. Mein Handy konnte aber keine Apps. Andere Reisende zu fragen, das traute ich mich nicht mehr, nachdem ich dreimal den Tipp gehört hatte: »Laden Sie sich doch den DB-Navigator. Ist echt gut.« Es ist entwürdigend, wenn man daheim anrufen muss, um aktuelle Verspätungen zu erfahren.

Es mag Menschen und Lebensentwürfe am Rande der Zivilisation geben, für die ein altes Handy genügt. Respekt. Bei mir nicht. Wer reist, Kinder hat, Informationen sammelt, der kommt ohne Smartphone kaum zurecht. Dasselbe gilt für Datentransfer, Musik, Fotos, Artikel aus aller Welt.

Hinzu kommt die Angst vorm digitalen Abgehängtsein. Die jungen Leute im Büro sagen, dass ich Slack lernen soll. Dabei kann ich nicht mal Ordnung halten bei meinen digitalen Fotos. Muss ich digital dranbleiben, mich qualifizieren für das Selbstzahler-Terminal im Supermarkt? Oder soll ich mit den anderen Senioren an der Klassikkasse warten, wo Mitarbeitende gehalten sind, mit mir zu plaudern?

Ich schiebe Panik vor dem Moment, wenn die Zugbegleiterin auf mein Smartphone blickt und sagt: »Da ist kein Ticket.« Das ist der Tag, an dem ich kein Geld mehr aus dem Automaten bekomme, mich kein Wi-Fi mehr hineinlässt nach Digitalien und sich alle Clouds verzogen haben. Was wird dann aus mir?

»Man kann nicht nicht kommunizieren«, hat der Philosoph und Therapeut Paul Watzlawick einst festgestellt. Dasselbe gilt fürs Internet: Man kann nicht nicht digital sein. Aber ich kann entscheiden, wie intensiv.

Der verdammte blaue Plüschschlumpf

Immer was los im Netz. Klingt toll. Ist aber verschleißend. Alles wird leichter? Von wegen. Digitale Erschöpfung ist die neue Volkskrankheit.

Nirgendwo fühlte ich mich als kleiner Junge dem Himmel näher als am Autoscooter. Im gläsernen Häuschen, aus dem heraus eine Frau emotionslos die Fahrtchips verkaufte, lehnte dieses magische Schild: »Junger Mann zum Mitreisen gesucht!« Fünf Wörter in eckiger Handschrift, die eine Welt voller Abenteuer und Freiheit versprachen, ohne Schule, Lehrer, Eltern. Ich nahm den einen Chip, mehr war nicht drin, und träumte, während ich mit anderen Heranwachsenden am Rande der Fahrfläche wartete und unauffällig die Mädchen anstarrte, die den Umgang mit Lidschatten und Lippenstift übten.

Bevor die Kassenfrau mit rauchiger Stimme die nächste Runde ansagte, fuhr ein junger Mann die leeren Wagen zurück in die Parkposition. Die Kippe in den Mundwinkel geklemmt, saß er hinten neben dem kleinen Stromabnehmermast, lenkte rückwärts mit einer Hand und badete in den Schmachtblicken der Mädchen. Unter dem Ärmel seines knappen T-Shirts zeichnete sich eine Zigarettenschachtel ab. Marlboro, klar. Dass ihm ein paar Zähne fehlten, übersah ich einfach.

Ich zerfloss vor Neid. Jahrmarkt, das war die wilde Welt, die in meiner schmerzhaft heilen Kindheit nicht vorgesehen war: Discomusik, bunte Lichter, überall Leckereien und Losbuden. Natürlich auch Taschendiebe, Hochstapler und massenweise Nieten. Immer gaben wir mehr Geld aus als geplant und trugen bunten, billigen Krempel heim, damit er uns das Jahr über vom obersten Regalbrett aus erinnerte an die Düfte, die hawaiihaften Malereien, das Schnurren der Glücksspielgreifer und

Münzschiebgeräte, den beißenden Geruch der Boxbude, das Taumeln im Spiegelkabinett, die nahe Kotzgrenze in Krake und Alpenexpress, die bizarre Geisterbahn. Ich plante mehrfach, mit den Rummelleuten abzuhauen, notfalls mit denen vom Zirkus. Aber ich traute mich nicht.

Ein paar Jahre später arbeitete ich als freier Lokalreporter. Die Redaktion hatte einen Tipp bekommen. Drei junge Männer vom Rummel hatten sich gemeldet. Sie wollten auspacken. Der Chef schickte mich. Irritiert notierte ich, was die Jungs erzählten: Herkunft aus kaputten Familien, harte Arbeit unter einer herzlosen Schaustellerfamilie, große Teile des lausigen Lohns einbehalten für magere Kost und Logis, zu dritt in einem Wohnwagen, dazu der Alkohol und das Gebrüll, wenn es wieder um Geld ging.

Ich war erschüttert, wie die bunte Fassade des Jahrmarkts und die harte Welt dahinter auseinanderklafften. Schein und Sein. Das war einer meiner Klementine-Momente, die Weihnachtsmann-Ernüchterung, das Nutella-Trauma. Wie damals, als ich erfuhr, was ich gar nicht wissen wollte: dass die Ariel-Werberin eine Schauspielerin war, der rotbemützte Rauschebart nur Fake und eine tranige Fett-Zucker-Mischung gar keine Superkräfte lieferte. Der Rummel war nur Oberfläche, darunter sah es böse und finster aus. Mitreisen war ein Martyrium. Ich hatte eine klassische Ent-täuschung erlebt, eben das, was man Erwachsenwerden nennt: Abschied nehmen von romantischen Kopfbildern, Ankommen in einer Realität, in der es fast immer um Geld geht, um Macht und Obensein.

Ich weiß nicht mehr genau, wann ich diesen Realitätsschock mit dem digitalen Universum erlebte. Bei der ersten Mail, die mir ein Millionenerbe aus Nigeria versprach? Verschwundene Daten bei AOL? Google Street View? Es gab nicht den einen Enttäuschungsmoment, es war eher das Addieren immer neuer Merkwürdigkeiten. Während ich mir die Jungs aus dem Silicon Valley noch vorstellte wie die Nerds aus *Big Bang Theory*, arbeitete Edward Snowden bereits an seinen NSA-Enthüllungen. Während ich an freien Willen glaubte, bauten Psychologen Webseiten, die mein Verhalten steuerten. Der Fall Cambridge Analytica zeigte, dass die Demokratie ins Wanken kam. Trump, Brexit, Bolsonaro, Putins Trolle, rechte Aufwiegler – überall brannte es. Mit dem Projekt »Netzentdecker« ging ich erst in die Tiefe und schließlich in die Klarheit. Und die ist ernüchternd.

Es gibt zwei Internets, das Nutz- und das Schmutznetz. Wir versuchen, im überschaubaren, nützlichen Teil zu bleiben, während wir unentwegt den Duft des Rummels in der Nase haben. Denn gleich neben dem Nutzen lockt der größte, lauteste, bunteste Jahrmarkt, den die Welt je gesehen hat, mit Schmuddelecken, wo Porno, Glücksspiel, Waffen, Drogen, Kindesmissbrauch geboten werden. Schnäppchen, Zocken, Spannen, Applaus – in dieser daueraufgeregten Welt verlieren wir uns nur zu gern, auch wenn wir die Zeit vergessen und uns einsam fühlen. Verwirrte Gefühle sind keine unerwünschten Begleiterscheinungen, sondern Teil einer Strategie. Wer einsam ist, sucht Halt, bleibt länger und kommt oft wieder, um dort umsonst zu arbeiten oder sein Geld zu lassen. Das Schmutznetz hat nur ein Ziel: uns in Konsumiermaschinen zu verwandeln.

Der Rummel lockt rund um die Uhr mit Erregung und Heilsversprechen. Ich fühle mich leer, wenn ich länger nicht vorbeigeschaut habe. Welche Serie verpasse ich? Was wird in meiner Twitter-Blase debattiert? Wann hatte ich das letzte Mal mehr als zwanzig Likes?

So gehe ich gegen Mitternacht noch mal los, wenn die Familie schläft und ich das Internet endlich für mich allein habe. Es war ein harter Kampf, dem Sohn das Smartphone zu entreißen, damit er endlich Schlaf findet. Wie jeden Abend. Diese Handysucht macht mich rasend. Voll auf Dopamin, das Kind. Die Gattin hat im Schlafzimmer eine Serie geschaut, nur noch schnell die eine Folge. Früher haben wir geredet.

Ich starte auf einer Nachrichtenseite, weil ich als Journalist gut informiert sein muss, vor allem morgens um halb eins. Unmerklich gleite ich ins Nutzlose, Lustige, Ärgerliche hinab, bis ich in den virtuellen Arkaden eines Internet-Kaufhauses lande.

Der digitale Oktopus hat längst seine Tentakel nach mir ausgestreckt. Er weiß, was ich mag: Guck mal hier. Gar nicht mal teuer. So schick. Ganz schnell. Die beiden Gläser Wein haben mich milde gestimmt, nachdem die vielen oft nur unterbewusst wahrgenommenen Anzeigen, Hinweise und Bewertungen mich zuvor weichgekocht haben.

Als wüsste der Online-Händler, wo ich Fashion-Mangel verspüre, wird mir eine schicke neue Hose vorgeschlagen. Brauche ich die Hose? Natürlich nicht. Aber eine textile Auffrischung würde mir emotional guttun. Fast jung und voller Spannkraft würde ich Bootsstege entlangfedern.

Wenig später habe ich, quasi versehentlich, auf diesen elenden »Mit-einem-Klick«-Knopf gedrückt, der herrlich bequem alles Weitere veranlasst. Keine Barrieren oder lästigen Weiterleitungen, weder PIN-Abfrage noch Kreditkartendaten – Bestellen geht leichter als jede Onlinepetition.

Die Techniker im Silicon Valley haben mit Hilfe von Verhaltenspsychologen alle Order-Hemmnisse weggeräumt, um mich in exakt jenem klitzekleinen Zeitfenster zu erwischen, wenn ich in Shopping-Träumen schwelge, aber bevor sich mein Hirn zugeschaltet hat. Es geht um Millisekunden. Dann wird der Kopf den Kontostand melden, auf das überquellende Hosenfach hinweisen und die Nachhaltigkeitsprobleme. Doch einen winzigen Hauch zuvor haben meine Einsamkeit und die Midlife-Crisis und die Angst vor Hässlichkeit störrisch »One-Click« gedrückt. Emotion eins, Hirn null. Wieder mal.

Und überall dasselbe: Das Digitale ist so schnell, bequem und praktisch, so aufregend, erregend, empörend, dass ich den Überblick verloren habe über nahezu alles: meine Finanzen, meine Haltungen, meine Beziehungen, meine Jobs, mein Leben, meine Integrität. Während ich das Kind ermahne, doch endlich das Smartphone wegzupacken, liege ich mit dem Tablet auf dem Sofa. Nur noch schnell … – wie früher auf dem Rummel. Wir haben unsinnig viel Geld für Lose oder Schießbude ausgegeben, nur weil wir unbedingt diesen verdammten blauen Plüschschlumpf haben wollten.

Hibbelig ist das neue Normal. Ich leide an FOMO (Fear of Missing Out), der Angst, etwas zu verpassen, und FOBA (Fear of Being Alone), der Angst, allein zu sein mit meinen Meinungen, sowie an FONEL (Fear of Not Enough Likes), der Angst vor zu wenig Followern und digitalen Sympathiebekundungen, vor allem bei Twitter.

Neulich stand wieder ein magischer Tausendersprung an, von 14k auf 15k Follower. Echte 15 000, die muss man erst mal ohne Tricks schaffen als jemand, der keinen Sender, kein Blatt, kein Lippenstift-Influencer-Imperium im Kreuz hat. Das ist schon was. Das Jodeldiplom des Twitterers. Wofür es gut ist? Keine Ahnung.

Genau in dieser Phase, kurz bevor der Zähler umspringt auf die ersehnte »15«, werden urplötzlich die neuen Follower weniger, an manchen Tagen gibt es sogar minus. Ich wette, dahinter liegt ein diabolischer Algorithmus, der genau weiß, dass ich an dieser Schwelle nervös werde, hoffe, bange, bete. Nun schaltet Twitter in den Guerilla-Modus, um mich zu humoristischen oder anklagenden Höchstleistungen zu treiben, die mein Anstand zwar verachtet, aber das ist meinem Sportsgeist egal. Twitter will Verweildauer, ich will 15 k. Zugleich darf die Community auf keinen Fall merken, dass ich mich für ein paar neue Follower zum Affen mache.

Ob das Internet mein tägliches Verhalten verändert hat? Ja, ja und ja. Das Digitale hat alles verändert, mein Zeitmanagement, meine Konzentration, meine Launen, mein Leben, bisweilen disruptiv wie beim Tod meiner CD-Sammlung, viel öfter aber schleichend, in der Familie, bei der Arbeit. Unter uns: Haben wir mehr und öfter Spaß, seit eine KI millimetergenau bis auf die Schamhaarlänge ausrechnet, was uns wirklich kickt, und die passenden Partner gleich dazuliefert? Oder war traditioneller Sex ohne Tinder-Stress nicht entspannter und womöglich auch häufiger?

Ethnologen behaupten, dass die Selbstwahrnehmung des Menschen vom jeweiligen technischen Stand abhänge. Im Zeitalter des Zahnrads etwa sah der Mensch sich und seine Funktionen wie ein Uhrwerk. In der Ära der Motorisierung betrachteten wir uns als Maschinen. Das Internet hat das Bild vom Netzwerk in unsere Wahrnehmung geschleust, aber auch die Funktionslogik der mobilen Stromversorgung. Der Akku verspricht Mobilität, aber nur, wenn wir immer wieder laden.

Unser Leben als Akku: immer und überall einsatzbereit, von null auf hundert, Schnellladen mit Smoothie, Expressmeditation, Power-Wellness. Nie wurden mehr Ritalin, Amphetamin, Kokain gebraucht – unsere Powerbanks. Wenn wir uns aber als prinzipiell tiefenentladbares System betrachten, was für ein Selbstgefühl herrscht da rund um die Fünf-Prozent-Hürde des Ladebalkens? Volle Kraft, immer im Einsatz, nackte Angst vor dem Leersein. Ruhe oder Besinnung sind nicht vorgesehen. Immer unter Strom, immer die Angst, dass der Balken in den roten Bereich abgleitet.

Das zentrale Versprechen der Digitalisierung, dass mein Leben leichter würde, entpuppt sich als Lüge. Fake Future. Was zunimmt, ist Erschöpfung. Tag und Nacht verschwimmen, abends zu viel Netflix, morgens zu viel News-Klimbim. Früher war mir die Tagesform des US-Präsidenten wurscht.

Angst, Ablenkung, zu viel Bildschirmzeit? Kein Problem, da gibt es ein Online-Coaching. Ich fühle mich ständig unteroptimiert. Digitale Unruhe ist eine Krankheit unserer Zeit. Schlaf-Prokrastinieren, Entspannungsangst, Einsamkeitstwittern, Anbieterwechselstress – das sind moderne Krankheitsbilder, dazu diese permanente Erregung. Widerstand ist die neue Solidarität. Wenn ich ehrlich bin, weiß ich auf vielen heiß debattierten Gebieten viel zu wenig, ob Klima, Massentierhaltung, Fluchtursachen. Mangelnde Sachkenntnis lässt sich mit lauthalsem Meinen verdecken: Wo früher ein paar einsame Gestalten von der Theke zugeprostet hätten, locken krudeste Internet-Behauptungen heute Zigtausende Follower an, die gern mal mitmeinen.

Nie sind wir sicher, nie fertig, alles wird ständig upgedatet und optimiert, das Leben als Beta-Version, zugleich aber sind wir ständig gefragt, müssen finden, meinen, bewerten. Nichts ist wirklich falsch, aber alles auch nie ganz richtig, ob Autos, Versicherungen, Lebensmittel, Schuhe oder Erziehungsmethoden. Man müsste so vieles, wenn man nur dazu käme. Wer glaubt, den optimalen Mobilfunkvertrag zu haben, darf sich entspannen.

Dieses Leben in permanenter Überforderung führt zu Peinlichkeiten, wenn ich etwa feststelle, dass mein Amazon Prime jede Menge Gratis-Filme und -Musik beinhaltet, die ich seit Jahren zahle, ohne sie zu nutzen. Schließlich sagen die Kinder, wir müssten Netflix und Spotify haben. Digitales Leben ist, wenn man immer schneller über knackendes Eis läuft, ohne je ein Ufer zu sehen.

Es gehört zu den Paradoxen des Digitalen, dass der Mensch nie so viel freie Zeit hatte, sich zugleich aber nie gehetzter fühlte. Die Erklärung ist einfach: Zwar haben wir im Schnitt etwa zehn bis 15 Prozent mehr Lebenszeit als unsere Eltern und meist auch mehr Geld zur Verfügung. Doch dieser kleine Zugewinn wird von der Menge an Möglichkeiten aufgefressen, die uns der Jahrmarkt vorgaukelt.

So entsteht das bekannte Hamsterradgefühl. Während wir per Smartphone Verabredungen treffen, planen wir das Abendbrot, den nächsten Workshop, quetschen das Lernen mit dem Kind in den Tag, wehren Pop-ups ab, twittern rasch was Heiteres, um gleichzeitig zu prüfen, wie gut der letzte Tweet lief, und hoffen, zur Nacht noch ein, zwei Serienfolgen zu schaffen. Früher wurde Urlaub im Reisebüro gebucht, und damit basta. Heute checken wir nächtelang Preise und Angebote auf Dutzenden Plattformen, um am Ende wahrscheinlich nichts zu sparen, setzt man die versuchte Zeit auch nur mit Mindestlohn an. Die Smartwatch kontrolliert innen, Instagram außen. Wir geben uns einer Illusion der Produktivität hin, die oftmals nur aus dem Absolvieren vermeintlicher Pflichten besteht.

Es gibt zwei Sorten Menschen: Die einen checken ihr Smartphone morgens vor dem Pinkeln, die anderen währenddessen. Stress? Ja. Und wie. Warum? »Diese ständige Erregung ist gewollt«, sagt Welterklärer Ranga Yogeshwar. »Alle digitalen

Geschäftsmodelle basieren darauf, uns ständig an- und aufzuregen, damit wir dranbleiben, weiterklicken, konsumieren und Daten liefern.« Unsere digitale Unruhe ist kein Kollateralschaden, sondern Bedingung einer florierenden Industrie. Innere Ruhe und Gelassenheit sind nicht gut fürs Geschäft. Umso vehementer sind sie zu verteidigen.

Sonst enden wir wie auf dem Jahrmarkt, wo ich mich auf zwei Effekte sicher verlassen konnte: Nach Pommes, Zuckerwatte, Losbude, Entenangeln, Geister- und Achterbahn war mir übel, dafür war ich pleite. Das kann kein Dauerzustand sein.

Dr. Google und die Bildungskatastrophe

Warum einprägen, was im Smartphone steht? Warum Pythagoras, wenn Pornhub lockt? Wo ist die Wissensgesellschaft, wenn man sie braucht?

Ich gestehe, ich habe wirklich an die »Wissensgesellschaft« geglaubt, jenes märchenhafte Versprechen, das einst in keiner Digitalbildungsdebatte fehlen durfte. Das Internet, so die Theorie, würde das Wissen der Welt demokratisieren. Jeder Mensch würde Zugang zu allen Informationen haben, sich fortbilden, in den Dialog mit der Wissenschaft treten, Fakten überprüfen, debattieren, klüger wählen. Totale Transparenz würde unserer Demokratie bessere Entscheidungen bescheren.

Das war voreilig. Das Gegenteil traf ein. Statt Wissen herrscht Emotionales. Der Umgang mit Fakten und Forschung war nie respektloser als heute. Und gerade Eltern fragen sich, welche Chance die Bildung hat in einer Welt, die vor allem Effekte und Affekte belohnt. Mag Corona den technischen Fortschritt in vielen Schulen vorangebracht haben – die Inhalte sind immer noch wie früher. Mögen Lehrer die Gruppenarbeit nun in einem geteilten Dokument organisieren, so malen die Kinder, jetzt halt digital, immer noch ab, was an der Tafel steht. Sie üben sich in Binge-Lernen für die nächste Klassenarbeit, sie verbringen die meiste Zeit bis zur Volljährigkeit in einem Museum des alten Wissens und sind so nett, nicht jeden Tag, jede Stunde aufs Neue zu fragen: »Wofür?« und »Warum?«. Diese beiden Killerfragen würden unser Bildungssystem verunsichern.

Seit Zahlen, Daten, Fakten auf Knopfdruck aus jenem Smartphone sprudeln, kommen der Bildung neue Aufgaben, neue Prioritäten zu, die Fähigkeiten zum Checken seriöser

Quellen etwa. Dafür allerdings braucht es digitales Bewusstsein.

In Dänemark musste die gesamte Lehrerschaft bereits vor 20 Jahren zur digitalen Fortbildung antreten, von PowerPoint bis Tabellenerstellen. Bei den Pragmatikern aus dem Norden wird nicht um jeden Preis digital unterrichtet, sondern dort, wo es Sinn macht. Und der Sinn beginnt dort, wo Schüler ihr Bild aus dem Kunstunterricht rasch mit dem Smartphone fotografieren, um es sofort für alle gut sichtbar an die elektronische Wandtafel zu projizieren. Eine Rede von Martin Luther King ist in Sekunden auf dem Schirm; da suchen die deutschen Kollegen noch nach dem Adapter für den Overheadprojektor.

Es geht nicht darum, analog gegen digital auszuspielen, sondern zu versöhnen. Die Schule wäre der perfekte Ort dafür. Aber nur, wenn die Bildungsanstalt ihre Schüler auch ernst nimmt. Wieso Vokabeln büffeln, wenn das Smartphone jeden Text in Echtzeit übersetzt? Das deutsche Schulsystem hat sich in dem halben Jahrhundert seit der Bildungsreform immer wieder um die Sinnfrage herumgedrückt: Wie geht sinnvolles Lernen in digitalen Zeiten?

So wird Bildung simuliert, wenn sich ein Digitalpakt der Bundesregierung darauf beschränkt, technische Geräte an Schulen zu verteilen. Was fehlt, ist eine übergreifende Idee, wie, wann, wo wir digitale Hilfsmittel einsetzen und was unbedingt weiterhin analog vermittelt werden soll. Dazu braucht es eine Richtung, Lehrpläne und vor allem Lehrende, die Spaß am Neuen haben und mit den Kindern digital auf Augenhöhe kommunizieren.

Doch wie vor 100 Jahren frage ich Konjunktivformen ab, lasse Formeln bimsen und beobachte interessiert, wie alles Kooperative von der individuellen Hatz nach Noten überlagert wird. Die Kinder werden dressiert, Wissen in ihren Kurzzeitspeicher zu pressen, auf Kommando abzurufen und den Lehrern Interesse vorzuspielen. Wie unter einem Brennglas hat Corona die Schwächen gnadenlos offenbart: Millionen von Kindern wurden mit standardisierten Wochenplänen abgespeist und sich selbst überlassen. Unser Schulsystem trainiert die Kinder darauf, es zu überstehen.

Laut OECD haben sich die Mathe-Leistungen deutscher Schüler trotz Pisa-Schock im vergangenen Jahrzehnt verschlechtert. Lesen klappt zwar, das Verstehen wird nur immer schlechter. Und 90 Prozent der getesteten 15-Jährigen können Fakten nicht von Meinungen unterscheiden. Wir Eltern lernen nun dauernd, was in der Schule alles nicht funktioniert. Spannend zu erfahren wäre, welche Lehrpläne, welches Personal, welche Schulen die bekannten Missstände ändern. Oder wissen wir das gar nicht?

Wie und was sollen unsere Kinder nun in Zukunft lernen? Wie integrieren wir die Fundgrube Wikipedia? Sind Lesen und Schreiben Kulturtechniken, die wir nach etwa 5000 Jahren nicht mehr brauchen? Kommen wir künftig ohne jene magische Koordination von Auge, Arm, Hand, Hirn, Stift und Papier aus? Das Smartphone liest schließlich jeden Text vor, semantische Software schreibt Gesprochenes aus und verfertigt immer bessere Aufsätze.

Es gehört zur Wahrheit, dass wir allenfalls schemenhaft ahnen, wie wir unsere Kinder auf eine Zukunft vorbereiten, von der es heißt, dass die allermeisten Jobs heute noch gar nicht definiert sind, die sie eines Tages ausüben werden. Setzen wir auf den guten alten Kanon Sokrates und Kant? Oder jagen wir sie durchs digitale Bootcamp? Politiker fordern an dieser Stelle der Debatte, dass zu Hause bitte schön wieder mehr vorgelesen werden möge. Geht aber gerade nicht, weil Mutti noch bei Instagram klebt und Vati abends Mails schreibt, um zu beweisen, dass er im Homeoffice sogar noch besser performt als im Büro.

Digitale Bildung kommt woandersher, von YouTube oder aus Ferien-Computerkursen. Zugleich sehe ich als Vater hilflos zu, wenn meine Söhne etwa von Politikern jede Menge Memes kennen, also die unzähligen Spaß- und Veräppelungsbildchen und -filmchen, aber nicht deren Funktion oder Strategien. Das allgegenwärtige Verjuxen schafft eine digitale Parallelwirklichkeit, in der nichts wirklich ernst ist.

Dieser Konflikt ist kaum zu lösen. Denn sobald die Kinder auf eigene Faust im Netz unterwegs sind, schwindet die pädagogische Steuerung durch Eltern oder Lehrer. Der Nachwuchs lässt sich nur ungern über die Schulter gucken. So habe ich es mit unseren beiden Söhnen erlebt. Am Ende der Grundschulzeit hatten die Jungs uns Eltern technisch überholt und bewegten sich in ihrer eigenen digitalen Welt, die zunächst aus Zocken bestand, später aus sozialen Netzwerken und dann aus Klippenwissen, aber leider viel zu selten aus, Pluto oder Pythagoras.

»Klippenwissen«, diesen Begriff kann man nicht googeln, er wurde für dieses Buch erfunden. Klippenwissen ist nicht illegal, geisterte aber in analogen Zeiten auch nicht frei herum. Es beschreibt eine Parallelwirklichkeit, gespeist aus fragwürdigen Versatzstücken digitaler Quellen, ob Verschwörungstheorien, Pornografie, Jux, Gewalt, Betäubungsmitteln, eben Themen, die weitaus spannender sind als das, was der Lehrplan vorsieht. Sobald die Kinder ein eigenes Smartphone haben und mit dem Internet verbunden sind, werden sie auf Klippenwissen stoßen.

Zum Klippenwissen zähle ich gesundheitsgefährdende Informationen, etwa Anleitungen, wie man aus Baumarktzeug eine Nagelbombe baut, mit Haushaltsreinigern aggressive Rauschzustände erzeugt, wie man Menschen mit K.-o.-Tropfen betäubt, mit welchen Psychotricks Mobbing besonders wirkungsvoll wird, wo es Tauschringe für Pädophile gibt oder Waffen, dazu Hetzparolen oder das Verspotten Andersdenkender, kurz: jede Art von Information, die instabile Menschen auf dumme Gedanken bringt. Wissen an der Klippe, wo das Terrain des Legalen endet.

Minderjährige, die sich früher leistungssteigernde Mittel besorgen wollten, vulgo Doping, mussten entweder einen unseriösen Arzt kennen oder in einem düsteren Fitnessstudio verkehren. Der Zugang war kompliziert, die Hemmschwelle hoch, was einen großen Teil der Interessenten vom Gebrauch abhielt. Dieser Effekt galt auch für Drogenneugier, Attentatsfantasien oder Neigung zu Abartigem. Beschaffungsaufwand und Risiko standen in einem abschreckenden Verhältnis.

Das ist heute anders. Neulich beim Abendbrot kam die Sprache auf die dunkle Seite des Internets. Der Religionslehrer habe *Matrix* als Lehrmaterial empfohlen, erzählte der Kleine, weil: Dieser 20 Jahre alte Science-Fiction-Film über die Machtübernahme durch Maschinen übersetze das Höhlengleichnis von Platon ins 21. Jahrhundert. Ich korrigierte vorübergehend meine skeptische Haltung zum deutschen Bildungssystem.

Die Kinder höhnten, weil ich *Matrix* auszuleihen gedachte, gegen Gebühr. »Gibt's alles umsonst«, sagte der Große, strafmündig. Die Jungs protzen mit Halbwissen aus dem digitalen Paralleluniversum, von Waffen, Drogen, Killern, die man frei Haus bestellen könne.

Die Chefin sagt »Quatsch«, während ich beim Abwasch grübele, warum ich noch lebe, wenn Auftragsmörder so leicht zu mieten sind. Haben meine Söhne halbstarkes Angebergewäsch wiederholt? Oder ist es wirklich so leicht, an Koks und Knarren zu gelangen?

Eine Viertelstunde später ist die Kamera am Rechner abgeklebt. Ich fühle mich halbkriminell, weil ich mit den Söhnen nur mal einen Blick ins Darknet werfen will. Als Portal ins Reich der Düsternis dient der Tor-Browser, der im Gegensatz zu Chrome oder Safari meine Anschlussdaten über mindestens drei Server leitet und dabei unkenntlich macht. Noch bevor ich mich wundern kann, ist Tor von meinem kleinen Sohn installiert. Er macht das nicht zum ersten Mal.

Nächster Schritt: eine Suchmaschine. Die Fachpresse empfiehlt »Hidden Wiki«. Die Seite sieht amateurhaft aus, bietet aber Links zu allem, was Strafverfolger elektrisiert. Ich könnte pfundweise Cannabis bestellen, auch als Kekse nach Jamie-Oliver-Rezept, dazu einen britischen Pass (aber warum?), gefälschte Dollarnoten – 1 300 echte für 5 000 falsche –, oder einen Profi-Hacker anmieten, der für pauschal 500 Euro angeblich größere Webseiten lahmlegt, Mailverkehr ausspioniert oder »Menschen ruiniert«, was immer das bedeutet. Angeblich gibt es sogar Crowdfunding-Aktionen, wo weltweit Geld gesammelt wird für einen Auftragsmord.

Die Politologin Meropi Tzanetakis hat das Darknet untersucht und herausgefunden, dass beispielsweise die Drogenkunden jung und technikaffin sind, berufstätig, eher Feierbiester als Dauerkonsumenten, und zu schätzen wissen, dass die vielen Kundenbewertungen, wie bei Amazon, für bessere Preise und Qualität sorgen als beim ambulanten Händler im Park. Auch hier gilt: Das Digitale bietet keine neue Welt, aber verdichtet die alte.

Das Internet bietet barrierefreien Zugang zu allem, was einst allenfalls im Halbdunkel hinterm Bahnhof zu beschaffen war oder in Hinterzimmern von Kneipen verhandelt wurde. Eine Studie der Universität Greifswald ergab, dass unsere Kinder im Alter von 13 Jahren alles – alles! – gesehen haben, was im Internet an brutalem, ekligem, illegalem Zeug geboten wird. Und Eltern haben größte Probleme, zwischen digitaler Erziehung und digitaler Freiheit einen Weg zu finden, der die Kinder nicht allein lässt mit all dem Verwirrenden, was auf die Heranwachsenden einprasselt. So war das mit der »Wissensgesellschaft« nicht gemeint.

Ich frage mich seit meinem ersten Mobiltelefon, warum die Kinder dieses faszinierende Alltagsgerät nicht auseinandernehmen, um all seine Aspekte zu erforschen, technische wie psychologische: Wie funktioniert das Senden und Speichern? Das könnte in Physik Thema sein. Was »always on« mit den Menschen macht, behandelt die Gesellschaftskundelehrerin. Woher stammen Coltan und Seltene Erden? Ein Thema für Erdkunde- oder Politiklehrende. Von Cybermobbing bis Einsamkeit, Porno bis Zocken, Arbeitsbedingungen bis Weltwirtschaft, Algorithmus bis Tarif-Abzocke – das kleine Ding, das Schüler an sich tragen wie einen Körperteil, könnte einen wunderbaren Zugang in eine neue Welt des Lehrens und Lernens bieten.

Die Lerninhalte der Zukunft umfassen Kooperationsfähigkeit, kreatives Suchen und Bewusstsein für Wachstum. Gerade weil unsere Kinder mit dem Mythos der sofortigen und grenzenlosen Verfügbarkeit groß werden, kann die Schule gegensteuern und zeigen, dass die Welt sich entwickelt, manchmal faszinierend langsam. Ob es nun die Tomaten im Schulgarten sind, das Salatputzen in der Schulküche, das Einüben einer Drehfigur in der Breakdance-AG – Analysieren, Üben, Gucken und von vorn.

Gehetzt lächeln die Sklaven

Google, Facebook, Instagram sind nicht umsonst, sondern lassen sich mit unserem kostbarsten Gut bezahlen: unserer Zeit. Deswegen fehlt sie uns überall.

Neulich bekam ich ein Glückwunschschreiben der Firma Twitter. Zehn Jahre sei ich nun dabei, das sei doch toll. Vielen Dank auch, aber: Ist das wirklich toll? Ich hatte bis dahin über 6 000 Tweets verfasst. Veranschlage ich nur eine Minute pro 140-Zeichen-Text und neun Minuten täglichen Lesekonsums, komme ich auf gute 600 Stunden in zehn Jahren, was fünfzehn 40-Stunden-Wochen entspricht. Bei einem Stundenlohn von 15 Euro habe ich Twitter insgesamt 9 000 Euro geschenkt, also einen Kleinwagen. Meine Inhalte habe ich noch kostenlos obendrauf gepackt, dazu natürlich all die Daten, die ich geliefert habe.

Errechnen wir dagegen den Nutzen: Als Journalist ist das Gefühl relativen Informiertseins wichtig; Twitter ist meine tägliche Nachrichtenagentur. Da wären zudem die Leseempfehlungen, allerlei Wertvolles, Kluges, Witziges, das sonst an mir vorbeigegangen wäre. Für das Geld hätte ich aber auch *Süddeutsche* und *FAZ* abonnieren können. Ich habe zudem ein wenig Werbung für meine Bücher und Beiträge gemacht, alte Kontakte stabilisiert, virtuelle Bekanntschaften mit Menschen geknüpft, die ich nur aufgrund ihrer Tweets kenne, was auf Dauer mehr über einen Charakter sagt als belangloser Kollegenschnack. Preisfrage: Würde mir ein Twitter-Bekannter beim Umzug helfen? Wäre mal einen Versuch wert. Das war das Positive.

Dagegen steht die schlechte Laune, wegen der sinnlosen Streits mit Idioten, der schmerzhaften Beleidigungen und des

Grummelns, schlichtweg Zeit verdaddelt zu haben. Obendrein das miese Gefühl, dass ich womöglich deutlich mehr Minuten vertwittert habe, als ich hier zugebe.

Der Schriftsteller Henry David Thoreau zog sich vor 174 Jahren für zwei Jahre in eine Blockhütte im Wald zurück. Er wollte herausfinden, welche Bedürfnisse er wirklich hatte und wie sie effektiv zu stillen waren. Unfreiwillig haben wir uns diesem Experiment während der Corona-Quarantäne unterzogen. Die Forschungsfrage lautet: Was brauchen wir wirklich? Und welchen Beitrag leistet das Internet?

Thoreau, den Zeitgenossen als Asketen beschrieben, der wenig Wert auf Kleidung, Luxus, feines Essen legte, hinterließ den Bestseller *Walden* und eine minimalistische ökonomische Theorie: Wie viel Zeit, so fragte er, ist nötig, um unsere Bedürfnisse zu stillen? Thoreaus Erkenntnis: Sechs Wochen Erwerbsarbeit im Jahr reichten für seinen kargen Lebensunterhalt. Die restliche Zeit streifte der Schriftsteller durch die Wälder, dachte nach, schrieb und las, vor allem Alexander von Humboldt. Er hatte wenig Kram, verfügte aber über viel freie Zeit, den wahren Reichtum, auch heute. Denn viele Menschen wünschen sich weniger Arbeitsstunden als mehr Lohn. Gehetztsein und gefühlter Zeitmangel sind die Volkskrankheiten des digitalen Zeitalters.

In meine Twitterei übersetzt heißt das: Ist eine gute Stunde pro Woche gut investiert, um an Infos zu gelangen und Kontakte zu pflegen? Wie viel Selbstbetrug ist im Spiel? Die Tricks, um mich in der Twitter-Welt zu halten, kommen mir weniger tückisch vor als die anderer Dealer. Bei Facebook lassen sich Tage vertrödeln, bei Twitter eher Viertelstunden. Kann aber auch sein, dass ich mir in die Tasche lüge wie ein Kokain-Süchtiger, der einem Heroin-Junkie erklärt, was die Vorzüge seiner Droge sind.

Ich habe lange gebraucht, um diesen Perspektivwechsel zu schaffen. Das Gefühl, ein kleines Ego-Spielzeug wie Twitter geschenkt zu bekommen, hat mich mit Dankbarkeit erfüllt. Dabei bin ich mindestens so viel Mitarbeiter wie Nutznießer. Wer sorgt denn für fortwährendes Entertainment? Exakt: Nicht nur »junge Männer zum Mitreisen«, sondern die Nutzenden mit all ihren noch so kleinen Beiträgen. Jeder Text, jeder Like, jede Emotion trägt zum Geschäft der globalen Aufmerksamkeitsmaschine bei. Ich liefere Content, idealerweise solchen, der für Interaktion sorgt, und diese Interaktionen liefern wiederum Daten. Was mag wann wer wo? Wer also sind die wichtigsten Mitarbeitenden von Facebook und Instagram, aber auch von Apps wie TikTok oder Onlinespielen wie Fortnite? Nein, nicht die Programmierer. Sondern wir, die Nutzer. Wir liefern kostenfrei Ideen, Fotos, Memes, Provokationen. Und bekommen dafür Aufmerksamkeit.

Erschreckend deutlich wird ein anonymer Programmierer, der einem Teenager im Berliner *Tagesspiegel* erklärt, worum es der Games-Industrie wirklich geht: »Geld machen. Das ist das Spiel, das wir wirklich spielen. Mit euch als Spielfiguren. Euer Verhalten wollen wir steuern, so wie du deine Characters in Fortnite steuerst.«

Der Spieleentwickler erklärt, wie die Regeln der persuasiven Technologie funktionieren, was man mit »Überreden« oder »Manipulieren« übersetzen kann. Es gelten vier Prinzipien:

Reputation: Jeder Spieler möchte gut, wichtig, besonders sein. Deswegen bieten soziale Medien und Spiele digitale Statussymbole, ob es nun Dinge sind, die man sammeln kann (»Ich habe die meisten«), oder Platzierungen (»Ich bin weit oben«) oder Daumen oder Herzchen.

Spielschleife: Es werden Ziele gesetzt, die der Spieler mit seinen Fähigkeiten knapp erreichen kann. So entsteht ein permanentes Gefühl von möglichem Erfolg. So entsteht das »Nur noch schnell …«-Verhalten, das nicht nur Eltern hassen, die mit dem Abendessen warten. Aufhören hieße, Erfolge und damit Anerkennung zu gefährden.

Kontinuität: Um das Dranbleiben zu zementieren, darf das Spielen kein Ende haben. Mit einem Finale beginnt umgehend das nächste Spiel. Serien-Junkies kennen diesen Trick von Netflix. Nur noch schnell, nur noch diese eine Folge.

Gruppendruck: Die treuesten Verbündeten der Spiele-Anbieter sind die anderen Spieler. Zu ihren digitalen Spielgefährten bauen die jungen Zocker ein emotionales Verhältnis auf, lassen sich in die Pflicht nehmen und haben ein schlechtes Gewissen, wenn sie ihre Mitstreiter vermeintlich im Stich lassen.

Computerspiele sind atmosphärisch perfektioniert auf die sensiblen Psychen der Kundschaft: Es ist ein wenig anstrengend, aber Belohnungen sind in Sicht. Immer wieder geht es ein Level hinauf. Runter nie. Ein Leben ohne Sitzenbleiben. Immer gibt es eine Lösung und ein paar Anfeuerungen, ein warmes, positives Klima. Überall sind Freunde und Gefährten – ganz anders als in der Schule mit all den lästigen Mobbern, Lehrern und Pflichten.

Ich gestehe: Ich war irritiert, wenn meine Söhne von »Freunden« sprachen, mit denen sie online spielten, obgleich es sich um Wildfremde handelte, womöglich gar Bots, also Programme. Die gemeinsame Mission in einem Computerspiel scheint junge Menschen emotional zusammenzuschweißen. Und die Entwickler wissen genau, welcher Trick in welcher Altersgruppe, in welcher sozialen Schicht, in welcher Kultur, um welche Tageszeit am besten funktioniert. »Wir rechnen euch aus«, erklärt der anonyme Programmierer, »jeder Klick zeigt, wie ihr funktioniert.«

Hier zeigt sich ein wesentlicher Unterschied zu klassischen Formen der Ökonomie. Einst wurde ein Produkt auf den Markt gebracht, und die Anbieter mussten warten, ob es sich verkauft. Warum es erfolgreich war oder eben nicht, ermittelten Marktforscher mit eher unpräzisen Methoden. Heute wird ein Produkt durch das Verhalten der Kunden quasi laufend optimiert, die Suchtmaschine also fortwährend verfeinert.

So schaffen digitale Netzwerke eine perfekte Vermarktungskette: Ob Zocker oder Instagrammer – jeder Mensch sorgt permanent für neue Daten, zum Beispiel darüber, was ihn besonders aktiviert, was ihn abstößt, wie er zu motivieren ist, um noch ein Stündchen länger wach zu bleiben. Wir bauen also aktiv mit an jenen Käfigen, in denen wir sitzen und strampeln, während wir den Eindruck haben, es gäbe was geschenkt.

Stecker raus, Stecker rein

Nur wenige Klicks, in drei einfachen Schritten, sofort – zu den größten digitalen Schwindeleien gehört das Versprechen vom leichteren Leben.

Es war mitten in der ersten Corona-Quarantänewelle, als mein Lieblingssender beschloss, unsere Talkrunde »Die Beobachter« nicht im Studio aufzunehmen, sondern die Gesprächspartner von zu Hause zuzuschalten. Mit digitaler Übertragungstechnik und Programmen wie Skype oder Zoom sollte das kein Problem sein, so war es ja überall zu lesen. Eine gute Stunde versuchte ich, gemeinsam mit dem Aufnahmeleiter und zwei Technikern, eine stabile Leitung hinzubekommen. Mal war das Bild in Ordnung, dann der Ton. Aber nie beides. »Die Sicherheit«, murmelte der Aufnahmeleiter. Die Technik macht keinen Unterschied zwischen Hackern und langjährigen, unbescholtenen freien Mitarbeitern. Jeder ist verdächtig.

Der Sender schickte mir per Taxi einen Adapter, damit sich ein anderes Mikrofon in meinen Rechner stöpseln ließ. Vergeblich. Ein Internet-Spezialtechniker ließ mich eine App auf mein Smartphone laden, die mit sehr langen Passwörtern gefüttert werden musste. Vergeblich. Schließlich wurde mir ein weiteres Smartphone mit dem Taxi nach Hause geschickt. Parallel dazu tauchte der Technikchef des Senders auf, um die Live-Übertragung zu überwachen. Auf meinem Rechner hatte ich schließlich das Bild der Kollegen, über mein Privat-Smartphone bekam ich den Ton, das Gerät des Senders schließlich schickte mein Bild. Der Technikchef war nach einem 14-Stunden-Arbeitstag eingedöst. Beim Abschied erzählte er, dass er es nach einem halben Jahr ausdauernden Tüftelns endlich geschafft habe, das WLAN in alle Ecken seines Privathauses zu lenken.

Vielleicht habe ich einfach nur Pech gehabt in meinem digitalen Leben, aber: Ich entsinne mich an ungezählte Stunden, die ich kopfüber unter unserem Büroschrank verbrachte, wo die Strippen zum Router zusammenlaufen. Wer je versuchte, mehrere Musikbibliotheken zu einer gemeinsamen zusammenzulegen, wer gekaufte E-Books migrieren oder den Router updaten wollte, der weiß, wie es ist, ein Wochenende zwischen Kabeln und unter Schränken zuzubringen und nebenbei YouTube-Tutorials zu schauen, falls der Router läuft.

In meiner Erinnerung hänge ich Stunden in abgekühlten Hotlines, in Fachgeschäften beim Adapterkauf, fluchend vor digitalen Adressbüchern, die jeden Namen viermal eingetragen haben, vor vollgelaufenen E-Mail-Postfächern (mein Lieblingstrauma) oder verzweifelt vor Clouds, die manche Bilder immer wieder und andere gar nicht speichern, und hilflos im Urlaub, im Kampf gegen Mobilfunkanbieter, die mit allen Tricks roamen wollen.

Wer jemals von iOS zu Android oder zurückgewechselt ist, der weiß, dass die große Freiheit und Einfachheit allenfalls für den gelten, der sich lebenslänglich an ein Betriebssystem kettet. Und wen der liebe Gott bestrafen will, den lässt er online den günstigsten Preis für ein Hotel suchen. Profitipp: direkt anrufen und reservieren.

Das Chaos hat System. Die Konzerne wollen Umsatz durch Verwirrung. Ich soll das alte, aber komplett funktionstüchtige Smartphone nicht mit dem frischesten Betriebssystem ausstatten, sondern ein neues Smartphone kaufen. Ich soll nicht mit der Hotline sprechen, weil das Personal zu teuer ist. Ich soll mit der Bedienungsanleitung klarkommen, die automatisiert in 20 Sprachen übersetzt worden ist. Der alte Trick, Haushaltsgeräte zu nieten statt zu schrauben, um das Reparieren zu verhindern, wird in der digitalen Welt auf unzähligen Ebenen immer neu angewendet.

Die Logik der Digitalisierung will nicht den bestmöglichen Kundendienst bieten, sondern errechnet eiskalt, mit wie wenig Aufwand, Personal und damit Kosten ein Unternehmen auskommen kann. Künstliche Intelligenz weiß, wie lange man Kunden quälen kann. Spoiler: irre lange.

Nehmen wir eine Frage zum angeblich günstigen Familienmobilfunktarif, die sich weder in den FAQ noch über YouTube, noch via Hilfsforen klären ließ. Also die Service-Hotline, ein Begriff, der bereits zwei Lügen in sich trägt: Denn weder von »Service« noch von »Hotline« kann die Rede sein.

In den ersten drei Minuten herrscht unbändige Freude, überhaupt durchgekommen zu sein und nun in einer Schlange warten zu dürfen, deren Länge aber leider unbekannt ist. Neulich warnte meine Lieblingsfirma, ein Telekommunikationsunternehmen, dass es 45 Minuten dauern könnte, bis ich mit einer Fachkraft verbunden würde. Mieser Trick, dachte ich, die wollen mich abwimmeln, das geht bestimmt schneller. Nach 40 Minuten war ich nicht mehr so sicher.

Warteschleife ist wie ein Schwergewichtsboxkampf über zwölf Runden. Vor einer Viertelstunde hieß es: »Nur noch drei Kunden vor Ihnen.« Mein Wille soll gebrochen werden. Nervige Musik grillt das Hirn. Der wiederholte Hinweis auf die Webseite mit den beantworteten Fragen anderer Kunden zermürbt die Ausdauer. Ziel ist es nicht, mir zu helfen, sondern mich fertigzumachen.

Aber nicht mit mir. Wenn ich das Telefon laut stelle, lässt sich nebenbei die Hausarbeit erledigen: Spülmaschine ausräumen, Wäsche aufhängen, Steuerunterlagen sortieren. Wir wollen schon seit längerem die Küche renovieren, deren Wände mangels Dunstabzugshaube ins Speckige spielen. Vielleicht sollte ich alle unerledigten Hotline-Anrufe und die Renovierung auf einen Tag legen. Während der ersten Warteschleife abkleben, bei der zweiten streichen, bei der dritten aufräumen. Dann ist der Tag rum. Die Küche fertig. Und nur noch zwei Kunden vor mir. Profi-Tipp: Das Telefon am Strom lassen. Nichts ist furchtbarer als Drankommen, wenn der Akku abraucht. Und: atmen. Emotionen ziehen lassen. Wie Wolken. Alles wird gut.

Es ist ein Geduldsspiel. Halte ich durch? Oder kommt er

doch, dieser Moment, da ich die Verbindung mit einem bestialischen Fluch beende und beim Augenlicht all meiner Angehörigen den grimmigen Schwur ausstoße, dieser Firma, diesem Netzanbieter, diesem Pay-TV-Giganten oder diesem Geldinstitut nie, nie, nie, aber auch wirklich nie wieder auch nur einen Cent zukommen zu lassen? Drei Tage später tue ich's dann doch wieder.

Die Daten wissen sowohl um meine Geduldsspanne als auch um meine Bereitschaft zu verzeihen. Künstliche Intelligenz hilft dabei. Aus den zahllosen Anrufen bei Hotlines, aus wütenden Mails und tatsächlich vollzogenen Abbestellungen können Konzerne präzise errechnen, wie viel Ungemach sie Kunden zumuten können. Daten werden nicht genutzt, um uns das Leben zu erleichtern, sondern, im Gegenteil, um herauszufinden, welche Kundenpersönlichkeit sich welche Tricks und Zumutungen gefallen lässt. Die Digitalisierung sorgt also dafür, dass Kundendienste konstant schlechter werden.

Am billigsten für Unternehmen ist es nun mal, wenn möglichst wenige Hilfesuchende bis zum persönlichen Gespräch mit einem Berater durchhalten. Diese Fachkräfte sind teuer, sie müssen aufgebrachte Zeitgenossen erstens mit psychologischem Feingefühl behutsam auf den Teppich zurückholen und zweitens ein vertracktes technisches Problem lösen. Jeder Mensch, der sich aus der Warteschlange schubsen lässt, bedeutet weniger Kosten fürs Callcenter.

Die Software verfeinert nun die Kunst des systematischen Verärgerns, bis unmittelbar vor den »Breakpoint«, die Bruchstelle, an der der Kunde den Vertrag kündigt. Smarte Algorithmen, so berichtet das *Wall Street Journal*, finden sekundengenau die roten Linien: Wie viel Wartezeit, welches Musikgedudel, welche Ansagen sorgen dafür, dass Kunden auf ein automatisiertes Antwortprogramm ausweichen, sich durch endlose Frage-und-Antwort-Listen quälen oder Erste Hilfe bei YouTube suchen. Moderne Software kann bereits an der Stimme eines Anrufers erkennen, ob seine Wut noch im hell- oder bereits im dunkelroten Bereich brodelt. In den USA wurden Kunden 2019 befragt, wer den lausigsten Telefonservice bietet. Ergebnis: ausgerechnet die, die am allerbesten verdienen, zum Beispiel Facebook.

Einer der größten weißen Elefanten im großen Reich der Digitalisierung ist die Alles-einfach-Lüge. Alle wissen von den Abermillionen verdaddelter Stunden mit wenig kompatiblen Geräten, aber keiner redet drüber, Stichwort: Update für den Drucker-Treiber. Alles nur eine Frage der Zeit, habe ich lange gedacht. Schon bald, wenn das Internet ausgereift sei, dann würden sich diese Holprigkeiten erledigen. Ich bin nicht mehr so sicher.

Nehmen wir etwa den Mythos vom Quantencomputer, der verdächtig an die Story der Kernfusion erinnert. Die Nutzung dieser märchenhaften Energiequelle, also das Verschmelzen von zwei Atomkernen, wie es unentwegt in der Sonne geschieht, soll sauber, sicher und zuverlässig fantastische Mengen Strom liefern. Da ist nur ein kleiner Haken: Das Sonnenfeuer will sich trotz globaler wissenschaftlicher Anstrengungen nicht zähmen lassen. Der französische Versuchsreaktor ITER sollte zu Beginn dieses Jahrhunderts Fusionsstrom liefern, inzwischen wird frühestens 2050 mit einem erfolgreichen Betrieb gerechnet.

Ähnlich komplex verhält es sich mit dem Internet der Dinge, der Idee also, dass schon bald Geräte miteinander kommunizieren. Ein ehemaliger DAX-Chef erklärte mir vor zehn Jahren, dass in Zukunft eine Eisenbahnschiene dank eingebauter Chips von ganz allein melden würde, wann ihr Material ermüdet sei. Umgehend würde sich ein vollautomatischer Reparaturzug in Gang setzen, der die Schiene austauscht, natürlich so, dass der Bahnverkehr möglichst wenig behindert wird.

Die Realität ist leider komplexer. Wann immer ein Vorgesetzter von »Industrie 4.0« spricht, zuckt Axel Berger, 45. Der IT-Experte von ThyssenKrupp soll die Anlagen einer Fabrik miteinander kommunizieren lassen, damit schneller, billiger, besser produziert wird. Berger arbeitet mit seiner Digitalisierungstruppe an der Schnittstelle zwischen analoger Metallverarbeitung und digitalem Wunschdenken, zum Beispiel bei der Material Processing Europe GmbH, die sich mit einer simplen Frage befasst: Wie lassen sich Bleche, die in großen Rollen aus dem Stahlwerk angeliefert werden, möglichst schnell, präzise und ohne viel Abfall schneiden und zum Kunden schaffen, ganz gleich, ob als Kotflügel für Automobile oder als Beschlag fürs Kellerregal?

In der Wellblechhalle bei Krefeld ist ein Kennzeichen der deutschen Industrie zu begutachten: Verschiedenste Maschinen und Prozesse aus sieben Jahrzehnten schneiden Rollen mit bis zu vier Kilometern Blech, mal türenbreit, mal schnürsenkelschmal, auf den Hundertstel Millimeter genau, bis zu 300 Meter in der Minute. Die älteste Maschine rattert, seit Konrad Adenauer Kanzler war.

»Und hier kommt unsere Aufgabe«, sagt Berger: Er soll Maschinen, die bisweilen zufällig zusammenstehen, weil sie woanders nicht mehr gebraucht wurden, zum Kommunizieren bringen, möglichst ohne den laufenden Betrieb zu stören. Wer jemals versuchte, Opas Grammophon, einen Walkman, CD-Player, Plattenspieler, einen Kinderchor, Boom-Boxen und DJ-Mischpult im laufenden Konzert zu einer kabellos funktionierenden Musikanlage zusammenzubauen, die sich mit einem Smartphone steuern lässt, der kann sich die Wucht der Aufgabe in etwa vorstellen. Nur eines ist sicher: Es wird dauern. Und holpern.

Oder nehmen wir den Verkehr. Enthusiasmiert erklärte mir der damalige hessische Ministerpräsident Roland Koch vor 20 Jahren, wie sich die notorischen Staus im Rhein-Main-Gebiet von allein auflösen würden. An jeder Ampel, an jeder Einfahrt würden die Fahrzeuge schon bald so gesteuert, dass der Verkehr stets zügig rollt. In Stoßzeiten sollte ein Mautsystem helfen; wer unbedingt morgens um halb acht losfahren wolle, der müsse halt bezahlen. Die technischen Lösungen stünden allesamt bereit, sagte Koch, davon habe er sich persönlich überzeugt. Schon bald würden die Erprobungen beginnen.

Heute wünschen sich Hessens Autofahrer den Verkehr aus den Tagen der Jahrtausendwende zurück.

Oder Corona. Das Virus war eine herbe Niederlage für die KI-Apostel. Eine Seuche und ihre Ausbreitung, das müsste doch ein Fest sein für die Künstliche Intelligenz. Selbst Computerspiele wie Plague Inc. können simulieren, bei welchen Temperaturen und Menschendichten sich so ein kleines Biest mit welchem Tempo auf welchen Verkehrswegen verbreitet. Unser Smartphone soll anhand unserer Bewegungen Parkinson im Frühstadium erkennen, einen Schwips oder erhöhte Temperatur. Aber kaum kam der globale Stresstest Corona, verstummten die digitalen Heilsverkünder. Google Maps schaffte es nicht einmal, Gegenden mit hohem Infektionsrisiko zu kennzeichnen.

Bis die Wundertechnik Leben rettet, waschen wir analog die Hände, bunkern Klopapier und erwehren uns der Flut von Facebooks Falschmeldungen.

Die Technologie diente eher noch dem Verbreiten des Virus. So setzte die chinesische Digtatur in ihrem Kontrollwahn Technik vor allem ein, um erste Seuchenanzeichen zu unterdrücken und Wissenschaftler mundtot zu machen, die das Virus im Dezember 2019 entdeckt hatten. Damals hätte man die Epidemie womöglich noch eindämmen können.

Professor Gerd Gigerenzer warnt schon länger vor übermäßigen Erwartungen an die Heilkraft des Digitalen. Gigerenzer, auch Sachverständiger der Bundesregierung für Verbraucherfragen, weiß von »ein paar Untersuchungen, die zeigen, dass es Software gibt, zum Beispiel bei der Hautkrebserkennung, die so gut sind wie ein geschulter Mediziner«. Mehr nicht. Die angebliche Krebsprognosefähigkeit des IBM-Superrechners Watson erwies sich als Fake News. Einst gefeierte Programme wurden längst wieder eingestellt.

Der größte Flop aber sei das Projekt »Google Flu« gewesen, der Versuch, Epidemien aus Daten vorherzusagen, aus Posts oder anhand von Online-Bestellungen. Unauffällig hat Google das Experiment beendet. Während viele Mediziner, so Gigerenzer, bis heute glauben, dass Künstliche Intelligenz Wunderdinge vollbringen kann, vertraut der Professor dem Prinzip der simplen Heuristik, auch als »Erfahrung« bekannt. Das Ausbreiten von Ansteckungskrankheiten etwa lasse sich mit drei einfachen Kennzahlen vorhersagen: die grippebezogenen Arztbesuche vor drei Wochen, die vor zwei Wochen und die der letzten Woche, Daten, die sich in jeder Hausarztpraxis erheben lassen. Laut Gigerenzer sind »einfache Methoden oft besser zur Prognose geeignet als komplizierte Big-Data-Lösungen«.

Hat sich digitale Technik in der Corona-Krise als Feuerwehr oder als Brandbeschleuniger erwiesen? Ich war erschüttert, wie viele Menschen, die sich den Einkauf im Bioladen, Yoga-Workshops und Nachdenken leisten können, in Endzeitfantasien und Verschwörungstheorien suhlten. Auf Applaus durfte jeder zählen, der Verzweifeltes über die Weltlage äußerte.

Die Chance, jede Idiotie in Echtzeit auszutauschen, macht das Internet nicht etwa zu einer Besonnenheitsmaschine, sondern wirkt wie ein Panikbeschleuniger, der zugleich die Sucht nach mehr anheizt. Nicht das Virus ist die Pest, sondern der toxische Mix aus Halbseriösem, Irrem, Hörensagen, Drama und Geschäftemacherei, der ein sehr viel gefährlicheres Virus freisetzt: Misstrauen.

Das Digitale macht das Leben eben nicht nur leichter, sondern erfordert permanente Kontrolle, unaufhörlich ausgeweitete Sicherheitsvorkehrungen, kurz: die Einsicht, dass den Versprechen der digitalen Propheten stets mit größter Skepsis zu begegnen ist. Die Wahrheit lautet: Wir werden unser Leben lang checken, updaten, Adapter probieren, fluchen und rätselhafte Sicherheitsfragen zu beantworten versuchen, so wie: »Wie hieß dein erstes Haustier?« Ich hatte nie eines, weshalb ich wahlweise »Flipper«, »Lassie« oder »Keins« eingegeben habe. Doch Software kennt keinen Scherz.

Das letzte Abenteuer der Menschheit: Fotos aus verschiedenen Clouds zusammenlegen. »Muss man händisch machen«, sagt mein Internet-Guru, eins nach dem anderen. Wie früher, als man Bilder in Alben klebte. Willkommen, liebe Zukunft. Addiere ich all die einsamen Stunden im Kampf gegen die Technik zusammen, dann bleibt die Frage, was vom Fortschrittsgewinn eigentlich geblieben ist. Was wäre gewesen, wenn ich in dieser Zeit einfach kluge Bücher gelesen hätte?

»Gefällt mir« und andere Lügen

Hotels, Produkte, Restaurants – glaube nur Likes, die du selbst gefälscht hast. Was Plastik für die Weltmeere ist, Fake für das Internet.

Bettina aus unserer Klasse hat vor über 40 Jahren die »Hitparade« von Dieter Thomas Heck manipuliert. Sie war verliebt in Chris Roberts, einen Schlagersänger mit Mittelscheitel. Also investierte Bettina ihr Taschengeld in Postkarten und Briefmarken, um Hits wie »Ich bin verliebt in die Liebe« oder »Du kannst nicht immer 17 sein« nach oben zu befördern. Sie benutzte für jede Karte einen anderen Stift, veränderte ihre Handschrift und benutzte die Absender vertrauter Klassenkameraden. Manipulieren war mühsame Handarbeit damals.

In digitalen Zeiten ist Manipulation zu einem Industriezweig geworden. Ob Amazon-Bewertungen, Insta-Likes, Twitter-Herzchen oder eben Abrufe von Songs – alles lässt sich kaufen, gegen Rechnung, mit ausgewiesener Mehrwertsteuer. Das Y-Kollektiv, eine Gruppe junger, aufmerksamer Journalisten, hat enthüllt, wie sich für etwa 50 000 Euro jeder Musiktitel ziemlich sicher an die Spitze der Charts befördern lässt. Der Weg führt unter anderem über Spotify, das weltgrößte Musik-Portal, wo für eine monatliche Gebühr unendlich viele Songs gehört werden dürfen.

Unter dem Decknamen »Kai« berichtet ein auf Hit-Hacks spezialisierter Mann mit Tarnhaube, wie er sich angeblich in Hunderte zahlungspflichtiger Familien- oder Premium-Accounts schleicht, um dort ohne Wissen der Besitzer bestimmte Musikstücke in Endlosschleife abzuspielen. Dann wird der betreffende Titel in prominente Playlists geschmuggelt, die Videos werden bei YouTube systematisch abgerufen und bejubelt. Schon bald springt die Chart-Software an und registriert, dass da ein neues Stück auffallend oft gespielt wird. Muss wohl ein Hit sein. Schwupp, steht der Titel in den Charts. Er habe schon für die fünf größten deutschen Künstler gehackt, behauptet Kai.

Ein Reporter des Y-Kollektivs hat das Experiment mit dem gekauften Hit persönlich gemacht. Unter dem Künstlernamen »Error281« nahm er einen Allerwelts-Rap auf, wo sich »Startklar« auf »Fahrrad« und »para« reimt. Dazu das amtliche Video mit Rolex, Trainingsanzug und Zeigefinger-Geschwenke. Wichtig: Das Stück sollte nicht viel länger als zwei Minuten sein, damit es sich möglichst häufig in Endlosschleife abspielen lässt. Merke: Zwei Minuten sind dreißigmal die Stunde zu wiederholen, sechs Minuten nur zehnmal.

Für Strafverfolger spannend dürfte die Behauptung des Hackers sein, dass der Hit-Hack auch der Geldwäsche dienen soll. Wie? Ganz einfach. Manche Deutschrapper sind eng verbandelt mit kriminellen Clans, die viel Geld im Rauschgifthandel verdienen. Was ist ein zentrales Thema nahezu aller dieser Rapper? Kiffen, Koksen, zigmillionenfaches Verherrlichen von Drogenkonsum, das in fast jedem deutschen Kinderzimmer landet.

Wird der Hithacker nun mit 50 000 Euro bar in kleinen Scheinen bezahlt, die aus dem Straßenhandel mit Cannabis stammen könnten, wäre erstens schmutziges Geld gewaschen. Denn bei Millionen Abrufen summieren sich auch Spotifys Tantiemen-Krümel zu gutem Geld und verwandeln die kleinen schmutzigen Scheine in ein sauberes Einkommen. Hinzu kommen Einnahmen aus Konzerten, Merchandising und womöglich Werbeverträgen. Und immer weiter läuft die als Kunst getarnte Drogenreklame. Ein perfekter Kreislauf außerhalb des Strafverfolger-Radars.

Was Plastik für die Weltmeere, das sind Fakes für das Internet. Sie werden immer mehr, kommen als große Klumpen oder in kaum sichtbaren Mikroteilchen daher und verseuchen jeden Organismus im digitalen Lebensraum. Fake Likes, Fake

Accounts, Fake Bewertungen, Fake Mails, Fake News, Fake Videos von Kriminellen, Scherzkeksen, Firmenchefs, Auftragskillern, Influencern, Geheimdiensten und der Frittenbude von nebenan. Die Geschichte der gekauften Hits zeigt im vergleichsweise Kleinen, was im Großen möglich ist, von der Wahlmanipulation bis zur Zerstörung von Biografien.

Und der Fake ist wirklich überall. Neulich entdeckte ich durch Zufall, dass ein kleines Restaurant ganz in unserer Nähe unter den Top 20 aller Berliner Gastronomiebetriebe rangierte, euphorisch bewertet von über 800 Gästen aus aller Welt. Keine Frage, dort wurde solide gekocht, aber nun nicht sensationell. Ich fragte den Wirt, wie er denn so weit nach oben in der Rangliste geraten sei. Er grinste, rieb Daumen und Zeigefinger aneinander und antwortete: »War nicht billig.« Ich fragte nach: »Bewertungen gekauft?« Er nickte. Ich schüttelte empört den Kopf. Er lachte über meine Naivität: »Wieso? Das machen doch alle.«

Alle. Aha. Dann probiere ich das auch aus, etwas unverfänglicher. Zur Europawahl 2019 haben wir für die »Netzentdecker« ein Interview mit dem damaligen EU-Kommissar Günther Oettinger aufgenommen und auf YouTube gestellt. Der Mann äußert sich kompetent zu Fake News und Wahlmanipulationen, aber leider verzeichnete unser wegweisendes Interview auch Monate später erst drei Dutzend Abrufe, wovon die eine Hälfte womöglich von mir, die andere von Oettingers Leuten stammen mochte.

Erste Erkenntnis: Das Netz ist voll von Firmen, die Likes bei Facebook, YouTube, Twitter, Instagram gegen Geld liefern. Echte Menschen, echte Accounts, behaupten die meisten Anbieter. Warum Leute Likes kaufen? Weil Daumen, Herzchen, Sternchen suggerieren, dass andere Menschen diesen Post, ein Produkt, ein Musikstück bereits für gut befunden haben. Welchen Nasenhaarschneider bestelle ich bei Amazon? Modell A mit mehreren Hundert überwiegend positiven (und gefakten) Bewertungen oder Modell B mit drei (echten) Empfehlungen? Das Vertrauen in den Schwarm ist grenzenlos.

Marketinggeld, das früher in Zeitungsanzeigen floss, landet heute bei Spezialagenturen, die mit Likes handeln. Und das muss nicht teuer sein. 30 000 Instagram-Follower zum Preis von einem Paar Sneaker; damit können sogar Privatpersonen ihr Sozialprestige heben. Früher träumten Teenies von einem Moped, heute von einem Insta-Account, der mehr als 100 Freunde hat. Like-Kauf macht allerdings auch abhängig. Hatte das Foto gestern 100 Herzen, kann das Bild heute nicht bei drei Likes verharren. Wenn man einmal anfängt – das Botox-Prinzip.

Für Günther Oettinger buchte ich ein YouTube-Paket: 3 000 Abrufe und 200 Likes für 25 Euro und 99 Cent. Regulär hätten wir dafür bis zum Jahr 2100 warten müssen. Keine halbe Stunde nach der PayPal-Bezahlung schnellt die Zahl der Oettinger-Gucker auf über 100, am nächsten Morgen hat der Film tatsächlich über 3 000 Abrufe. Ist das sauber? Ich rufe bei der Hotline an. Keine Warteschlange. Eine nette Dame beruhigt mich: Nichts sei illegal, weil es sich ja um echte Menschen handele, die Klickdienste verrichten.

Das will ich genauer wissen und bewerbe mich als Auftragsklicker. Ich kann fehlerfrei surfen, ich kann virtuos klicken, ich kann Stunden im Netz verplempern. Perfekte Voraussetzungen für eine Karriere als Klickworker. Ich bewerbe mich bei einer Klick-Agentur. Es dauert exakt 90 Sekunden, bis ich mich mit einem nicht ganz lupenreinen Facebook-Profil angemeldet habe. Ich bekomme 50 Cent Willkommensbonus, damit ich nicht bei null anfangen muss. Ausgezahlt wird aber erst ab fünf Euro.

Und schon geht die Arbeit los. Ich like ein Portal für Wohnmobile, ein Nagelstudio in Charlottenburg, einen unterirdischen Bierkühler, Pferdefutter, eine Hundepension. Die ersten zehn Cent sind verdient, in etwa drei Minuten. Würde ich in diesem Tempo weiterliken, käme ich auf zwei Euro Stundenlohn. Aber ich darf nur 15 Likes die Stunde vergeben, sonst wird Facebook stutzig. Macht 30 Cent, in der Stunde. Für Klickarbeit gilt kein Mindestlohn.

Ich kann außerdem YouTube-Videos mögen, Instagram-Herzchen vergeben oder eben Facebook-Likes. Minimal bringt ein Like zwei, maximal sechs Cent. Leider darf ich nur 45 Likes am Tag vergeben. Die sozialen Netzwerke haben Warnmechanismen, die übermäßiges Maschinen-Liken verhindern sollen. Profis bewerben sich mit mehreren Fake Accounts bei einem Dutzend Klickwork-Agenturen; so lässt sich durchliken, um auf einen Hauch von Mindestlohn zu kommen. Solche Honorare mögen in Deutschland nicht attraktiv sein; in anderen Teilen der Welt arbeiten Menschen gern dafür.

Das Geschäft mit den Fake Likes nutzt allen. Die Tech-Konzerne bekommen simulierte Betriebsamkeit, die Gelikten scheinbare Sympathie, Agenturen und Klickworker verdienen.

Ich like weiter: Foodtruck aus Berlin, zwei Techno-DJs, Football-Klub, Wodka, Traumhotelplattform. Was mir nicht passt, kann ich überspringen, so wie die Briefmarkensammler, die eher identitär klingen, Anlageberater, die ein scharfer Hauch von Cum-Ex umweht, oder das österreichische Motorradportal, wo man das Befolgen von Verkehrsregeln offenbar für Charakterschwäche hält. Wieder 30 Cent verdient.

Mein Arbeitgeber heißt PaidLikes, sitzt in Magdeburg und greift zurück auf etwa 30 000 Liker wie mich, die insgesamt schon 13 Millionen nach meinem Empfinden nicht ganz astreine Likes verteilt haben. PaidLikes gehört zur REDmedia GmbH, die offiziell Facebook-Werbung für Unternehmen anbietet. PaidLikes hat bei Facebook übrigens nur 49 Sympathiebekundungen. Läuft wohl auch ohne. Monate nach meinem Selbstversuch enthüllt die Ruhr-Universität Bochum, dass auch Politiker, allerdings eher aus der zweiten und dritten Reihe, bei PaidLikes Sympathie gekauft haben. Das Geschäftsmodell existiert seit vielen Jahren, in vielen Branchen.

Ärzte zahlen bis zu 1 000 Euro für 25 nette Kommentare. Teuer? Ja, aber der Ruf ist sensibel. Schon eine negative Bewertung auf Arztvergleichsportalen wie *Jameda* kann Patienten kosten; nur die schnelle Gegenwehr mit vielen positiven Kommentaren lässt die Ein-Stern-Bewertung verblassen. Wer dauerhaft monatlich ein halbes Dutzend überzeugend getexteter netter Kommentare haben will, legt bis zu 4000 Euro im Jahr an.

Menschliche Lohnklicker stehen allerdings in einem harten Wettbewerb. Kleine Programme, sogenannte Bots, werden immer besser beim Imitieren von menschlichem Verhalten. Zunächst mal sind Bots – kommt von »Robots«, nicht von »Bottrop« – weder gut noch böse, sondern elektronische Dienstboten. Bots können einfache Fragen beantworten oder Twitter-Accounts steuern, sie führen sich auf wie normale Nutzer, die liken, posten, pesten, scharfrichtern. Was man halt so macht im Netz.

Und nun wird es gespenstisch. Ein hochrangiger Politiker verriet mir, dass etwa bei Twitter eine globale Armee von 200000 Bots bereitstünde, um jederzeit die Stimmung im Netz zu manipulieren. Privatarmee oder Regierungstruppen? Keine Ahnung. Ziel? Unklar. Zeitpunkt des Angriffs? Jederzeit.

Mal angenommen, eine finstere Macht hätte tatsächlich eine solche Bot-Armee aufgestellt. Was ließe sich anstellen? Die einfachste Anwendung: Beim TV-Duell der Kandidaten kurz vor der Wahl lässt sich mit Tausenden Bot-Likes der falsche Sieger küren. Wie beim Nasenhaarschneider greift das Schwarm-Prinzip. Journalisten lassen sich gern von Like-Zahlen blenden. So soll es bei der US-Wahl 2016 geschehen sein. Überfallartig lassen sich emotional aufgeladene Themen hochziehen. So soll es beim Brexit-Referendum gelaufen sein. Warum die Internetkonzerne nicht gegen Bots vorgehen? Es sind angeblich so viele, dass die Nutzerzahlen von Twitter, Facebook und Co. dramatisch fallen würden.

Weil ein guter Bot beispielsweise objektive politische Informationen liefern kann, ein böser dagegen gnadenlos manipuliert, findet sich kein Konsens im Umgang. Wenn ein Kandidat anfängt, sich von Programmen feiern zu lassen, werden die Mitbewerber kaum stillhalten. Weil sich Bots ohnehin kaum identifizieren lassen, wird es eine Verzichtserklärung von Parteien nicht geben.

Der Informatiker Björn Ross von der Universität Duisburg-Essen hat untersucht, inwieweit Bots geeignet sind, Debatten zu verändern, indem etwa Internetnutzer zum Schweigen zu bringen sind, die sich mit ihrer Meinung in der Minderheit fühlen. »Was uns gewundert hat«, so Ross, »ist, wie wenige Bots notwendig sind, um eine Stimmung zu kippen.« Diesen Effekt machen sich vor allem Rechtsextremisten zunutze, um ihre digitale Meinungshoheit zu erkämpfen.

Hä?

SMS. WhatsApp. Mail. Direktnachricht. Messenger – warum immer mehr Kanäle unsere Kommunikation immer mehr durcheinanderbringen.

Früher habe ich meinen Söhnen Mails geschickt. Meist nichts Wichtiges, ein väterlicher Hinweis, verbunden mit dem leisen Wunsch nach Reaktion. Ich erwarte keine Antwort nach zehn Minuten, aber drei Tage sollten reichen. Ich habe dann eine weitere Mail geschickt mit der Frage, ob die erste angekommen sei. Schweigen. Ich rufe an. Mailbox. Ich schicke eine SMS: »Hast du die Mail bekommen?« Antwort: »Welche Mail?«

Digitale Kommunikation könnte so schön sein, wenn wir nicht alle auf verschiedenen Kanälen unterwegs wären. Ich möge doch bitte keine SMS benutzen und Mails schon gar nicht, werde ich von meinen Kindern ermahnt, das mache doch keiner mehr. Digitale Frustration. Theoretisch bist du mit jedem Erdenbürger in Echtzeit verbunden, praktisch fühlst du dich unendlich einsam.

Also WhatsApp. Sonntags lade ich die Kinder gern zum Essen ein, über die Familiengruppe. Weil wir eine demokratische Familie mit wechselnden Ernährungsfimmeln sind, lasse ich per Smartphone über das Restaurant abstimmen. Die Jungs telefonieren nicht gern. In einem Anfall heiterer Kreativität postete ich eine Emoji-Leiste: Tomate, Aubergine, Salatkopf, Brezel, Schweinerüssel und drei Humpen Bier, dazu die Worte: »Sonntag, wann, wo?«. Die Übersetzung ist ja wohl ebenso lustig wie klar: ironisch mit Gemüse antäuschen, mit Schnitzel und Bier locken, um welche Uhrzeit in welchem Restaurant?

Die Antworten waren weniger eindeutig. Der große Sohn antwortete »Hä?«. Der Kleine schrieb »picnic«, was mich ratlos machte. Und die Gattin postete »LdL« plus Grinse-Smiley. Ob sie »LOL« meinte, also lautes Lachen? Oder spielte sie auf meine Cholesterin-Werte an?

Als wir uns, wie immer, beim Italiener trafen, klärten sich die Missverständnisse. »Was heißt ›picnic‹?«, wollte ich vom Kleinen wissen. »Problem in chair, not in computer«, erklärte er prustend. Er meint mich. Sehr komisch. Und was hieß das »LdL« der Gattin? »Land des Lächelns«, erklärte sie, ihr bevorzugtes asiatisches Wirtshaus.

Bleibt die Frage, wie viel Laune und Lebenszeit weltweit mit unklaren Botschaften vergeudet wird. Die Vielzahl von Kanälen sorgt für eine Unverbindlichkeitsschwemme. Mit Kommunikation ist es wie mit Pharmazeutika: Viel hilft nicht viel. Während wir uns beispielsweise früher auf die einzige Feier am Wochenende freuten, die Wochen vorher angekündigt worden war, ist unseren Kindern keine Feier gut genug.

Falls bei Party eins nichts los ist, saust die Freundesgruppe zu Party zwei, wo, so verhießen jedenfalls die WhatsApp der anderen, der Bär steppe. Dort angekommen, ist die Superstimmung längst verflogen, die Meute hatte sich zu Party drei bewegt. Am Ende erweist sich dann allerdings doch Party eins als Knaller. Die Kinder verbringen das Wochenende im Wesentlichen im öffentlichen Nahverkehr. Wo sie in ihre Handys starren mit dem unschönen Gefühl, immer am falschen Ort zu sein.

Welche Botschaft passt in welchen Kanal – eine unterschätzte Frage. Die Theorie von der Media Richness (»mediale Reichhaltigkeit«) hilft weiter. Es geht um die Frage: Wie wird ein Inhalt möglichst verständlich übertragen? Die überraschende Antwort: Am effektivsten ist oft das strukturierte Gespräch: Gesichtsausdruck und Tonlage, die Möglichkeit zu spontanen Rückfragen oder Feedbacks, die Verbindlichkeit, die persönliches Erscheinen erzeugt – auf vielen verschiedenen Ebenen werden Bande geknüpft. Ein Telefonat kommt dem Auge-in-Auge-Gespräch am nächsten. Auch ein Brief wirkt auf mehreren Ebenen.

Reden, Hören, Sprechen braucht gemeinsame Zeit. SMS, Mails. WhatsApps werden meist schnell abgesetzt, womöglich noch ironisiert oder mit leiser Wut. Weil auf wenigen Zeilen aber nahezu alles harsch klingt, sind wir unentwegt damit beschäftigt, das rasch Hingetippte emotional einzuordnen. So kam der Zwinker-Smiley dazu, um das, was geschrieben steht, abzumildern: Nimm's nicht so ernst. Aber ein bisschen.

Um eine schnelle Nachricht mit einem emotionalen Beipackzettel zu versehen, sind weltweit inzwischen etwa 3 000 Emojis im Einsatz. Ein gewaltiger Aufwand, um Zwischentöne zu treffen, die Stimme und Mimik im direkten Gespräch viel besser hinbekommen.

Kein Wunder, dass der gute alte Fernsprecher in den Corona-Tagen eine unerwartete Renaissance erlebte. Denn selbst eingefleischte Telefonmuffel stellten fest, dass schnell getippte Messages keine große Hilfe sind, wenn es ernst wird. Nur die menschliche Stimme sorgt wirklich für menschliche Nähe.

Instagrammabel

Juso Kevin Kühnert und YouTuber Rezo mischen die Politik mit digitalen Machtproben auf.

Der junge Sozialdemokrat Kevin Kühnert hat eine bemerkenswert steile Karriere in der SPD hingelegt. Seine Macht hat weniger mit seinem Charisma oder vielen neuen Ideen zu tun, die er in die Politik bringt, sondern vielmehr damit, dass Kühnert digitale Kommunikation verstanden hat – was man vom Rest der Parteispitze nicht sagen kann.

Wie digitale Wahlwerbung geht, demonstrierte der Juso-Chef im Winter 2019, als er sich um den Posten des Parteivizes bewarb. Seinen mäßig aufwühlenden Vortrag illustrierte er mit einem roten Strumpf, den er auf dem Rednerpult gut sichtbar schwenkte. »Rote Socke« – die Schmähung der Konservativen nahm Kühnert selbstironisch auf und verwandelte sie in sein eigenes Gütesiegel. Und alle Kameras klickten.

Die analoge Requisite mag den Delegierten im Saal albern vorgekommen sein. Doch Kühnert betrieb modernstes politisches Marketing. Der Strumpf schaffte »Instagrammabilität«, schuf also dieses eine starke Bild, das alles zusammenfasst, das ohne Erklärung aus sich heraus funktioniert und einen gleichsam magischen Effekt auslöst.

Denn das Bild verbreitet sich mit Hilfe von Kühnerts Fans blitzartig in den sozialen Medien, um nach wenigen Minuten digital zurückzukehren auf die Smartphones im Sitzungssaal, wo die Delegierten den Eindruck haben müssen, dass Kühnert für seinen Auftritt drinnen im Saal draußen in der Welt bereits gefeiert wird. Die Botschaft: Unser Kevin ist ein bekennender Roter, jung, frech, anders. Dem gehört die Zukunft. Bei Olaf Scholz war das nicht so.

Während Traditions-Sozis noch verbissen am Redemanuskript feilen, kommuniziert Kühnert digital, so wie es anderswo längst normal ist. Ob die Demokratin Nancy Pelosi ein Redemanuskript von Donald Trump zerreißt, ob die Linke Susanne Hennig-Wellsow dem Drei-Tage-Ministerpräsidenten Thomas Kemmerich im Erfurter Landtag einen Blumenstrauß vor die Füße feuert – ein komplexer Vorgang wird in ein aussagekräftiges Bild übersetzt, das sich schneller verbreitet und intensiver wirkt als jede Textnachricht. Willy Brandts legendärer Kniefall in Warschau war so ein Moment.

Junge Politiker produzieren Bildmaterial für Twitter, Facebook und Instagram automatisch mit, weil sie es so gelernt haben. Die Älteren wiederum fühlen sich intellektuell unterfordert. Die Instagrammabilität politischer Kommunikation illustriert Generationen- und Kulturbruch. Der ewige Student Kühnert ist auch deswegen so unheimlich mächtig, weil er kaum Konkurrenz hat auf dem Feld der digitalen Kampagnen: Wer hat über die Wahl der Vorsitzenden maßgeblich mitbestimmt? Kühnert.

Als Ende 2019 mal wieder über die Parteiführung abgestimmt wurde, lagen die beiden Kandidatenpaare nahezu gleichauf bei den Briefwahlstimmen, also bei den Älteren. Bei den Online-Votes aber triumphierte das Duo Esken/Walter-Borjans über die favorisierten Geywitz/Scholz. Und diesen Vorsprung hatte maßgeblich Kühnert organisiert. Mit einer Armee ergebener Multiplikatoren, die jede Botschaft des Juso-Chefs artig verbreiten, hatte Kühnert zunächst Stimmung auf Social Media gemacht und das vergleichsweise bequeme Online-Abstimmen propagiert.

Den Vorwurf, das Votum verpennt zu haben, den sich die jungen Briten nach dem Brexit-Referendum anhören mussten, konnte man dem SPD-Nachwuchs nicht machen. Während sich die wahlmüden alten SPD-Recken nur noch widerwillig zum Briefkasten begaben, um ihre Stimmzettel einzuwerfen, entschied eine hochmobilisierte junge Minderheit, wer die alte Tante SPD anführt. Vizekanzler Scholz hatte an *Tagesschau*,

Spiegel und Inhalte geglaubt, während Kühnert die Macht der sozialen Medien nutzte. Der erste Instagram-Sieg in der deutschen Politik.

Das mangelnde Gespür für digitale Entwicklungen ist Kennzeichen der Generation Merkel. Während sich Gerhard Schröder auf seine alten Tage bei LinkedIn noch mal neu erfindet, tun sich die vier letzten Bundeskabinette durch eine geradezu erschreckende digitale Ignoranz hervor. Auf kaum einem Spielfeld kann man dem politischen Personal der vergangenen 20 Jahre einen Hauch von Ballhöhe bescheinigen. Digitale Topthemen werden von EU-Superkommissarin Margrethe Vestager vorangetrieben, Deutschland zetert engagiert über Funklöcher an Milchkannen. Frau Merkels mangelndes Gespür fürs Internet zählt zu ihren weniger schönen Vermächtnissen.

Kein Wunder, dass ein junger Mann im Alleingang die Kanzlerinnenpartei ins Wanken brachte, mitten im EU-Wahlkampf 2019. Ein bis dahin nur Jugendlichen bekannter YouTuber rüttelte die CDU derart durch, dass viele politische Beobachter seinen Auftritt als Anfang vom Ende der Parteivorsitzenden Annegret-Kramp-Karrenbauer bewerten.

Unter seinem Künstlernamen Rezo hatte der 28 Jahre alte Spross einer Wuppertaler Pfarrersfamilie fast eine Stunde lang mit brachialer Deutlichkeit dargelegt, warum die Klimapolitik der CDU und ihrer Kanzlerin, der Pfarrerstochter Angela Merkel, nicht sonderlich überzeugend sei. Weder der Titel (»Die Zerstörung der CDU«) noch Ton und Tempo entsprachen dem im politischen Berlin gepflegten Umgang.

Und hier begann das kollektive Missverständnis, das Partei-Obere und die Kommentatoren klassischer Medien verband. Mit einigem Hochmut wurde Rezo zunächst als wenig zurechnungsfähige Internetfigur abgetan, ein YouTuber halt, die ältere Herrschaften gern mit dem Influenza-Influencer-Wortspiel verspotten. Was hatte so einer schon Relevantes mitzuteilen? Und dann noch diese blaue Locke. Interessant, dass ein Schuss Farbe im Haar noch immer als zuverlässiger Aufreger diente.

Was die geballte Arroganz der Arrivierten nicht wusste: Rezo, der Zerstörer, ist ein junger Mann, wie Eltern ihn sich wünschen. Er hatte seinen Master in Informatik an der TU Dortmund gemacht und war auch sonst sehr fleißig. Er hatte auf Feiern und Kino verzichtet, neben dem Studium bis zu 40 Stunden die Woche gerackert und sogar die Rücklagen für den Führerschein investiert, um sein Start-up aufzubauen, einen Videokanal mit Musik, lustigen Beiträgen und bisweilen auch politischen Botschaften wie jener Wutrede zur Klimapolitik, die er mit feinem Gespür für Timing direkt in die nervöse Phase direkt vor der EU-Wahl platziert hatte.

Was Ältere oft nicht wissen: Die Google-Tochter YouTube ist weltgrößte Filmchenbörse und deswegen zugleich Karriere- und Erlösplattform. Wer sechsstellige Abrufzahlen verzeichnet, kann von den kumulierten Krümeln leben, die die Google-Tochter an anteiligen Werbeerlösen ausschüttet. Diese Karriere erschien Rezo attraktiver als ein Informatikerleben. Mit seinen Musik- und Spaßvideos hatte er sich bereits in die Champions League der Klick-Millionen hochgerackert. Für seinen Klimabeitrag hatte er eher niedrige Abrufzahlen einkalkuliert – zu schwer, zu lang, zu unlustig. Statt der erwarteten paar Hunderttausend wurden es schließlich 17 Millionen Abrufe. Ein historischer Moment: Das Wissen um die Wucht des Digitalen war in der Adenauer-Partei angekommen.

Der Informatiker und Unternehmer Rezo wusste genau, was er tat. Er hatte um die 200 Quellen gesichtet, sein Kommentar- und Erklärsolo kam treffsicherer daher als Dieter Nuhr und war mit mehr Fußnoten versehen als die meisten Politiker-Dissertationen. Für klassische Medien wäre das Rezo-Video ein Stück unsendbarer Sperrigkeit gewesen – Quotengift.

Zweitens taten ihm die überwiegend älteren Herrschaften des politischen Berlins den Gefallen, das Stück erst mal niederzumachen. Die Wut der Etablierten wirkte als Popularitätsbeschleuniger. Wenn es die Alten ärgert, so dachten beispielsweise meine beiden Söhne, dann musste man sich das Filmchen wohl mal anschauen. Und so bekam die »Zerstörung der CDU« mit über 240 000 Kommentaren eine Reichweite, die weder Tagesthemen-Kommentare noch FAZ-Leitartikel heutzutage schaffen.

Und bei der CDU zog Panik ein. Kopflos agierte die Partei, kündigte eine Antwort des Jungstars Philipp Amthor an, sagte wieder ab, verbreitete ein sperriges PDF-Dokument, kurz: Die mächtige Regierungspartei mit ihrem wuchtigen Kampagnen-Apparat unterlag einer digitalen Attacke aus dem Jugendzimmer. Im Alleingang dokumentierte Rezo den Kontroll- und Bedeutungsverlust herkömmlicher politischer Kommunikation und dokumentierte zugleich jenes Unbehagen, das unser Nachwuchs gegenüber den alten Machtritualen hegt.

»Kennst du diesen Rezo?«, fragte ich meinen 14-jährigen Sohn damals.

»Klar«, sagt er. Ich fühle mich ungebildet.

»Hast du das CDU-Video gesehen?«, frage ich.

»Nicht ganz, aber so 30 Minuten«, antwortet er.

Ich stutze. Eine halbe Stunde ernster politischer Information? Am Stück, ohne Albernheiten? Das war noch nie passiert. Warum?

»Weil Rezo cool ist«, lautete die Antwort.

Da war wohl was an mir vorbeigegangen. Während unsere Boomer-Generation am Senioritätsprinzip klebt, nutzen schlaue junge Menschen die digitalen Aufmerksamkeitsmechanismen. Greta, Kevin und Rezo sind keinesfalls Exoten, sondern Boten einer neuen Zeit, in der kaum noch jemand gedrechselte Leitartikel liest, die ohnehin meist an Kollegen oder Politiker adressiert sind und weniger an die Leser. Die jungen Aktivisten hauen Medien und Politik schonungslos ihre Hasenfüßigkeit um die Ohren wie einst die 68er den Altvorderen.

Sie sind ernst, ehrlich und direkt, während die Alten oftmals tun, was sie den Jungen vorwerfen: Sie spielen. So wie in jenem EU-Wahlkampf. Statt ernstzunehmende Lösungen für Europa und Klima zu präsentieren, luden alle Parteien einhellig mit millionenschweren Kampagnen und sinnfreien Slogans wie »stark« und »gemeinsam« zum politischen Tiefschlaf ein, getreu der Strategie von der »asymmetrischen Mobilisierung«, der zufolge die Wähler möglichst nicht aufgeregt werden sollen.

In diese dröhnende Leere der analogen Routiniers stieß Rezo mit harten Fakten. Er war politisch unverdächtig, weil er in den Machtzirkeln der alten weißen Männer nicht mitmachte. Ausgerechnet zum 70. Geburtstag des Grundgesetzes nutzte der junge Mann seine Meinungsfreiheit, kombiniert mit seinem Verständnis für digitalen Rabatz und diesem global anschwellenden Unterton, dass die herrschende Generation viel redet, ohne allzu viel hinzukriegen. »Okay, Boomer«, lautet der leicht genervte Schlachtruf der Jungen, frei übersetzt: »Halt die Klappe, Alter!«

Die schrumpfenden Volksparteien werden allerdings noch an einer ganz anderen digitalen Front gefordert, die weder jugendlich daherkommt noch blau gefärbte Haare akzeptabel findet. Im vertraulichen Gespräch mit einem Bundesminister wurde mir die digitale Bedrohung von rechts noch einmal klar. In einem seltenen Moment der Offenheit klagte der Minister, dass Politik nicht mehr via TV, Radio, Zeitung oder Parteirepräsentanten in die täglichen Gesprächskreise der Menschen getragen würde, ob in der Kantine, beim Abendbrot oder in der Umkleidekabine. Was früher »Lufthoheit über den Stammtischen« hieß, sei nicht nur seiner, sondern allen demokratischen Parteien verloren gegangen. Zunehmend bestimmten digitale Kanäle, worüber die Menschen sich unterhielten.

Eine solche Diskursmacht im Internet müssten die Etablierten schleunigst aufbauen, forderte der Minister, um sogleich zuzugeben: Digitale Meinungsmache funktioniert nur bedingt mit Kommunikationsagenturen. Weit wirkungsvoller seien aufgeregte und mithin hochmotivierte Mitglieder. Ebenso systematisch wie kaltblütig haben rechte Kräfte Teile der Meinungshoheit erobert, wie Julia Ebner mit ihrem Buch *Radikalisierungsmaschinen* oder Stegemann/Musyal in *Die rechte*

Mobilmachung nachweisen. Mit nahezu militärischer Disziplin orchestriert eine straff organisierte Einheit von rechten Klickworkern nahezu täglich neue Aufreger, radikalisiert Mitläufer und Debatten, denunziert und bedroht politische Gegner, ohne jede Rücksicht auf Wahrheitsgehalt oder journalistische Prinzipien. Was in klassischen Medien nicht denkbar wäre, ermöglicht das Netz. Wie bei vielen Enthüllungsbüchern über rechte Umtriebe werden die Amazon-Bewertungen dieser Titel systematisch nach unten getrieben.

Es gehört zu den Ironien der jüngeren Geschichte, dass ausgerechnet eine Partei, die sich mit diesen drängenden Zukunftsthemen ernsthaft und oft kompetent auseinandersetzte, sich an ihren eigenen, digital aufgeheizten Streitereien selbst zerlegte. Ich war ein großer Fan der Piratenpartei. Marina Weisband, Christopher Lauer, Julia Schramm, Martin Delius, Anke Domscheid-Berg – kluge Köpfe, engagierte Herzen, technikbewusst, politisch, neugierig auf gesellschaftlichen Fortschritt.

Die Piraten, gegründet 2006, waren die erste innovative Partei seit den Grünen, die nicht rückwärtsgewandten populistischen Quatsch anbot, sondern Antworten auf Zukunftsfragen suchte. Die Piraten hatten sich aus der binären Links-/rechts-Logik ebenso verabschiedet wie aus den Meinungsbildungsritualen der etablierten Parteien.

Eine der zentralen Ideen der Piraten lautete, die Demokratie als Dauerbaustelle zu betrachten, an der die digitale Gesellschaft gemeinsam arbeiten möge. Das übliche Verfahren, alle paar Jahre eine Stimme abzugeben, um die folgende Legislaturperiode lang seine Wahl zu bereuen, schien ihnen nicht mehr zeitgemäß.

Liquid democracy hieß der Ansatz, mit digitaler Technik unser Miteinander modernisieren zu wollen. Jedem Bürger sollten alle Informationen bereitstehen, objektiv und verständlich, um stets an politischen Entscheidungen kompetent mitzuwirken. Es herrschte die Hoffnung, dass die Chance zum Mitmachen zu weniger Widerständen, aber mehr Engagement und Akzeptanz auf allen Ebenen führen würde. Stil und Ansatz kamen gut an: Die Piratenpartei zog in vier Landesparlamente und das Europaparlament ein.

Leider funktionierten die neuen Ideen nicht einmal innerhalb der Gruppe dauerhaft. Endlose Streitereien und Grundsatzdebatten, meist über die sozialen Medien ausgetragen und verstärkt, legten die Partei immer wieder lahm. Die Wut, das Laute, die Gier nach Zustimmung – all die Phänomene, die heute die Netzwerke beherrschen, zeigten bereits damals ihre Fratze, nicht in einer Gruppe von Hooligans, sondern in einem Kollektiv grundsätzlich wohlmeinender und überwiegend kultivierter Menschen. Genervt vom eigenen Laden, verließen viele gute Köpfe die Partei, Wahlniederlagen folgten.

Heute ist die Partei marginalisiert, aber es bleiben Fragen: Waren die Piraten ihrer Zeit nur voraus? Gibt es einen Automatismus, wonach Chaos entsteht, sobald alle unentwegt mitreden? Wohnt den aktuellen sozialen Netzwerken die Eigenart inne, negative Kräfte und Emotionen überproportional zu verstärken? Bis heute sind wesentliche Probleme der *liquid democracy* offen: Wie beteiligt man Menschen ohne technische Kenntnisse oder Netzzugang, wie sind Anonymität und Datensicherheit zu gewährleisten, steht die Hacker-Abwehr? Das Versprechen einer demokratischeren Demokratie hat die Digitalisierung bislang nicht eingelöst.

Die Party ist vorbei

*Das Digitale bietet uns Werkzeuge und Waffen. Nur erwachsenen
Nutzern kann ein verantwortungsvoller Umgang damit gelingen.*

Aus einem quälenden Gefühl digitaler Rückständigkeit heraus
habe ich mir vor einigen Jahren einen Mikrochip einpflanzen
lassen. Mit einer groben Spritze wurde mir ein Glasröhrchen
mit Minisender in das weiche Dreieck der linken Hand ge-
schossen, zwischen Daumen und Zeigefinger. Es geschah auf
einem Digital-Workshop. Der Referent schwor, dass bald die
halbe Menschheit gechippt sein würde, so wie jetzt schon einige Avantgardisten, vor allem in Skandinavien. Die Vorteile:
Kantinenessen, Bahnticket, Check-in würden sich künftig mit
dem Chip erledigen lassen, der persönliche Daten und Zah-
lungsinformationen trug. Nie wieder Portemonnaie suchen,
Schlüssel, Magnetkarten. Alles war immer zur Hand.

Ich glaubte verbissen an den Fortschritt by Chip. Das war ein
Fehler. Bis heute kann ich mit dem Ding weder mein Rad ent-
sperren noch Kaffee ziehen. Kein Ruhm in der Bahn, weil alle
gucken, wie die Zugbegleiterin mit ihrem Lesegerät meine Hand
scannt. Haustür-Öffnen ginge, falls ich ein Eigenheim besäße.
In unserem Schöneberger Altbau müsste ich allerdings drei, vier
Dutzend Menschen überzeugen, sich bitte schön auch einen
Chip in die Hand rammen zu lassen. Kleinste denkbare Anwendung: Mit einer App ließe sich meine Visitenkarte auf den Chip
programmieren; mein Gegenüber bräuchte allerdings die pas-
sende App zum Runterladen. Hat aber keiner. Außerdem besitze
ich noch unzählige Visitenkarten auf Pappe.

Das Kurzschließen von Mensch und Maschine ist eine der
großen transhumanistischen Fantasien. Wir werden das arm-
selige Menschsein bald hinter uns lassen und fortan wie Ter-

minator Arnold durchs Leben gehen. Angeblich wird an Technologien gearbeitet, das Hirn auf eine Festplatte zu ziehen. Den Körper kann man austauschen. Ich hatte mir das ewige Leben irgendwie netter vorgestellt.

Als ich den Chip zu Hause meinen Kindern zeigte, hielt sich die Euphorie in Grenzen. Die Jungs starrten angeekelt auf den Knubbel in meiner Hand, den ich lässig hin- und herflutschen lassen konnte. Insgeheim hatte ich gehofft, bei Klassenkameraden als cooler Dad vorgeführt zu werden. Fehlanzeige. Die Gattin interessierte sich allenfalls für die Aussicht, mich künftig zu orten.

Die traurige Bilanz: keinerlei Sozialprestige. Die ersten Wochen spielte ich noch mit dem Ding, ließ es hervorstechen, gern auch beiläufig in der Öffentlichkeit, in der Hoffnung, jemand würde mich bewundern. Dann vergaß ich das Röhrchen, bis ich mit dem Rad stürzte und sich um den Chip eine bläuliche Stelle bildete. Fazit: Ich brauche das Ding so dringend wie einen Humidor, also gar nicht. Wenn ein Chip tatsächlich sein muss, tut's einer im Ring oder an der Halskette. Ich würde das Ding gern loswerden.

Mit der Digitalisierung ist es wie mit meinem Chip. Ob Miteinander, Job, Partnerschaft, Freizeit – allenthalben werden gewaltige Erwartungen geweckt, die eines gemeinsam haben: Sie werden nicht annähernd erfüllt wie ursprünglich verkündet. Sie versprachen die Wissensgesellschaft, wir bekamen Verschwörungstheorien. Sie versprachen uns aufregende Beziehungen, wir bekamen Tinder. Sie versprachen uns Teilen, wir lieferten unsere Daten ab. Sie versprachen uns Partizipation, wir bekamen erodierende Demokratien. Sie versprachen uns das Ende der Krankheiten, wir bekamen Corona. Sie versprachen uns eine glückliche Welt, wir bekamen verödete Innenstädte. Sie versprachen uns Zeit, wir bekamen digitale Nervosität.

Ich habe in den letzten 20 Jahren eine Reihe Digitalkonferenzen moderiert. Und mich immer wieder blenden lassen. Second Life würde unser Leben verändern, FourSquare und Groupon. Journalisten-Kollegen waren nach einem Besuch im Silicon Valley merkwürdig verändert. Sie sagten sie nicht mehr »Zuckerberg«, sondern »Mark«, redeten von Disruption und trugen außer Sneakern und Bart das milde Lächeln der Erleuchteten.

In Jerusalem ist bisweilen das Jesus-Syndrom zu beobachten. Normale Menschen lassen sich von der Magie des Ortes derart überwältigen, dass sie ihre Kleidung ablegen, sich in ein Baumwolltuch hüllen und unbedingt ein Holzkreuz die Via Dolorosa emporschleppen wollen. Im Silicon Valley ist dasselbe Phänomen zu beobachten: Journalisten, Politiker, Unternehmer, die nur einmal in Cupertino, Menlo Park oder Palo Alto waren, haben diesen halb irren, halb beseelten Checkerblick, weil sie es bis in die Kantine von Google geschafft haben oder gar Elon Musk in einem Tesla an ihnen vorbeigefahren ist.

Das Silicon Valley ist das Jerusalem des 21. Jahrhunderts. Hier haben sich neue Religionen gegründet, die die Welt erobern: Zweieinhalb Milliarden Menschen glauben an Facebook, zweieinhalb Milliarden Smartphones laufen auf Googles Betriebssystem Android. Im Kern aber geht es doch wieder um die alten Themen: Macht und Geld.

Es ist an der Zeit, die Augen zu öffnen, sich zu erheben und zu schütteln. Wollen wir diesen naiven digitalen Rausch als Dauerzustand? Oder sind wir langsam erwachsen genug, uns das ganze Bild anzuschauen, all die Kollateralschäden, die unser oft unkritisches Bewundern der Tech-Branche angerichtet hat? Warum kommt es einer Mutprobe gleich, kritische Worte über das hochsubventionierte Tesla-Werk in Brandenburg zu verlieren?

Die Digitalwirtschaft ist kein Bällebad, sondern bringt epochale Disruption, nicht nur für die Wirtschaft. Wir erleben eine entfesselte Technik, die mit acht Milliarden Herzen und Seelen, mit Kindern und Gesellschaften, mit Arbeit und Demokratie Experimente in Echtzeit vornimmt. Die Empörung als Dauerzustand vernichtet immer mehr unserer Gemeinsamkeiten.

Die Politik tut, was sie kann: lange zuschauen, länger debattieren, zu spät zu hasenherzig entscheiden. Derweil verlieren wir uns und unsere Nächsten, strampeln im endlosen Strudel der Ablenkungen, mutieren vom Mensch- zum Gesteuertsein. Lange dachte ich: Da wird schon keiner mitlesen, was ich tippe. Heute weiß ich: Es wäre ungewöhnlich, wenn es nicht passiert.

Wie gnadenlos die Möglichkeiten der Technik missbraucht werden, wissen wir von Whistleblowern wie Edward Snowden oder Christopher Wylie, dem einstigen Mitarbeiter von Cambridge Analytica, jenem Unternehmen, das den Trump-Sieg 2016, das Brexit-Referendum sowie weitere Wahlen gedreht haben soll. Niemand weiß, wie viele Cambridge Analyticas in Russland, in Frankreich, in Nordkorea, in Amerika, in Indien, in China, wo auch immer unterwegs sind, um Menschen zu manipulieren.

Die Jungs mit den Kapuzenpullovern sind keine liebenswert vertrottelten Nerds, sondern ticken wie alle Weltmarktführer vor ihnen, ob Rockefeller mit dem Öl, ob Big Tobacco, Big Alcohol, Big Pharma. Vorn auf der Bühne bunte Bilder, dahinter ist ein Überwachungskapitalismus gewachsen, der in Autokratien zum Stillhalten, in Demokratien zum Konsumieren animiert. Wir alle hängen mit drin. Leben am Ladekabel. Druff.

Auf der Münchner Sicherheitskonferenz 2020 referierte Armeniens Präsident Armen Sarkissian über den Begriff der Quantenpolitik, die die klassische Politik langsam ablöse und sich mit der klassischen Logik nicht mehr erfassen oder gar steuern lasse. Präsidenten würden Showmaster, Showmaster würden Präsidenten, Fakten seien egal, es herrsche ein großes Theater der Gleichzeitigkeit. »Es braucht heute nur ein paar hoch aufgeladene Partikel, und Sie kriegen eine Revolution«, sagt Sarkissian.

Wir User haben die digitalen Auslagen jahrelang bestaunt, wie eine Kita-Gruppe vor einem Süßwarenladen oder Austauschschüler vor Amsterdams Coffeeshops. Wir haben alles gekostet und können uns an vieles schon gar nicht mehr erinnern. Wir haben Spaß, Wut, Traurigkeit erlebt und immer wieder Sucht. Nun sind wir verkatert und vor allem desillusioniert. Es ist Zeit, erwachsen zu werden und uns auf den Stresstest zu konzentrieren, der uns bevorsteht. Es ist ernst. Nehmen wir es ernst.

2 Demokratie gegen Digtatur – der Stresstest läuft

Freiheit, Gleichheit, Brüderlichkeit – alles, was uns stark gemacht hat, wird von der Digitalisierung einer harten Prüfung unterzogen.

Eines Tages werden sich Historiker, Ethnologen und Soziologen mit einer spannenden Frage beschäftigen: Wie konnte dieses merkwürdige Völkchen der Deutschen damals so lange, so stabil, so demokratisch existieren? Welche Bedingungen sorgten märchenhaft lange Jahrzehnte für Frieden und Wohlstand? Und warum machte die Digitalisierung einer der besten aller unvollkommenen Gesellschaften so schwer zu schaffen?

Die Wissenschaftler werden zunächst drei Erfolgsfaktoren ausmachen, die verknüpft sind und einander bedingen. Erstens: Auf den Trümmern von zwei angezettelten Weltkriegen und einer beispiellosen Diktatur mit anschließender Teilung war ein demokratisches Miteinander gewachsen, das auf Skepsis basierte, auf ständigem Reflektieren, Hinterfragen und Überprüfen. Aus der düsteren Geschichte war zweitens eine Verfassung hervorgegangen, die die auseinanderstrebenden Bedürfnisse Freiheit und Sicherheit klug integrierte. Drittens versöhnte die soziale Marktwirtschaft mit ihrem Schlachtruf »Wohlstand für alle« die Kräfte des Kapitalismus mit dem Wunsch der Bürger nach Fairness.

Das Bemühen um gesellschaftliche, politische und ökonomische Balance sorgte für Stabilität, die dieses Deutschland Ölkrise und RAF-Terror, den Kalten Krieg und die Wiedervereinigung, Finanz- und Eurokrise sowie Corona vergleichsweise gut bewältigen ließ.

Die Historiker der Zukunft werden zugleich feststellen, dass die deutsche Stabilität nie ein Zustand war, sondern immer ein Prozess. Wie bei der Frisbeescheibe eine hohe Rotation für stabilen Flug sorgt, verdankte Deutschland seine Stabilität der permanenten Dynamik des Aushandelns auf allen Ebenen.

Viele der verschiedenen Energien, die in Deutschland bis heute verhandelt werden, begegnen sich in der Biografie von Ludwig Erhard: katholisch der Vater, evangelisch die Mutter, Polio mit zwei Jahren, Erster Weltkrieg an der Front. Erhard besuchte Volks- und Realschule und arbeitete im Einzelhandel, später studierte er und wurde Professor. Er, der Kaiser, Weimar, Führer und Untergang erlebt hat, wusste konfessionelle, soziale, politische Gräben zu überbrücken. So befeuerte er Wiederaufbau und Wirtschaftswunder, indem er das brillante Paradox der sozialen Marktwirtschaft schuf – er versöhnte den ungezähmten Kapitalismus mit dem Streben der Menschen nach ökonomischer Sicherheit. Erhard verabscheute »soziale Untertanen« ebenso wie Monopole, er schätzte eigenverantwortliche Menschen ebenso wie Wettbewerb.

Zu Beginn des 21. Jahrhunderts, so werden die Historiker der Zukunft feststellen, geriet das deutsche Erfolgsmodell erst unmerklich, dann immer offensichtlicher in Gefahr. Die aufkommende Digitaltechnologie veränderte Verhalten und Miteinander. Werte wie Verlässlichkeit, Expertise und Austausch, Kompromissbereitschaft, Besonnenheit und Ausdauer erodierten ebenso wie das Vertrauen in den Staat und sein Gewaltmonopol.

Die Machtbalance zwischen dem Individuum und globalen Konzernen verschob sich. Zuverlässige Informationen verschwanden. Die Politik hatte zu spät kapiert, dass die soziale Marktwirtschaft um eine ökologische und eine digitale Komponente erweitert werden musste.

Mal zufällig, mal absichtsvoll zielten die neuen Technologien in den Maschinenraum der deutschen Stabilität. Das eigenverantwortliche Individuum entwickelte sich zum digitalen Untertanen, zur ausrechenbaren Konsummaschine, deren Affekte sich technisch stimulieren ließen. Sucht, Angst und

Zerstreuung nahmen überhand, das Langfristige wurde dem schnellen Reiz geopfert, die Wahrheit vernebelt. Eine fortschreitende Polarisierung erschwerte Kompromisse.

Zugleich bildeten sich neue Machtallianzen. Staaten bedienten sich der Überwachungstechnologie für umfassende Kontrolle, Konzerne nutzen sie zur Absatzförderung. Politische und ökonomische Extremisten zielten auf die als schwach wahrgenommenen parlamentarischen Systeme. Das bürgerlich Regelbasierte steht dem technologisch Entfesselten im Weg.

Wie beim Duell vor dem Saloon stehen sich gegenüber: Darwin und die Aufklärung, Libertäre und Demokraten, Aggressive und Kooperative, Disruptive und Organische, Affekt und Vernunft, Angst und Zuversicht, Sucht und Freiheit, Monopol und Marktwirtschaft.

Die unsichtbare Hand des Zufalls spielt bei dieser epischen Schlacht eine obskure Rolle. Steve Jobs ahnte von den revolutionären Wirkungen des ersten iPhones anfangs ebenso wenig wie Mark Zuckerberg von der verhängnisvollen Macht des Facebook-Daumens. Die Google-Gründer planten die Zerstörung der klassischen Medien wohl ebenso wenig wie Amazons Jeff Bezos den Tod des freien Marktes. Vieles ergab sich einfach aus dem jahrzehntelangen Herumprobieren mit Soft- und Hardware.

Weil IT und KI nicht nur Helfer, sondern zugleich Waffen sind, reifte ein Systemkonflikt heran, wie ihn die Welt noch nicht erlebt hat. Es geht nicht mehr um Staat gegen Markt, um Sozialismus gegen Kapitalismus, sondern um eine ungekannte Machtkonzentration: Ein Bündnis aus Konzernen, Staaten, Kartellen und Geheimdiensten ringt um umfassende Kontrolle des Individuums. Überall auf der Welt nähern sich Wirtschaftsunternehmen und Repressionsapparate an, denn sie vertrauen denselben Technologien und hegen ähnliche Steuerungsfantasien.

Was die digitalen Herrscher in Politik und Wirtschaft eint: Sie verfolgen kein freiheitliches Menschen- oder Gesellschaftsbild, sondern Geschäftsmodelle und Machtsysteme, die auf

Ausrechenbarkeit und Steuerung basieren. Normabweichung ist nicht vorgesehen, weshalb am Ende ein digitaler Sozialismus datenoptimierter Menschmaschinen stehen könnte.

Über drei Jahrhunderte haben wir das Menschsein und die dazugehörigen Rechte mit Worten definiert, ob Brüderlichkeit, Freiheit, Würde, Gleichheit, Privatheit. Nun ersetzen scheinbar eindeutige Zahlen weite philosophische Begriffe. Wir sind nicht länger gleich, weil wir Menschen sind, sondern ungleich wegen unterschiedlicher Daten. Der Gleichheitsgrundsatz als Säule jeder demokratischen Verfassung ist in einer Ranglistengesellschaft ein für alle Mal erledigt. Willkommen in der digitalen Diktatur – der Digtatur.

Die Welt hat viele Diktaturen erlebt, Militärdiktatur, Parteidiktatur, Arbeiterdiktatur, Fürsorgediktatur. Wesentliches Merkmal dieser Staatsform ist das Undemokratische. Stets regiert eine kleine Machtelite, abgesichert durch eine Geheimpolizei. Gewaltenteilung? Grundrechte? Pluralismus? Abgeschafft. Gegner? Werden eingesperrt. Bislang hatten Diktatoren ihre Schreckensherrschaft mit einer Ideologie zu rechtfertigen. In der Digtatur herrscht erstmals ein vermeintlich objektives Regime: Daten.

Gefährdet die Datenmacht unsere Demokratie, die Werte der Aufklärung, unsere Art zu leben? Schon möglich, sagt Professor Gerd Gigerenzer, einer der klügsten Köpfe der Republik. Der Mann ist kein Apokalyptiker, sondern Bildungsforscher, Bestsellerautor, und Berater der Bundesregierung. Mit der fröhlichen Neugier des Wissenschaftlers verfolgt Gigerenzer, wie in China ein digitales Belohnungssystem getestet wird. Bürger erhalten Punkte für gutes Benehmen wie Bremsen am Zebrastreifen und öffentliche Lobpreisungen des Regimes. Punkte bringen einen besseren Ausbildungsplatz für die Kinder, eine schönere Wohnung, günstige Kreditzinsen.

Mit dem Smartphone als ständigem Kontrolleur in der Tasche wird das Leben zum Punktesammelspiel und jeder Bürger zu einem Wert auf zwei Beinen. Tückisches Detail: Wer mit punktearmen Menschen kommuniziert, muss seinerseits ebenfalls mit Punkteabzug rechnen. Das System bestraft nicht nur Fehlverhalten, sondern auch falschen Umgang. So entstehen soziale Ranglisten mit guten und weniger guten Menschen. Der Mensch liebt halt Flugmeilen, Payback-Punkte und Ranglisten. Die Netflix-Serie »Black Mirror« behandelt derlei Szenarien in gruseliger Präzision.

Was, wenn China in wenigen Jahren ein auf westliche Bedürfnisse hin angepasstes System liefert? Vergleichen wir dann die Kriminalitätsraten von deutschen Großstädten, in denen umfänglicher Datenschutz gilt, mit chinesischen Metropolen, wo Millionen Kameras hängen, ist nicht auszuschließen, dass eine Mehrheit der Menschen die Überwachung vorzieht. Aber die Menschenrechte …, werden wir Kinder Kants entgegnen. Und die Tech-Pragmatiker fragen: Was, wenn die Bürger diese Rechte gar nicht wollen? Wie würde Viktor Orban entscheiden, wenn China ihm ein auf ungarische Eigenheiten angepasstes Punktesystem anböte?

Dieser Systemwettbewerb ist keine Dystopie, sondern längst im Gange. Denn der Umbau zur datengestützten Gesellschaft verspricht märchen- und dauerhafte Umsätze ebenso wie stabile Macht. Ob Estland oder Großbritannien, überall sind Tech-Experten dabei, Verwaltungen und Verkehr, Bildungs- oder Gesundheitssysteme zu digitalisieren. Die größten Umsatzfantasien der Digitalkonzerne liegen derzeit beim Privatisieren des Öffentlichen. Es ist nur eine Frage der Zeit, bis die Bundesregierung ihre verknäulten Zuständigkeiten beim Thema Digitalisierung aufgibt und diese Milliarden-Aufträge jenen Beratern überantwortet, die seit Jahren wie eine Schar Geier über Kanzleramt, Ministerien und Verwaltungen kreisen.

Der Wert des Parlamentarismus, sagte einst der Soziologe Karl Popper, bestehe nicht im Wählen des politischen Personals, sondern in seiner Abwahl. Warum aber wählen oder abwählen, wenn Daten zu einer Meta-Politik führen, der nicht widersprochen werden kann, wenn errechnete Wahrscheinlichkeiten Kompromisse ersetzen?

Die Aufklärung hat den Menschen Spielräume geschenkt, die die Digtatur wieder schließt. Wir erleben diesen Kampf der Systeme am eigenen Leib, in der Familie, am Arbeitsplatz, unter Freunden, auf dem Konto, in der Fußgängerzone, im Parlament, in der hintersten Ecke des Dschungels. Überall herrscht digitale Unruhe, weniger Aufbruch als Verunsicherung.

Noch ist nichts entschieden. Wir haben es in der Hand, wie die Historiker der Zukunft diese Jahre bewerten werden.

Eine ganz kurze Geschichte des Internets

Was geht? (die frühe Phase bis etwa 1970): Im US-Verteidigungsministerium arbeitet eine Spezialeinheit namens ARPA (Advanced Research Projects Agency) an Kommunikationstechniken, die einen Atomkrieg überstehen. Die Forscher zerlegen Daten in Pakete, entwickeln ein dezentrales Netz und vergeben Forschungsaufträge an Hochschulen wie Stanford und die University of California in Los Angeles. Im Herbst 1969 werden die Netze von vier Universitäten zusammengeschaltet, um den Datenfluss zu testen.

Da geht was (die wilde Phase bis etwa 1990): Obgleich vom Militär gesponsert, ist die Entwicklerszene weniger aggressiv oder nationalistisch, vielmehr regiert der Geist von Flower Power, Kooperation zählt. Hippies, Superhirne und Hacker legen Wert auf Austausch und Gemeinschaft, verabscheuen Hierarchien, pflegen philosophische Überlegungen und träumen von Open-Source-Software für alle. Motto: Wir wollen keine Könige, Präsidenten und Wahlen. Wir glauben an Konsens und funktionierenden Code.

Da geht richtig was (die kommerzielle Phase ab 1990): 1994 wird Amazon gegründet, 1995 Yahoo und eBay, 1998 Google, im folgenden Jahrzehnt soziale Netzwerke wie Facebook, Twitter, Instagram. Programmierer treffen auf Kapitalgeber treffen auf Psychologen treffen auf Statistik-Experten, die gemeinsam einen Milliarden-Kreislauf entwickeln. Scheinbar kostenlose Angebote wie Suchmaschine, Navigation oder digitale Freundeskreise bewegen die Nutzer, immer mehr Daten zu liefern, die immer präzisere Werbung ermöglichen. Verhaltenspsychologen zielen auf das Belohnungssystem des Menschen mit der körpereigenen Droge Dopamin, um die Verweildauer zu maximieren. Unwahre, verstörende oder sonst wie extreme Inhalte erweisen sich als lukrativ, weil die Nutzer umso emotionalisierter teilen und kommentieren.

Da geht immer noch mehr (die Größenwahn-Phase ab 2010): Im zweiten Jahrzehnt des neuen Jahrtausends werden Apple, Google, Microsoft, Facebook und Amazon zu den kostbarsten Unternehmen der Welt. Landesgrenzen spielen für die Global Player keine Rolle mehr. Um die fantastischen Wachstumszahlen zu verstetigen, werden eigene Währungen geplant, Militär, Gesundheitssysteme und Verwaltungen ins Visier genommen.

Glaubensfragen und Tech-Voodoo

Die Digitaldebatte ist auch religiös getrieben. Was die Gurus, Priester und Jünger des Silicon Valley mit Atomkraft zu tun haben.

Meine erste Begegnung mit der digitalen Zukunft sah aus wie Catweazle. Der Typ trug Haar und Bart so struppig wie der Hexer aus dem Mittelalter, den ich aus dem Fernsehen kannte. Stilecht wohnte er in einem Holzhaus mitten im Wald. Anders als Catweazle saß Ken Thompson gern in seinem sprudelnden Jacuzzi auf der Terrasse und zielte mit einer Luftpistole auf die unzähligen frechen Eichhörnchen.

In seinem Wohnzimmer, wo sich DVDs von Horrorfilmen stapelten, hielt Ken mir einen hellblauen Plastikwürfel von der Größe eines Rubik's Cube entgegen: »Rate mal, wie viele Musikstücke da drin gespeichert sind?« Es war 1995, auf eine C-90-Kassette für den Walkman passten maximal 25 Lieder. »100«, antwortete ich kühn. »3 000«, sagte Ken und grinste.

Thompson war schon damals eine Legende. Er hatte mit seinem Kumpel Dennis Ritchie Unix programmiert, die Mutter aller Betriebssysteme, allerdings eher zufällig, weil er das Computerspiel Space Travel für den Betrieb auf einem kleineren Rechner umschreiben wollte. Die Kosten für den Betrieb auf einem Großrechner waren zu hoch.

Ich war für die Schach-WM nach New York gekommen, die der Russe Garri Kasparow und der Inder Viswanathan Anand im World Trade Center ausspielten, im obersten Stockwerk des Südtowers. Frederic Friedel, ein Sekundant Anands, hatte mich mitgenommen zu den Thompsons nach New Jersey. Ken war in Schachkreisen berühmt, weil er eine Software geschrieben hatte, die blitzschnell einige hundert Millionen Endspiel-Varianten mit sieben Figuren durchrechnete. Thompson war damals formal bei den Bell Labs angestellt, aber er forschte und bastelte, woran er wollte. Ein Superhirn braucht Freiheit.

Ken Thompson wurde in die US-Akademie der Wissenschaften aufgenommen, in die Hall of Fame amerikanischer Erfinder, und erhielt den Turing Award. Eine Krawatte kam ihm trotzdem nie um den Hals. Als ökologisch angehauchter deutscher Salon-Linker, der auf Schröder/Fischer hoffte, verwirrte mich dieser amerikanische Hippie spätestens, als er mich in seine Cessna setzte und wir gemeinsam um Manhattan flogen, bis zum Kraftwerk in der Bronx. Weiter durften Privatflieger nicht. Stolz erzählte Ken von seinen Autos; ich erinnere mich an einen etwa 80 Jahre alten Ford T sowie einen nagelneuen BMW Z3. Ein paar Jahre später zahlte er 12 000 Dollar, um mit dem russischen Kampfjet MiG-29 zu fliegen, einfach so, weil er den Druck von 6G und Überschallgeschwindigkeit spüren wollte.

Fluglust, Autokult, Eichhörnchen-Exekution, Technikeuphorie, Zottelkopf – das wollte alles nicht zusammenpassen. War Thompson nun Hippie oder Autofan, Programmierer oder Spielkalb, schießwütig oder liebenswürdig? Die Antwort war ebenso einfach wie für mein deutsches Schubladendenken unverständlich: Ken war alles. Er vertrieb seine Endspieldatenbank zum Selbstkostenpreis, Geld war ihm egal. In seiner Dankesrede zum Turing Award beschrieb er, wie er eine Backdoor für den Unix-Login entwickelte, eine geheime Hintertür, mit der Daten abzufischen waren oder einfach Schaden anzurichten. »Typen wie mir kann man nicht trauen«, sagte Ken lachend. Seit 2006, da war er 63 Jahre alt, arbeitet er für Google.

Ken Thompson steht für den ungezähmten, neugierigen, widersprüchlichen, kreativ-verspielten Geist jener Szene, die die Digitalisierung maßgeblich vorantrieb. Ken war anarchisch-liberal, er betrachtete Grenzen als Einladung zum Übertritt, fand Bedenken lästig und den Status quo langweilig. Er war beileibe kein Geschäftemacher, vielmehr ein Hippie-Nerd, aufsässig und hochbegabt, der Staat, Konventionen und Regeln gern herausforderte. Die Aufklärung war ihm schnurz. Er betrachtete nicht Philosophie, sondern Technologie als die Krone der Wissenschaft.

Diese Tech-Begeisterung teilten Entwickler wie Ken Thompson mit Militärstrategen, Risikokapitalgebern, Psychologen, Hippies wie dem veganen Barfußläufer Steve Jobs und all den anderen bunten Vögeln, die ins Silicon Valley kamen und ein Ziel hatten: eine neue Welt zu programmieren. Unerschütterlich ihr Glaube, dass alle Probleme, selbst komplexe soziale Vorgänge, mit digitaler Technik zu lösen seien. Evgeny Morozov prägte für diese Weltsicht den Begriff des Solutionismus.

Der Soziologe Oliver Nachtwey hat auf der re:publica 2019 dargelegt, wie sich Kaliforniens Hippie-Kultur und die Tech-Branche verheiratet haben: hier der teilende, gastfreundliche, mitfahrende Studierende, dort der App-Entwickler, der die Werkzeuge für eine bessere Welt bereitstellt. So formte sich aus Jüngern und Betriebssystem eine neue Glaubensgemeinschaft, die Couchsurfen (Airbnb) und Mitfahrgelegenheit (Uber) fast zwangsläufig digitalisierte, globalisierte und monetarisierte. Deren neue Weihnacht wird jener Moment der »Singularität«, wenn sich Bewusstsein und Maschine vereinen, wie es Googles Chef-Futurist Ray Kurzweil, nun, weissagte.

Das Silicon Valley war lockerer, hipper, attraktiver als die Deutschland AG, in der sich ältere Herren in leblosem Anthrazit die Überreste der alten Welt zuschoben. Die Zukunft gehörte dem Hoodie, textiles Erkennungszeichen der Zukunft. Coole Typen, Pizza aus dem Karton, das damalige Google-Motto »Tue nichts Böses« – all das flößte mir grenzenloses Vertrauen ein.

Aber in der kalifornischen Lockerheit gediehen auch andere, aggressivere Typen, Peter Thiel etwa, ein in Frankfurt am Main geborener Digital-Veteran. Als einer der ersten Facebook-Investoren sitzt Thiel neben Mark Zuckerberg als dienstältestes Mitglied im Aufsichtsrat. PayPal-Mitgründer Thiel unterstützte den ersten Wahlkampf von Donald Trump mit einer Spende von 1,25 Millionen Dollar. Wie Ken Thompson ist auch Thiel ein Solutionist, der an die universelle Heilkraft der Datenverarbeitung glaubt.

Thiel ist ein bekennender Libertärer, nicht zu verwechseln mit »liberal«. Der Libertarismus pflegt eine darwinistisch geprägte Weltsicht, die Demokratie wegen ihrer vermeintlichen Political Correctness ebenso ablehnt wie Mainstream-Medien. Sozial orientierte Marktwirtschaften seien beherrscht von der »Kathedrale«, aus der heraus Minderheiten, Frauen, Diskriminierte mit Denk- und Sprechverboten das Entfalten der Marktkräfte verhinderten und den kreativen Menschen unterjochten.

»Freiheit und Demokratie sind nicht vereinbar«, schrieb Thiel 2009. Nur Technologie im Einklang mit quasimonarchistischem Turbokapitalismus ermögliche es, Grenzen zu verschieben, ob im Cyberspace, im Weltraum oder auf der Erde. Es hieße, Thiels Einfluss zu überschätzen, wenn man ihn zum Superhirn einer Weltverschwörung erklärte. Gleichwohl finden sich Züge des Libertären inzwischen in Moskau, Polen und Ungarn, bei Trump und Johnson, im Kern in jeder rechtsextremen Gruppierung.

Mit seiner mysteriösen BigData-Firma Palantir arbeitet Thiel für Regierungen, Verwaltungen und das Militär, unter anderem die hessische Landesregierung. Er träumt von Staaten auf Schiffen, die nach eigenen Regeln funktionieren. Selbst den Glauben an die Endlichkeit menschlichen Lebens hält Thiel für Ideologie. Technologie kann alles, Gott ist kein DJ, sondern ein Stück Code. Und der Mensch entweder Anführer oder Sklave, aber keinesfalls gleich.

Der blinde Glaube an die Allmacht der Technologie hat sich schon mehrfach als leichtfertig erwiesen. Es muss vor etwa vor 50 Jahren gewesen sein, als mein Vater beseelt von einem Betriebsausflug nach Hause kam. Er war mit den Kollegen im Emsland gewesen, in Lingen, wo das erste Atomkraftwerk Deutschlands lief, und hörte mit den wunderbaren Geschichten gar nicht mehr auf: grenzenlose Elektrizität, sicher, sauber, fast umsonst. Willkommen, du sorgenfreies Leben im elektrischen Überfluss. Der Rest der Geschichte ist bekannt.

Strom aus strahlendem Material spaltete die Gesellschaft, die Risiken erwiesen sich als immens, ob Betrieb oder Transport, Terrorismus oder Erpressung, Wiederaufbereitung oder Endlager. Robert Jungk skizzierte in seinem Besteller *Der Atomstaat*, wie eine offene Demokratie mit Hilfe von Sicherheitsthemen in eine Festung von Misstrauen und Kontrolle verwandelt werden konnte. Zig Milliarden an Steuergeldern wurden verpulvert, erst für das Subventionieren der Wundertechnologie, dann für ihre Abschaffung. Das Versprechen der Atomkraft wurde nie umfassend eingelöst.

Stellen wir uns schon bald ähnliche Fragen wie damals? Was haben wir da angestellt? Haben wir das noch im Griff? Verzweifelt wie die Helfer beim GAU kämpfen heute digitale Löschteams gegen emotionale Kettenreaktionen aus Hass und Wut. Wie die Atomkraft birgt auch die digitale Revolution das Motiv der Zerstörung. »Disruption« lautet der Schlachtruf der Internet-Gurus, die oft übersehen, dass die Zerstörung nicht nur für ökonomische Modelle gilt, sondern auch für gesellschaftliche Strukturen und politische Systeme.

Ist Digitalisierung – wie Atomkraft – eine ursprünglich militärische Entwicklung, die Hoffnungen weckt, aber unkalkulierbare Folgen birgt? Erblicken wir derzeit, wie einst die Generäle am Bikini-Atoll oder in Semipalatinsk, faszinierend-verstörende Phänomene am Horizont, deren Wucht wir noch nicht ganz einordnen können?

Die Nebel von Silicon

Was ist wirklich, was ist wahr, wer weiß was? Wir haben längst die Kontrolle über die Realität verloren. Das hohe Gut der Transparenz verschwimmt.

Stellen Sie sich bitte die folgenden drei Fragen:

Erstens: Überlegen Sie, wonach Sie in den vergangenen 20 Jahren gegoogelt haben. Nein, nicht alles, das wäre viel zu viel. Beschränken Sie sich auf die bizarren Sachen wie Krankheiten, Abseitiges oder Illegales. Und Namen natürlich, auch Ihren eigenen. Sie haben nichts davon jemals gesucht? Prima. Glückwunsch.

Zweitens: Überlegen Sie, was da für ein Mensch entsteht, wenn all diese Suchabfragen zu einem Persönlichkeitsprofil zusammengesetzt würden, illustriert mit Grafiken und Prozentzahlen. Ein nobler Sympathieträger? Ein herzlicher Familienmensch? Der Mitarbeiter des Monats?

Drittens: Sind Sie sicher, dass Ihre Anfragen niemals gesammelt wurden, ganz gleich, ob von einem Suchmaschinenbetreiber, einem enttäuschten Mitarbeitenden oder irgendwelchen Spionageprogrammen? Und wenn Sie nicht sicher sind, wo können Sie sich informieren?

Viertens, die Bonusrunde: Sie erhalten folgende WhatsApp-Nachricht: »Guten Tag! Wir haben all Ihre Suchabfragen gesammelt und ausgewertet. Dieses hübsche Paket schicken wir an Ihren Partner, Kinder, Arbeitgeber und veröffentlichen es zudem auf Ihren Profilen bei Facebook und Instagram. Wie viel ist Ihnen unser Schweigen wert?«

Und eine allerletzte Frage: Was, wenn Sie im Parlament säßen und die WhatsApp noch diese zwei Sätze mehr beinhaltet: »Wollen Sie morgen im Bundestag tatsächlich für eine Digitalsteuer stimmen? Überlegen Sie sich's doch noch mal.«

Klingt gespenstisch, oder? Ist aber real. Wir wissen nicht viel von dem, was über uns bekannt ist, von dem alten Kram praktisch nichts mehr. Wir wissen nicht einmal, was zutrifft. Wir haben keine Chance, zweifelsfrei zu ermitteln, was wo gespeichert oder aber gelöscht ist. Wie sollen wir uns wehren, etwa gegen Internet-Erpressung, die eine gängige Einnahmequelle für klassische Kriminelle und mindestens einen asiatischen Geheimdienst ist, wie Berliner Sicherheitsexperten vermuten?

Allein über die Standortfunktion der weltweit über zwei Milliarden Android-Smartphones kann Google mehr als jeder Ermittler über Straftaten wissen: Wer war bei welcher Schießerei in der Nähe, wo wird Crystal Meth produziert, wie vertrieben? Aus Googles Datenbeständen lassen sich Informationen über einen Milliardenschwindel wie Cum-Ex destillieren, Details über rechtsradikal motivierte Politikermorde, die nächste Finanzkrise, einen Putsch.

Wem aber sollte derlei digitales Wissen gehören? Bislang lag es in den Händen von parlamentarisch halbwegs kontrollierten Geheimdiensten. Wie souverän aber ist ein Staat, wenn ein Privatunternehmen mehr weiß als die Regierenden? Und wie erpressbar? Wem gehören diese Daten? Wie sind sie wo aufbewahrt? Wer hat Zugang? Gibt es ein Verfallsdatum? Was ist mit der Sicherheit? Welche Prioritäten gelten? Wer entscheidet das?

Berechtigte Fragen, auf die es keine Antworten gibt. Ob Google oder Facebook, Microsoft oder Cisco, sie alle haben Technologien entwickelt, die die Öffentlichkeit braucht, die von den Firmen aber als Betriebsgeheimnis gehütet werden. Die Politik begibt sich in Abhängigkeiten, deren Funktions- und Wirkungsweisen sie nicht versteht.

Was wäre – noch ein unverfängliches Beispiel –, wenn der Börsenkurs eines Silicon-Valley-Giganten wegen politischer Interventionen unter starken Druck geriete? Würden wir kritische Berichte oben in den Suchergebnissen finden? Kann man von einem Wirtschaftsunternehmen überhaupt verlangen, sich mit eigenen Mitteln unter Druck setzen zu lassen? Wer sitzt an welchen Reglern und bedient sie nach welchen Kriterien?

Die Nebel von Silicon sind dicht und verschleiern eine der wichtigsten Bedingungen für Demokratie: Transparenz. Wo immer die Scheinwerfer der Öffentlichkeit hingelangen, sinkt die Zahl der Schmutzecken rapide. Und umgekehrt. Glauben wir dem Suchmaschinenmonopolisten Google, dass die Suche unbestechlich ist? Recherchen des *Wall Street Journal* haben ergeben, dass bei den Ergebnissen sehr wohl herumgefummelt werden kann, ob auf Wunsch von Kunden oder weil die automatische Vervollständigung unliebsame Begriffspaare wie »Trump« und »Idiot« vorschlug. In einer funktionierenden Demokratie würden derlei Vorgänge aufgeklärt.

Doch die Digitalwirtschaft sieht sich als Hüterin einer geheimnisvollen Kiste, in die niemand außer ein paar Auserwählten hineinschauen darf. Der Mythos vom Geschäftsgeheimnis gleicht einer Allzweckabwehrwaffe, die zufällig auch all den Missbrauch geheim hält, der durch die Netze tobt. So geistern bei Facebook beispielsweise Fake Identitäten umher, die über Jahre aufgebaut wurden, mit Fotos, Freunden und Lebensläufen, damit eine glaubwürdige Historie vorliegt.

Warum solche falschen Konten? Um Propaganda zu machen oder aber anderen Nutzern in scheinbar harmlosen Direktnachrichten Schadsoftware auf deren Rechner zu laden. Ein Fake Netzwerk, das der *Spiegel* 2020 enttarnte, existiert seit 2011 und hat weitreichende Kontakte zu echten Multiplikatoren wie Journalisten, Anwälten oder Medizinern aufgebaut, die etwa mit wohldosierter Pro-Putin-Propaganda bespielt werden. »Facebook besitzt eine Schlüsselrolle in der Verbreitung von Desinformation«, stellt das Faktenprüfer-Portal Mimikama fest. Das Milliardenunternehmen wirke dem Lügenschleudern kaum entgegen, ergibt eine Studie des Dartmouth College, im Gegenteil: Vor dem Besuch problematischer Webseiten waren die Studienteilnehmer auffallend oft bei Facebook unterwegs gewesen. Erst ein massiver Boykott der Werbekunden Mitte 2020 bewegte Facebook dazu, ein wenig aufzuräumen in all den geldwerten Schmutzecken. Zuckerbergs Märchen, dass sein Unternehmen das Rechte auf freie Meinungsäußerung achte, war endgültig entlarvt. Manipulativer Müll ist keine Meinung.

Die Intransparenz gilt nicht nur für den Umgang mit persönlichen Daten, sondern inzwischen für die Realität selbst. Wie Plastikmüll in den Ozeanen treiben unzählige Fake Partikel verschiedenster Größe durch das Internet. Zunächst ist es ja lustig, wenn Greta Thunberg mit der Stimme von Donald Trump spricht. Unruhig sucht das Auge den gestochen scharfen Film ab. Wo früher Ränder und Verläufe zu sehen waren, gibt es keinerlei Anzeichen von Manipulation mehr. Technik macht es möglich, Wladimir Putin Weltfrieden ausrufen zu lassen und Robert Habeck den dritten Weltkrieg. Uli Hoeneß könnte sich als Veganer outen und Gregor Gysi als Gauland-Fan.

Bei diesen Deepfakes können nicht mal Experten für Bildbearbeitung sagen, ob es sich um Original oder Fälschung handelt. Wenn aber immer atemloser verschickt und geteilt wird – wann ist der Punkt der kompletten Verwirrung erreicht, an dem niemand mehr einem anderen etwas glaubt? Und wer geht dagegen an? Die israelische Zeitung *Haaretz* schrieb: »Überlegen Sie nur, was Goebbels mit Facebook hätte tun können.«

Was ist wahr? Diese scheinbar banale Frage ist kaum noch zu beantworten. Denn jede Wahrheit wird umgehend relativiert. War das Treffen der Politiker ein Erfolg oder ein Flop? Handelte es sich beim Aufeinandertreffen von Polizei und Demonstranten um ein Gerangel oder einen Mordversuch? Existiert der Klimawandel? Ist die Erde eine Scheibe? Als ein Künstler in Berlin einen Bollerwagen mit 99 Smartphones hinter sich herzog, meldete Google Maps einen Monsterstau auf der Bollerwagenstrecke. Was digital wahr aussah, hielt dem Realitätscheck nicht stand. Aber es stand doch im Internet.

Wir erleben ein beispielloses Durcheinander der Quellen, ein Feuerwerk der Behauptungen, das uns nicht in die versprochene Wissensgesellschaft, sondern in ein Land des Raunens, Meinens und Fühlens bringt, wo nur die Symbolik der Wutfaust zählt. Das individuelle Gefühl, dass es schon früher heiße Sommer gab, genügt als Argument, um die weltweite Klimaforschung anzuzweifeln. Spinner, Zweifler und Verschwörungstheoretiker gab es immer. Aber das Netz hat sie zu einer globalen Macht mit einer eigenen mächtigen Echokammer gemacht. Gegenseitiger Beifall führt zu einer Lautstärke in der digitalen Welt, die wiederum zurückschwappt in die klassischen Medien.

Das politische Destabilisieren des Gegners durch Falschinformationen gilt insbesondere in Moskau als legitime Technik der digitalen Kriegsführung. Russische Trollfabriken agieren besonders infam beim Versuch, die EU lächerlich zu machen und zu destabilisieren. Laut CIA stand den Moskauer Trollen für 2019 ein Budget von 360 Millionen Euro zur Verfügung. Die Brüsseler Abwehr hat mit fünf Millionen auszukommen, wofür das wackere Team von »EU vs Disinfo« mit einem guten Dutzend Experten Falschmeldungen dokumentiert und korrigiert, ganze 2 500 in den Jahren 2018 und 2019.

Ein Kollateralnutzen der Corona-Krise bestand darin, dass viele Menschen den Wert solider Medien wiederentdeckten, Wissenschaftlern zuhörten und das Leben mit Unsicherheit einübten. Fernsehen, Zeitungen und deren Online-Angebote verzeichneten Rekordzugriffe. Gleichzeitig entpuppten sich Facebook und Twitter als Fake Schleudern. Ein Großteil der journalistischen Arbeit bestand darin, all die Gerüchte zu entkräften, die ohne die Macht der sozialen Medien gar nicht so populär geworden wären.

Gerade populistische Regimes, so der Philosoph Yuval Noah Harari, hätten es »auf jene Einrichtungen abgesehen, die die Wahrheit schützen: Medien, Gerichte, die Wissenschaft«. Und gerade soziale Medien helfen dabei, diese Angriffe zu orchestrieren und zu verstärken.

Wie hieß deine Grundschullehrerin mit Vornamen?

Irgendwann muss dieses Internet doch mal sicher sein, oder?
Nein. Jedes neue Programm bringt frische Probleme. Über einen
Wettlauf ohne Ziel.

Der rosa Stab sieht aus wie eines dieser langen Feuerzeuge, mit denen man die hintersten Kerzen am Weihnachtsbaum erreicht. Aber warum vibriert das Teil und trägt kleine Scheinwerfer an der Spitze? Der IT-Sicherheitsexperte Mark Semmler grinst: »Das ist kein Feuerzeug.« Huch. Das wird doch wohl nicht ... also das sein, was früher im Otto-Katalog als »Massagestab« feilgeboten wurde? »Genau das«, sagt Semmler: »Ein Vibrator.«

Die Außenhaut kommt in klassischem Altrosé daher, innendrin hat die Sexspielzeugindustrie aufgerüstet. Wackelte früher tapfer ein kleiner batteriegetriebener Motor, trägt der digitale Dildo ein komplettes WLAN-Netzwerk in sich, ständig auf Sendung, ständig empfangsbereit. Wer Passwort und Benutzernamen kennt, kann den kleinen Freund per Smartphone einschalten und mitgucken, wenn, wie bei einigen Modellen, eine Kamera eingebaut ist.

Aber der Zugang ist doch geschützt? Im Prinzip ja. Wenn aber der Hersteller diese Daten voreinstellt und die Passwörter überall im Internet zu finden sind, dann ist der Hightech-Dildo auch über Entfernungen von ein paar Hundert Metern allgemein zugänglich. Es soll schon Fälle von gelangweilten Herren gegeben haben, die von ihrem Hotelzimmer aus nach ungesicherten Netzwerken suchten, um bei so einem Wackelkandidaten zu landen. Falls der rosa Reisebegleiter auf einmal zu zucken beginnt, ist nicht unbedingt das Produkt das Problem, sondern die IT-Sicherheit.

Mark Semmler, 47, Deutschlands gefragtester Vortragsreisender in Sachen digitale Sicherheit, hat den Dildo immer im Gepäck, um seinen verblüfften Zuhörern zu zeigen, wie einfach es sich in Firmen, Privathaushalte oder fremde Leben hacken lässt. Ob Überwachungskamera oder der moderne Kühlschrank – was immer mit dem häuslichen WLAN verbunden ist, ermöglicht die Chance zum ungebetenen Eintritt. Semmler, schwarzer Hoodie, lange Haare, Rheingauer Akzent, war früher selbst als Hacker unterwegs, heute berät er Firmen, Institutionen, Politik und vor allem Kliniken, die besonders leicht erpressbar sind. Aus Sorge um das Wohl der Patienten wird oft gezahlt, aber nie darüber gesprochen, falls ein Hacker den Strom zur Intensivstation abklemmt oder die Patientendaten sperrt. Semmler macht derlei Netzwerke sicherer – ein krisenfester Job.

Mark Semmler hockt auf meinem Bürosofa und hat eine fast legale Antenne an seinen Laptop angeschlossen. Mal sehen, welcher Nachbar in meinem Schöneberger Hinterhof ein schlecht gesichertes WLAN hat. In Sekunden zeigt die Schnüffelantenne 79 Netze an, weit mehr als das Smartphone. Jeder gebräuchliche Router dient nicht nur als Empfangsstation, sondern auch als Netzwerkknotenpunkt. »Alle haben WPA2«, sagt Semmler anerkennend. Übersetzung: Die Menschen ringsum haben ihre privaten WLAN-Netze nach dem neuesten Standard verschlüsselt.

Grundsätzlich, sagt Semmler, sind Smartphones besser verschlüsselt als Rechner, weil sie häufiger erneuert werden und daher auf halbwegs aktueller Software laufen. »Aber nur, wenn jedes Update gemacht wird.« Ich zucke. Ach du Schreck. Ich klicke die Update-Anfragen meiner Geräte beharrlich weg. Semmler guckt mitleidig. Das Gegenteil sei richtig, sagt er. Fast jedes Update schließe irgendeine Sicherheitslücke, von denen immer neue auftauchen. Gut möglich, dass mehr Programmierer weltweit mit Sicherheitsfragen beschäftigt sind als mit bahnbrechenden Neuerungen.

Cyberkriminalität hat sich wie eine Seuche über die Welt gelegt. Dazu ein kleiner Auszug aus dem täglichen »Safety-Security-Ticker« an einem Frühjahrstag des Jahres 2020: »Cyber-Angriff auf österreichisches Außenministerium +++ Cyber-Angriff auf die DKB-Bank +++ Sicherheitslücke bei McDonald's-App ermöglicht kostenlose Bestellungen +++ Russische Hacker attackieren afrikanische Großbanken +++ USA bereiten sich auf Cyber-Angriffe aus Iran vor +++ Hacker legen belgischen Maschinenbauer lahm +++ Laut Allianz Risk Barometer ist für 39 Prozent aller Unternehmen weltweit ein Cyber-Angriff das größte Betriebsrisiko +++ Wie die Uni Gießen nach dem Hacking-Angriff zurechtkam +++«

Ob die Mathestudentin, die ein Schnüffelprogramm schrieb, mit der sich Alexa und andere Heimlautsprecher abhören lassen, ob gehackte Dildos oder die Bewegungsmelder im Garten – das Internet der Dinge, in dem ein digitalisierter Kühlschrank dem fahrerlosen Auto die Liste mit Einkäufen mailt, die im vollautomatischen Drive-in-Supermarkt in den Kofferraum geladen werden, während der Besitzer im lichtdurchfluteten Homeoffice kreativ ist, dürfte so lange Theorie bleiben, wie die zahllosen Angriffspunkte bestehen. Nicht mal simple Anwendungen sind sicher zu programmieren, wie die US-Vorwahlen 2020 in Utah zeigten. Eine Wahl-App sollte das Abstimmen erleichtern, erwies sich aber als Chaosprogramm. Man wünsche sich Zettel und Bleistift zurück, schrieb die *Washington Post*.

Der Fall Cambridge Analytica zeigt, welche neuen Risiken eine Kombination aus legalen und halblegalen Hacks birgt. Ein paar Facebook-Daten, eine App, gute Mathematiker und wenig Geld genügen, um eine Präsidentschaftswahl mutmaßlich zu manipulieren. Details liefert die Netflix-Dokumentation *The Great Hack*. Auch zur Wahl 2021 dient sich Facebook, anders als Twitter, erneut zur Wahlreklame an. Droht hier die Gefahr, dass ein wankelmütiger Milliardär und ein gewissenloser Amtsinhaber gemeinsame Sache machen?

Verzwergte Medien

Wie sich einst stolze Redaktionen bereitwillig den undemokratischen Regeln der Digitalkonzerne, dem Mob und ihrer eigenen Angst unterwerfen.

Der Fehler der jungen Journalisten hatte darin bestanden, sich in einem Beitrag über das blaue Logo mit dem Daumen lustig zu machen. Daraufhin erfuhr die Redaktion von *jetzt*, wie weit die Macht von Facebook in die journalistische Arbeit reicht. Facebook hatte den Text als »Clickbait« eingestuft, als Köder, um Klicks zu ergaunern. Eher unwahrscheinlich beim jugendlichen Arm der *Süddeutschen Zeitung*, einer der ersten Adressen im deutschen Journalismus.

Umgehend wurde die Facebook-Seite von *jetzt* gedrosselt, also deutlich weniger Menschen gezeigt als normalerweise. Erklärung, Kontakt, Gespräch? Nicht möglich, nur automatisierte Kommunikation. Drosseln bedeutet vor allem eines: Die Reichweite eines Beitrags wird gesenkt, eine Form von Verbreitungsverhindern. In totalitären Regimes wurde einst das Papier für unliebsame Titel verknappt. Man nennt es Zensur.

Hatte die Software tatsächlich Clickbait festgestellt? Oder wollte ein Facebook-Mitarbeiter im Sinne seines Milliardenunternehmens die Muskeln zeigen? Eine durchaus wirkungsvolle Strafaktion, denn nahezu alle deutschen Medien nutzen Facebook als Verbreitungshilfe, weil immer mehr Menschen den algorithmisch ermittelten Newsfeed dort als einzige Nachrichtenquelle nutzen. Reduzierte Reichweite bedeutet demnach weniger Wahrnehmung und weniger Werbegeld.

Weil der Journalismus Facebook eher braucht als Facebook den Journalismus, stellt sich die Killerfrage: Wie gehen derart bestrafte Redaktionen mit solchen Warnschüssen um? Öffentlich machen und riskieren, bei Facebook noch weiter oben auf der Shitlist zu stehen? Oder Strafzeit still absitzen und künftig nett sein – die klassische Schere im Kopf?

Die Digitalisierung hat den Journalismus schleichend, aber radikal verändert. Man spricht nicht gern drüber, aber: Social-Media-Plattformen und Suchmaschinen stellen eine Meta-Macht dar, der sich Verlegerinnen, Intendanten, Chefredakteurinnen selbstverständlich beugen. Die Kriterien, wie ein Beitrag auszusehen hat, bestimmt nicht der formale Chef eines Mediums, sondern eine scheinbar unfehlbare Instanz – der Google-Algorithmus. Um von der Suchmaschine gefunden zu werden, muss jeder Text den Regeln eines Unternehmens gehorchen, die allerdings nur zu erahnen sind, weil niemand den Algorithmus kennt. Ändert Google diesen Bewertungsmaßstab, so wie es alle paar Monate überraschend geschieht, fällt die Reichweite mancher Medien steil ab, andere wiederum steigen auf. Warum? Man weiß es nicht. Journalistische Kriterien sind es jedenfalls nicht. Der Algorithmus halt. Hält dieser Mechanismus dem Grundgesetz stand? Nein. Beiträge werden nach intransparenten Kriterien groß oder klein gemacht. Ob, wann, wie manipuliert wird, weiß bestenfalls ein US-Unternehmen.

Mein erster Versuch, einen Google-tauglichen Vorspann über die Geheimwissenschaft der Suchmaschinenoptimierung (SEO) zu schreiben, also jenen kurzen Text, der Interessierte dazu bringen soll, weiterzulesen, ging so:

»Sie wollen mehr über Digitalisierung wissen? Hier lernen Sie einfach, schnell und kostenlos, wie SEO Ihnen helfen kann, Ihr Leben zu verbessern. Besser als Sex und Hundebabys.«

Die Idee dahinter: Ich erkläre der Software, dass ich Wissenswertes liefere zu besten Konditionen mit erstklassigem Nutzen. Das Unterbringen von »Sex« und »Hundebabys« war natürlich ein Trick, weil diese beiden Themen vermutlich öfter gesucht werden als »SEO«.

Benjamin Köhler lächelte fein, als er mein Werk las, und schüttelte zugleich den Kopf. »Schon ganz gut«, murmelte er, was auch das Gegenteil bedeuten konnte. Zunächst einmal müsse ich aufhören, so zu schreiben wie ich schreibe, erklärte Köhler, der den ziemlich neuen und sehr gefragten Job eines SEO-Hexers hat. Er weiß und spürt, was Google will. Und das ist für publizistischen Erfolg wichtiger als eine knallige Schlagzeile. Gemeinsam machten wir uns an einen Google-optimierten Text. Dies ist das Ergebnis:

»SEO – hinter diesen drei Buchstaben verbirgt sich eines der größten Geheimnisse der Digitalisierung. SEO steuert unser Interesse, unser Verhalten, unsere Kommunikation. SEO-Profi Benjamin Köhler verrät, was jeder über SEO wissen muss. Endlich wird verständlich erklärt, wie diese digitale Erfolgsstrategie funktioniert und warum sie für Unternehmen, Politik, Wirtschaft, Pop- und Kulturgeschäft, für jeden von uns so wichtig ist. Wer SEO kapiert, der kapiert das Internet.«

Und gleich darauf drei Punkte mit den wichtigsten Botschaften:

»In diesem Beitrag lernen Sie
• was SEO eigentlich ist,
• warum SEO so wichtig ist,
• wie SEO einfach angewendet wird.«

Idealerweise folgen nun zwei Absätze, die mit Reizwörtern gefüllt sind, dann müsste ein Video eingebunden werden, was schwierig ist in einem Buch. »So mag's Google«, sagt Benjamin. Willkommen in der neuen Welt des Journalismus, wo Texte nicht verfasst werden, um Menschen anzusprechen, sondern eine Software. Nur was Google findet und mag, wird oben in den Treffern angezeigt.

Unser aller Ungeduld führt dazu, dass wir nach einer Suchanfrage nur die erste Seite mit Treffern betrachten, und dort, um ehrlich zu sein, meistens nur die ersten drei Einträge. Nur wer hier oben steht, wird auch geklickt. Und nur wer geklickt wird, schafft Reichweite und Werbegeld.

SEO heißt »Search Engine Optimization«, also Suchmaschinenoptimierung oder einfacher: Google-Freundlichkeit. Weil nur eine Suchmaschine quasi monopolistisch existiert, muss jeder Mensch, jedes Unternehmen, jede Redaktion Googles Kriterien bedienen. So entscheidet ein Unternehmen über den Erfolg von Millionen Beiträgen. Und die ganze Welt, ob Medien, Reklametreibende, Ministerien, Privatleute, Hacker oder freie Journalisten, sind damit beschäftigt, Beiträge so zu gestalten, dass die Suchmaschine sie findet und mag. Ein globaler, nie endender Kampf, denn die Kriterien wechseln willkürlich und ohne Ansage. Es kam schon vor, dass Publikationen bis zu 80 Prozent ihrer Besucherzahlen verloren, weil Google die Kriterien über Nacht änderte.

Jedes demokratisch nicht legitimierte Nadelöhr aber, das ein Beitrag passieren muss, bedeutet eine Form von Zensur. Nicht das Grundgesetz, sondern Googles Geschmack definiert, was wo wie veröffentlicht wird: Da ist einerseits die Nacktheits-Paranoia, das ist andererseits der eher entspannte Umgang mit Hakenkreuzen, der die Kultur des Silicon Valley prägt. Und immer bleibt die Frage: Lässt sich die Maschine quasi von Hand ein wenig feinsteuern, um etwa unliebsame Beiträge oder Journalisten unsichtbar zu machen?

Wie entscheidet Google genau, welcher Link nach oben auf die Trefferliste kommt? Das lässt sich nur vermuten. Und Menschen wie Benjamin Köhler sind Experten im Vermuten. Unablässig durchforstet ein ausgeklügeltes Programm in rasendem Tempo alle Webseiten der Welt und prüft, welche Suchwörter und verwandten Begriffe dort zu finden sind. Fahndet der Nutzer nach »Thomas Müller«, checkt Google auch Verwandtes wie »FC Bayern« oder »Nationalmannschaft« oder »Tore« oder »Verletzung« sowie die Qualität der Quelle. Der Beitrag in einer angesehenen Fußballzeitschrift wird höher bewertet als eine usbekische Phishing-Seite. Früher ließ sich der Suchmaschinengigant foppen, wenn im Text klickfördernde, aber sinnfreie Begriffe wie »Helene Fischer« oder »Hundebabys« auftauchten. Inzwischen erkennt die Maschine eigens erstellten Inhalt, belohnt ein passendes Video, Zusammenfassungen, Verlinkungen.

Publizistikstudenten früherer Jahre lernten die Gatekeeper-Theorie. Der Redakteur galt als medialer Schleusenwärter, der entschied, welche der unzähligen Themen in die Zeitung oder die Nachrichtensendung gelangten, welcher Beitrag groß, welcher klein, welcher wiederholt und welcher gar nicht berücksichtigt wurde. Relevanzkriterien waren etwa Nähe, Prominenz, Drama und Konflikt.

Je nach Persönlichkeit, Bildung, Tagesform und politischen Präferenzen von Redakteur und Verlag wurden die Kriterien flexibel gehandhabt, und das war gut so. Die Verschiedenheit der Medienmachenden führte zu einem breiten Mix von Themen und Gewichtungen, was dem wählenden Bürger wiederum ein breites mediales Buffet anbot, von dem er sich bedienen konnte. Pluralität nach innen und nach außen ist in ihrer ganzen gewollten Chaoshaftigkeit das Gegenteil von zensierter Einheitspresse.

Doch dann kam Google. Ein Wirtschaftsunternehmen hat naturgemäß weniger demokratische Pluralität im Sinn als Umsatz. Milliarden von Suchanfragen liefern dem Unternehmen täglich geldwerte Trends. Ist eine Region der Welt etwa von langanhaltender Hitze betroffen, steigen die Suchanfragen nach Sonnenschirmen und damit der Preis für Sonnenschirmreklame auf Google. So hat die Suche zwei unterschiedliche Funktionen, ob bei Google, YouTube, Amazon, Twitter oder allen anderen. Was uns Nutzern das Leben erleichtert, liefert Google gleichzeitig eine Echtzeitwerbemaschine mit minutengenauen Preisen. War das Suchwort »Atemmaske« im Januar 2020 noch günstig zu haben, dürfte der Preis bis zum Frühsommer explodiert sein. Um möglichst präzise Ergebnisse zu bekommen, darf sich die Suchmaschine nun möglichst wenig austricksen lassen. Deswegen wird der Algorithmus fortwährend geändert.

Google ist ein globaler Oberchefredakteur, der nahezu allein entscheidet, ob was wo gefunden und mithin auch gesehen wird. Es geht um inhaltliche Qualität, aber auch um technische Kriterien: Wie schnell lädt eine Seite, wie ist es um die Scrollability bestellt, also die Guckfreundlichkeit, wenn der Daumen über den Smartphone-Bildschirm wischt? Kann sein, dass nach diesen Kriterien Relevantes nach vorn befördert wird. Kann aber auch sein, dass durch schlaue SEO mittelmäßiger Kram zu Popularität gelangt.

SEO, das ist die Spitzhacke, die die kleinen Goldadern im Google-Massiv freilegt. Menschen wie Benjamin Köhler suchen wie ein Profiler nach geheimen Kriterien. Ausprobieren hilft. Bei Google Trends oder auf Seiten wie Ubersuggest finden sich attraktive Schlüsselwörter. Er fahndet aber auch nach kleinsten Indizien wie Schriftgrößen oder Textlängen, tüftelt, testet und trickst bis in die Bildunterschrift.

Köhler kommt aus Finsterwalde, lebt in Berlin, hat Fachabitur mit Schwerpunkt Medien gemacht und studiert Wirtschaft und Politik. Neben seiner Ausbildung hat er immer journalistisch gearbeitet. Das SEO-Spezialwissen hat er sich selbst angeeignet. Den Boomjob des Suchmaschinenoptimierers kennt die Bundesagentur für Arbeit noch gar nicht, obgleich dieser Beruf gefragt und exzellent bezahlt ist. »Ich bin ein Hybridwesen aus Journalist und Techniker«, sagt Köhler. Was ihn an SEO fasziniert: Harte Zahlen ersetzen journalistisches Bauchgefühl.

Zahlen hin, Daten her – keine unabhängige Instanz prüft, wie Suchergebnisse zustande kommen. Wo aber Transparenz fehlt, erledigt sich die Grundidee von der vierten Gewalt als unabhängiger Kontrollinstanz unseres Gemeinwesens. Denn jede Entscheidung, die Chefredakteurin, Verleger oder Intendant fällt, muss durch die undurchschaubare Blackbox.

Wohin die Vergoogelung deutscher Redaktionen führt, illustrieren drei journalistische Alltagssituationen:

Fall eins: Eine Eilmeldung macht die Runde. Demnach soll eine prominente Schlagersängerin unter Drogeneinfluss mit einem 17-jährigen Fan Sex gehabt haben. Riesige Aufregung, gewaltiges Interesse, die Suchanfragen, also Name der Künstlerin in Kombination mit »Drogen«, »Missbrauch« und »Vergewaltigung«, schießen ebenso durch die Decke wie der Hashtag #drogensex bei Twitter und anderswo. Hier sind sehr schnell sehr viele Klicks zu holen, also bares Werbegeld.

Leider stellt sich die Information bald als Ente heraus. Alle, die berichtet haben, müssten die Sache umgehend klarstellen, fairerweise in derselben reißerischen Aufmachung. Die Realität sieht aber anders aus: Weil der Fall, der keiner ist, immer weiter trendet, wäre jede Redaktion schön blöd, würde sie das Thema umgehend ignorieren, um den durch die Falschmeldung angerichteten Schaden zu minimieren.

Stattdessen suchen findige SEO-Experten nach Wegen, die entsprechenden Suchwörter so lange wie möglich zu bedienen, was auch mit scheinheiligen Dementis möglich ist, etwa: »Schlagersängerin steht nicht länger unter dem Verdacht, minderjährigen Fan unter Drogen missbraucht zu haben.« #drogensex. Im Artikel wird die gesamte falsche Story noch mal ausgebreitet. Menschlich mies, aber faktisch richtig, vor allem aber: SEO-optimiert. In der automatischen Vervollständigung der Google-Suche wird der Name der Frau in Kombination mit einer nicht begangenen Tat noch eine Weile weiterleben.

Zweiter Fall: Eine Traditionszeitung kämpft ums ökonomische Überleben. Jeder Klick zählt. Ein Redakteur mittleren Alters, Vater zweier schulpflichtiger Kinder und Darlehensnehmer für das soeben erworbene Eigenheim, steht vor der Wahl: Recherchiert er zu den Klimaschutzplänen der EU, einem Thema, das er wichtig findet und inhaltlich beherrscht? Oder macht er sich in einem gehässigen Meinungsstück lustig über den schlechtsitzenden Anzug eines Politikers, der aber als Treiber einer klugen EU-Klimaschutzpolitik gilt?

Auf der einen Seite pocht das Gewissen: Klimaschutz ist wichtig, der Informationsstand vieler Menschen mäßig, die EU-Pläne sind neu und erklärungsbedürftig. Aber: Solche Geschichten klicken nicht gut. Dem Verlag geht es schlecht. Der Job ist in Gefahr. Die nächste Kündigungswelle steht an. Das Darlehen drückt.

Dagegen steht der gehässige Beitrag: null Recherche, schnell geschrieben, klickt garantiert. Leider mies, weil nicht nur der Mensch, sondern auch sein Thema diskreditiert wird. Noch mehr Häme ergießt sich ins Land, die Politikverdrossenheit wächst.

Wer mag dem Kollegen nun verdenken, wenn ihm Job und Konto am nächsten sind? Und: Wie viele Journalisten entscheiden sich jeden Tag, jede Minute für die noble Variante? Und was bedeutet diese komplexe, sittliche Lage für das Aufkommen irrer Bewegungen, die gesellschaftlich womöglich kaum relevant sind? So kommt es zum Dschungelcamp-Effekt, der sich wie folgt zeigen kann: Ein kleiner gewaltbereiter Trupp von C-Promis hat entdeckt, dass das möglichst lautstarke, verschwörerische Leugnen von Corona-Tatsachen idealerweise auf nicht erlaubten Demonstrationen vor prominenten Bauwerken für Aufmerksamkeit sorgt. Kleinere Medien berichten. Das Thema trendet bei Google. Nun müssen größere Medien einsteigen, sonst holen sich die Nutzer den Stoff anderswo. So erlangt ein Nicht-Thema plötzlich bundesweite Resonanz.

Seit Google, Facebook und andere Digitalkonzerne den Traditionsmedien ihre Haupterlösquelle abgegraben haben, die Anzeigen, stehen Medienmitarbeiter täglich vor derlei Gewissensfragen, die schnell zu Überlebensfragen werden. Wie wird sich der Konflikt zwischen gut klickendem Müll und relevantem, aber weniger gut klickendem Inhalt entwickeln, wenn der Klick das Maß der Dinge ist? Und welche Unabhängigkeit haben Medienhäuser, wenn der wirtschaftliche Druck weiter zunimmt, weil Internetkonzerne vermeintlich umsonst aufs Smartphone liefern, was früher am Kiosk zu bezahlen war?

Dritter, nicht ganz fiktiver Fall: In einem satirischen TV-Beitrag singt der Kinderchor eines großen Senders von einer älteren Dame, die gern auf Flugreisen geht und Kreuzfahrten unternimmt. Die Kinder trällern von »Oma, der alten Umweltsau«. Das muss man nicht für den Gipfel der Satirekunst halten, aber der Untergang des Abendlandes ist es auch nicht. Wer mit Comedy-Formaten wie »Klimbim« oder dem kryptofaschistoiden Ekel Alfred aus »Ein Herz und eine Seele« aufgewachsen ist, lächelt milde. Der Kinderchor ist durchaus verkraftbar; gleichwohl darf man über Tonlage und Inhalt natürlich debattieren. Dafür sind die Medien da.

Nun schwillt aber unerwartet ein Shitstorm an. In scharfem Ton verurteilen Menschen, die sich »Eichhörnchen69« oder »AdiH88« nennen, den Beitrag auf Facebook und Twitter: Kinder seien missbraucht, Senioren verunglimpft worden, und überhaupt sei nicht erwiesen, dass Kreuzfahrten böse seien. Hashtag #omagate. Empörte Mails fluten die Intendanz. Politiker fordern, Seniorenverbände empören sich, Kinderpsychologen mahnen – ein Gewitter um nichts. Journalistenkollegen (vgl. Fall eins und Fall zwei) finden zwar, dass die Aufregung unbegründet sei, stimmen aber in den Chor der Empörten ein. Die Kernfrage lautet eben: Klicks oder Seriosität? Beides geht nicht.

Der Fall eskaliert weiter, mit Morddrohungen gegen Redakteure und die Eltern von Chorkindern, Farbbeutel fliegen aufs Sendergebäude. Die Republik scheint für ein paar Stunden außer sich und über nichts anderes zu reden. Erste Forderungen nach einem Rücktritt des Intendanten erklingen. Und dieser steht nun vor einfachen und zugleich unendlich schweren Fragen: Der echten oder künstlichen Wut widerstehen? Hinter die Redaktion stellen? Das Prinzip der Satirefreiheit verteidigen? Für die Grundwerte von Pressefreiheit und Demokratie kämpfen? War der Beitrag womöglich wirklich eine Zumutung?

Dagegen steht die Verlockung, mit einem Schlag den Spuk zu beenden: Beitrag verdammen, aus der Mediathek nehmen, Redaktion ein bisschen ausschimpfen – und Ruhe ist. Am Ende aber steht die Erkenntnis: Beide Optionen bergen Risiken, keine gibt es ohne Blessuren.

Was aber war wirklich geschehen? In unaufgeregteren Tagen hätte sich der Satirebeitrag einfach versendet. In Shitstorm-Zeiten dagegen durchforsten rechte Empörungsprofis das Netz systematisch nach Aufregern, die sich medial hochziehen lassen. Täglich testen die rechten Klickbataillone verschiedene Themen mit den bekannten Ingredienzien. Zunächst schwappt die Empörungswelle eher flach in den eigenen Kreisen. Doch manchmal steigen weitere Netznutzer ein. Dann fliegt das Thema höher und weiter. So wie der Kinderchor.

Die jungen Kollegen vom Y-Kollektiv haben exemplarisch

auf Twitter geschaut, wie sich Shitstorms orchestrieren lassen, wenn man Inhalte und Algorithmen systematisch und langfristig koordiniert. Fazit: Eine Handvoll hyperaktiver Twitter-Accounts genügt. Eine anonyme Petra etwa versendet über 100 Tweets am Tag, durchweg Empfehlungen von rechten bis rechtsradikalen Berichten. Die Zahl von Petras Followern liegt weit über denen vieler Politiker. Petra betreibt Agitation und Marktforschung zugleich. Ein Beitrag, der von ihren vielen kleinen Multiplikatoren ebenfalls weitergeleitet und gemocht wird, hat gute Chancen, Thema einer größeren Kampagne zu werden. Ob Petra einer Partei nahesteht oder einem Geheimdienst, ist nicht zu ermitteln.

Ihr Verhalten aber folgt den Regeln des Infokriegs, eine quasioffizielle Strategie rechter Staatsfeinde. »Infokrieg« heißt: Themen besetzen und umdeuten, Stimmung aufheizen, klassische Medien verunglimpfen, Menschen verunsichern, Weltbild ändern. Rechte Agitatoren haben kapiert, wie sich Algorithmen zum Verbreiten rechten Denkens eignen. Denn Viel-Twitterer wie Petra werden von der Software als wertvoll betrachtet, mehrere dieser Hyperaktiven empfehlen und promoten sich und ihre Nischenmedien wiederum gegenseitig, so dass einige wenige Figuren den Eindruck großer Relevanz erzeugen. Derlei Empfehlungsalgorithmen, wie sie auch bei YouTube wirken, sorgen für ein wundersames Vermehren des Drecks. Die Software kennt keine journalistischen Kriterien.

Klassischen Medien fehlen nun Abgebrühtheit und Spezialwissen, um in dieser schmutzigen Aufmerksamkeitsschlacht mitzuhalten. So müssen Intendanten zu Kreuze kriechen. Zugleich werden Menschen mehr oder weniger offen bedroht, die derlei Mechanismen aufdecken, wie etwa die österreichische Extremismusforscherin Julia Ebner. Meist reicht schon der kritische Halbsatz eines Journalisten in einer Talkshow, um ein Gewitter des Zorns heraufzubeschwören.

Wir halten fest: Eingeklemmt zwischen wirtschaftlichen Sorgen einer ganzen Branche, der latenten Lügenpresse-Debatte, Googles undurchsichtigen Regeln, dem Vorschub des

Extremistischen durch Twitter und YouTube und einer durchaus begründeten persönlichen Angst sollen Medienvertreter mutigen Journalismus zum Wohl der Gesellschaft machen? Ein ungleicher Kampf, den die Medienhäuser selbst allerdings zu spät begonnen haben. Denn die Digitalkonzerne stellen das Mediensystem und seine Kontrollfunktion schon länger vor fundamentale Fragen. Weder öffentlich-rechtliche Sendeanstalten noch privatwirtschaftliche Häuser haben sich auf die neue Zeit eingestellt, zumal sie die sozialen Medien einerseits brauchen, die sie andererseits verabscheuen. Und alle wissen: Am Ende gewinnt die Software. Parallelen zur Automobilwirtschaft? Reichlich.

Wie die selbstverliebten Autobauer waren auch deutsche Medienmacher phasenweise überfordert mit den neuen digitalen Möglichkeiten. Es begann mit den schmutzigen Kommentaren, die die Nachrichtenseiten fluteten. Kommentarfunktion abschalten? Bringt den Vorwurf der Zensur ein. Alles offenlassen? Benötigt unglaublich viel belastbares Personal, das rund um die Uhr den Dreck filtert. Die Löschzüge bei Facebook und YouTube kennen das Problem, posttraumatische Belastungsstörungen wegen der fortwährenden Grausamkeiten inklusive.

Wie sehr sich die journalistische Arbeit verändert hat, zeigt sich in der Redaktion des *ARD*-Talkers Frank Plasberg (»Hart aber fair«). Allein drei Redakteure sind damit beschäftigt, die digital geführten Diskussionen zu moderieren, aufkommende Gerüchte zu entkräften, Fakten nachzuliefern, Verrückte zu beruhigen. Natürlich ist es richtig, dass Journalisten ihr Tun erklären; andererseits reichen einige schamlose Trolle, um Redaktionen mit Nebensächlichkeiten aufzuhalten und damit lahmzulegen. Es gilt das Bullshit-Paradox: Das Entkräften von Falschem dauert etwa zehnmal so lang wie das In-die-Welt-Setzen. So gewinnt der Unsinn immer.

Wie einfach sich mit digitalen Mitteln quasi Berufsverbote auslösen lassen, zeigt der Fall des Journalisten Richard Gutjahr, der 2016 als Urlauber Zeuge des Anschlags in Nizza wurde und wenige Tage später einen Amoklauf in München miterlebte, der Stadt, in der er wohnt. Von beiden Attentaten berichtete Gutjahr, was zu absonderlichen Verschwörungstheorien führte, die wiederum zur Folge hatten, dass Gutjahr und seine Familie seither bedroht und terrorisiert werden, inklusive der Morddrohungen, ohne die heute offenbar kaum noch ein Leserbrief rausgeht.

Der *Bayerische Rundfunk* sah sich nicht in der Lage, seinen langjährigen freien Mitarbeiter Gutjahr vor dem Mob zu schützen, was der Journalist in einem offenen Brief beklagte. Die Macht eines kleinen, aber hochgiftigen Mobs genügt, Journalisten und Arbeitgeber an ihre Grenzen zu bringen. Was Wunder, wenn mancher Familienvater davon absieht, den Helden für Wahrheit und Gerechtigkeit in einem durch und durch asymmetrischen Infokrieg zu spielen.

Wie dagegen digital kompatible Medienmenschen aussehen, zeigt Falco Punch, 24, einer von Deutschlands erfolgreichsten TikTok-Zulieferern mit über sieben Millionen Fans. Da will man die eigene Marke nicht beschädigen und weiterhin Hunde verkleiden oder Mama nass spritzen – was man so macht als TikTok-Star. Er wolle »den Leuten eine gute Zeit machen«, sagt Punch, aber »niemanden mit meiner politischen Meinung beeinflussen«. So ist's recht. Er verliert kein böses Wort, weder gegen Sponsoren noch gegen die chinesische App TikTok, die unliebsame Beiträge zu sperren pflegt, aber auch die Reichweite von Filmchen begrenzt, die nicht dem Spaß-Ideal entsprechen, etwa von Menschen mit Behinderung. Ja zu den Lügen der Radikalen, Nein zu Handicaps, Ja zu Süßlichem, Nein zu demokratischen Spielregeln – die Digtatur mag alles außer Realität. Da sind sich die Konzerne einig, ganz gleich, ob in China oder Kalifornien beheimatet.

Die digitalen Escobars

Heroin, Nikotin, Dopamin: Was das Silicon Valley mit der Kokain-Metropole Medellín zu tun hat und warum wir, fast, alle Internet-Junkies sind.

John Stith Pemberton war Arzt, Chemiker, Tüftler und Kriegsveteran. In der Schlacht von Columbus, einem der letzten Gefechte des amerikanischen Bürgerkriegs im April 1865, traf ihn ein Säbelhieb. Die Schmerzen bekämpfte Dr. Pemberton mit Morphium, einer üblichen Arznei in jenen Tagen. Morphium wirkt zwar phänomenal, führt aber auch zu umgehender Abhängigkeit so wie Heroin oder Opioide, die als legale Schmerzmittel in den USA im vergangenen Jahrzehnt Zehntausende Todesfälle verursachten.

Um seine Abhängigkeit loszuwerden, experimentierte Pemberton mit Schmerzmitteln, die weniger Suchtpotenzial bargen. In einem seiner Tränke, »Pemberton's French Wine Coca«, verarbeitete er Extrakte der Kolanuss, die für hohen Koffeingehalt bekannt ist, mit einer Mischung aus Kokain und Alkohol, die der Laune aufhelfen sollte. Vorbild war ein in Europa beliebtes Getränk des Pariser Chemikers Angelo Mariani, auf das Jules Verne, Alexandre Dumas, Arthur Conan Doyle und auch Papst Leo XIII. schworen.

Pembertons Drink, der als Allheilmittel vermarktet wurde, fand sogleich Fans, etwa US-Präsident Ulysses Grant, der an einem schmerzhaften Krebs litt. Aufgrund der aufkommenden Prohibition sah Pemberton sich genötigt, eine alkoholfreie Variante zu entwickeln. Das Kokain war kein Problem. Zufällig mischte der Arzt seinen Sirup eines Tages mit Sodawasser. Und die alkoholfreie Mixtur fand sofort Anklang. Die Entscheidung stand fest: Der neue Sprudel solle keine Medizin sein, sondern

Erfrischungsgetränk, dessen Name sich aus den Anfangsbuchstaben der beiden Hauptbestandteile zusammensetzte: Coca-Cola.

Das neue Trendgetränk half angeblich gegen Nervosität und Kopfschmerz, lieferte Tatkraft und besserte die Gedächtnisleistung auf. Auch wenn der Weltkonzern die Kokain-Story gern kleinredet, so steht doch fest: Der gigantische Anfangserfolg des Getränks hat mit den suchtfördernden Inhaltsstoffen zu tun, die seinerzeit als wohltuende Arzneien galten und nicht als illegale Drogen. Kokain wurde in den USA erst 1914 verboten.

Abhängigkeit ist ein zuverlässiges Geschäftsmodell, gerade in den USA. Ob Coca-Cola oder Philip Morris, ob Alkohol oder Zucker – der Aufstieg mancher Weltmarktführer der Konsumgüterindustrie hat – nicht nur, aber auch – mit Nutzern zu tun, die sich magisch angezogen fühlen von dem Stoff. Nikotin etwa birgt ein ähnliches Suchtpotenzial wie Heroin, die unselige Macht des Alkohols bedarf keiner weiteren Erläuterung, die bedenklichen Nebenwirkungen des Zuckers führen inzwischen weltweit zur Besteuerung.

Philip Morris etwa begann 1847 mit dem Verkauf von Zigaretten; heute liefert das weltgrößte private Unternehmen für Rauchwaren in 180 Länder. Ob Tierversuche oder Menschenrechte, Arbeitsbedingungen oder politischer Einfluss: Philip Morris hat ein Verbot seiner krebserzeugenden Suchtprodukte rekordreif hinausgezögert. Heute käme keine Regierung der Welt auf die Idee, den freien Verkauf von Tabakstäbchen zu erlauben. Aber zu einem Verkaufsverbot ringt sich kaum ein Staat durch. Was könnte es bedeuten, dass Facebook-Chef Zuckerberg im Jahr 2019 einen ehemaligen europäischen Topmanager von Philip Morris anheuerte?

Tabak- und Alkoholkonzerne setzten auf Lobbyisten oder heuerten Wissenschaftler an, die günstige Studienergebnisse lieferten. Besonders gnadenlos waren die Anbieter opioidhaltiger Schmerzmittel noch im vergangenen Jahrzehnt unterwegs. Allein 2017 starben fast 50 000 Menschen an den als harmlos gepriesenen Tabletten, die ihre Benutzer und sogar deren neugeborene Babys ähnlich abhängig machten wie Heroin. Es verging eine bedenklich lange Zeit, bis diese nachweislich toxischen Produkte vom Markt verschwanden. Der Schadensersatzpflicht entzog man sich übrigens durch rechtzeitigen Konkurs.

Zufall, dass ein Smartphone ähnlich gut in der Hand liegt wie die Ur-Cola-Flasche, wie eine Schachtel Zigaretten oder Pillen, ein Flachmann oder früher mal die Fernbedienung? Es gleitet kaum spürbar in die Jackentasche, wir können es mit geschlossenen Augen bedienen und verspüren dieses wunderbar souveräne Gefühl, die Sache fest im Griff zu haben. Und dann dieses wohlige Gefühl, wenn der Akku vollständig geladen ist. Oder die Panik, wenn die Stromanzeige in den roten Bereich fällt.

Ich habe Menschen im politischen Berlin erlebt, die ihr Gerät minütlich hervorzuziehen, häufiger als früher die Zigarettenpackung. Könnte es sein, dass das Digitale Suchtphänomene begünstigt und Entzugserscheinungen hervorrufen kann?

Es wäre leicht, das Suchtthema bei Kollegen, Kindern oder Spielverrückten abzuladen. Denn zur Ehrlichkeit gehört, das eigene Verhalten zu betrachten. Und da sieht es gar nicht gut aus, auch bei mir. Ich habe alle Formen der Internetsucht durchlebt: Ganz früher war ich newsgroupsüchtig, dauerhaft bin ich nachrichten- und likeabhängig, früher auf Facebook, heute auf Twitter. Ja, ich bin druff. Auch wenn's im Moment gerade geht.

Kann Technologie eine Droge sein?

Ja, auch wenn es sich im klassischen Verständnis bei Drogen um Stoffe handelt, die dem Körper von außen zugeführt werden. Das Internet schießt keine Substanzen in die Blutbahnen seiner Nutzer. Aber digitale Dienste sorgen dafür, dass der Körper selbst seinen Stoff produziert: Dopamin. Die Droge Dopamin wirkt in allen Ländern, Schichten, Kulturen, Religionen, Generationen, ist aber, anders als Alkohol, Tabak oder Kokain, weder verpönt noch geächtet, noch verboten.

Wissenschaftlich ist nicht abschließend geklärt, wie eng Internetsucht und Drogensucht verwandt sind. Die *Suchtfibel* von Ralf Schneider zeigt gleichwohl parallele Merkmale auf. Suchtverhalten ist wahrscheinlich,

- je rascher und intensiver die Belohnungswirkung,
- je gezielter psychologische Grundbedürfnisse befriedigt werden,
- je geringer die erforderliche Anstrengung ist,
- je kleiner das unmittelbare individuelle Risiko ist,
- je weniger Alternativen für das positive Beeinflussen des Wohlbefindens geboten sind.

Fünf Punkte für Facebook, Instagram und die anderen, zumal abschreckende soziale Faktoren wie Isolation durch Suchtverhalten, Beschaffungskriminalität, Verelendung nicht so sehr ins Gewicht fallen.

Die Digitalwirtschaft hat es fertiggebracht, ein multikulturelles, globales, scheinbar kostenloses und vor allem legales Drogengeschäft aufzubauen, mindestens so einträglich wie das Cali-Kartell, aber im Einklang mit den meisten Regeln und Gesetzen. Die Spätfolgen dieses weltweiten Legal High werden erst langsam sichtbar.

Wie Pembertons Coca-Cola und Morris' Zigaretten ist Dopamin ein Stoff, der süchtig macht und das Verhalten von Menschen je nach Persönlichkeit bisweilen massiv verändert. Wer einmal Dopamin-Glück erfahren hat, will diesen kleinen Rausch immer aufs Neue genießen. Es gehört zu den brillanten Tricks der Tech-Konzerne, das abschreckende Thema Sucht mit wunderbaren Tarnwörtern verpackt zu haben. Wer Stunden an seinem Display hängt, ist nicht »abhängig«, sondern zeigt »Engagement«. Klingt gleich viel besser.

Wer die unheimliche Macht des Dopamins erleben will, muss nur seinem Kind das Tablet aus der Hand nehmen. Selbst sanfte und ansonsten zurechnungsfähige junge Menschen verwandeln sich bei Entzug umgehend in Zombies. Wenn aber weltweit Milliarden Menschen druff sind auf manipulativen Maschinen – was bedeutet das für unser Miteinander?

Der Neurotransmitter Dopamin ist eines der körpereigenen Glückshormone wie etwa Endorphin. Belohnung ist einer der stärksten Motivatoren menschlichen Handelns, und Dopamin ist der Bote. Das Prinzip ist aus Zirkus oder Hundeschule bekannt. Gute Leistungen werden mit einem Leckerli belohnt.

Jedes Like ist ein Leckerli, denn es lässt Dopamin fließen. »Gut gemacht«, meldet der Stoff im ganzen Körper. Der Russe Iwan Pawlow hat 1905 an Hunden nachgewiesen, dass schon eine symbolische Belohnung ausreicht, um Verhalten zu ändern. Verhaltensforscher Pawlow ließ eine Glocke ertönen, wenn Futter serviert wurde. Bald schon säftelten die Hunde beim Klang der Glocke. Herzchen, Daumen, Bilder von Münzen oder die gemalten Süßigkeiten von Candy Crush funktionieren wie Pawlows Glocke. Schon Symbole erzeugen Glücksgefühle.

Hinzu kommt eine zweite Komponente, die Bestrafung. Weil sich die permanenten Dopamindosen auf Dauer verschleißen, muss die Gier immer wieder angefacht werden, was paradoxerweise durch Ablehnung besser funktioniert als mit Anerkennung. Wer weniger Likes bekommt als am Tag zuvor, wer mit seinem lustigen Spruch kaum Daumen einheimst, wird noch geiler auf Dopamin. »Zuckerbrot und Peitsche«, erklärt der Netzkritiker Jason Lanier: »Unangenehmes Feedback kann eine ebenso große Rolle beim Entstehen von Abhängigkeit spielen wie positives.«

Je zufälliger, irrationaler, überraschender eine negative Rückmeldung erfolgt, desto wirkungsvoller. So ist ein schwer ausrechenbares Maß an Zufall das Kennzeichen eines wirklich guten Algorithmus. Die Prinzipien dieser digitalen Verhaltenssteuerung und -kontrolle stammen übrigens von den Entwicklern von Glücksspielmaschinen wie Video-Poker.

Eine Studie der Universität Chicago bestätigt die Macht des Dopamins. Nach Ansicht des Studienleiters sei es für Menschen schwieriger, sich von Social Media fernzuhalten als von Alkohol oder Nikotin. Nur das Bedürfnis nach Schlaf und Sex sei mächtiger. Der einfache, nahezu kostenlose Zugang und die dauernde Verfügbarkeit machten die sozialen Medien doppelt attraktiv.

Die Macher von Facebook, so Lanier, wussten von Anfang an, inwieweit ihre Weltmaschine von Dopamin angetrieben wird. Sean Parker, der erste Präsident von Facebook, gibt unumwunden zu, dass man den Usern hin und wieder einen »kleinen Dopaminkick« verpassen müsse. Die Empfänglichkeit für Anerkennung sei exakt die »Schwachstelle der menschlichen Psyche«. Facebook-Chef Mark Zuckerberg oder Kevin Systrom, der die Facebook-Tochter Instagram gründete, »haben das auf einer ganz bewussten Ebene verstanden. Und wir haben es trotzdem gemacht.« Parker lässt keinen Zweifel daran, dass die Erfinder der sozialen Netzwerke wussten, dass sie Milliarden von Dopamin-Junkies züchten würden, deren »Beziehungen zur Gesellschaft und untereinander« sich dramatisch verändern würden. Nur wie?

Viele Gestalter der digitalen Welt wussten wie einst die Tabakmanager oder Kokainbosse, dass sie die Welt vergiften würden. Und sie haben ihr Geschäft trotzdem und in voller Absicht weiterbetrieben. Weil es geht und alle mitmachen. Abhängigkeit bedeutet eben auch, dass man dem Dealer mehr glaubt als dem Arzt.

Für unsere tägliche Portion Dopamin sorgen nicht nur die sozialen Netzwerke, sondern praktisch das gesamte Netz. Ob bei Glücksspiel oder Pornografie, beim Zocken und sogar beim Streunen durch die Nachrichten – überall wird das körpereigene Belohnungssystem bedient. Die rechten Tendenzen weltweit lassen darauf schließen, dass es sogar eine Wut-, Hetz- und Hasssucht gibt.

Und die Abhängigkeit ist ökonomisch quantifizierbar. In Spielkasinos etwa errechnet eine Software aus dem Verhalten der Spielenden, ob bald ein kleiner Gewinn sein muss, damit die Zockerlaune oben bleibt. Die Balance von Erfolg und Enttäuschung lässt sich errechnen. Die Betreiber können von jedem Spieler sagen, wie lange er am Gerät bleibt und wie viel er dort verpulvert. Berechen- und steuerbare Sucht: ein Traum jedes Dealers.

Im Kasino geschieht im Prinzip dasselbe wie beim Zocken im Kinderzimmer oder beim Facebook-Checken im Büro. Der Mensch verlässt die reale Welt und begibt sich in fantastische, neue Räume, ob Twitterblase oder Insta-Kosmos, ob World of Warcraft, Cinema YouTube oder Pornoportal. In all diesen Welten sind die Regeln einfach, die Wände bunt, die Belohnungen schnell zu kriegen, die Dopamin-Duschen sind aufgedreht, ganz anders als in der komplexen äußeren Welt. Der Willenskraft des Einzelnen steht eine Armee hochgerüsteter Cyberkrieger gegenüber, die mit allen Tricks um die Aufmerksamkeit einsamer und gelangweilter Menschenkinder kämpfen.

Zugleich, und das ist auf zynische Weise furchtbar, ist die digitale Abhängigkeit sozial halbwegs verträglich, weil Dopamin keine gesellschaftlichen Schranken kennt. Am Ende sind alle druff, Eltern wie Kinder, Intellektuelle wie Einfältige. Und alles ist legal. Es gibt kaum sichtbare Schäden oder dramatisches Fehlverhalten, es sei denn, ein Game-Süchtiger pinkelt über Tage in eine leere Colaflasche, weil er den Bildschirm nicht verlassen mag. In Thailand erlag ein 17-Jähriger während eines Marathon-Zocks einem Schlaganfall, deutsche Suchtberater haben ihr Angebot seit Jahren um Spielabhängigkeit erweitert, in Spezialkliniken werden die harten Fälle therapiert.

Immer und überall, wo WLAN ist, kann sich der Abhängige seine Dosis holen. Stoff ist genug da, in jedem von uns. Funktionierten Märkte bislang nach den Regeln der Knappheit, die den Preis bestimmte, hat die Digitalwirtschaft diese Mechanismen komplett außer Kraft gesetzt. Hier regiert der Überfluss: immer neue Apps, Funktionen, Reize. Immer neue Daten helfen, den Spieler noch fester ans Spiel zu ketten, fast so, als würde ein Dealer einem Suchtkranken den Stoff schenken, um anschließend sein Blut abzuzapfen und zu verkaufen.

Als tückisch brillant galt die Einführung des Facebook-Daumens, weil er die Dopamindosis noch mal deutlich steigerte. Die Jagd nach einem »Like« hat die Verweildauer der

Facebook-Fans massiv gesteigert, weshalb auf allen sozialen Netzwerken inzwischen Zustimmungssymbole etabliert sind. Justin Rosenstein, der den Button erfand, macht keinen Hehl daraus, dass er seine Idee heute verflucht. Miterfinderin Leah Pearlman, so geht die Legende, lässt ihre Social-Media-Accounts von Mitarbeitenden betreuen, weil sie Angst vor ihrer eigenen Sucht hat.

Die Dosis wird ja auch ständig erhöht. Ob uns nun die Autoplay-Funktion von YouTube immer härtere Filmchen liefert, damit wir dranbleiben, ob Computerspiele Zeitdruck aufbauen, damit die jungen Menschen so bald wie möglich zurückkommen, ob ständig neue Sensationen in unserer Timeline auftauchen – das ganze Leben ist zu einer Abwehrschlacht gegen die digitalen Dealer geworden, die wiederum aus ihren Daten präzise herauslesen, wo und wie sie uns noch ein wenig abhängiger machen können.

Unsere Zeit ist ihr Geld, all die vielen Online-Momente, die sich zu Tagen, Wochen, Monaten addieren. Ein Gamer berichtete mir, dass er etwa 12 000 Stunden seines gar nicht so langen Lebens am Computer gezockt habe. Macht 500 Tage oder fast eineinhalb Jahre dauerhaftes Liefern von Daten. Die Eltern haben sich daran gewöhnt. Die Abhängigkeit ist im Alltag angekommen.

Beim Intensivieren der Sucht helfen Kognitionsforscher wie die Psychologin Celia Hodent, die im Entwicklerteam für das von weltweit über 300 Millionen vorwiegend jungen Menschen gespielte Online-Game Fortnite für zwei Themen zuständig war: Wie einfach lässt sich das Spiel kapieren und bedienen? Wie kann man die Kinder möglichst lange dabeihalten? »Bei Kindern lässt sich ein Schuldgefühl erzeugen«, weiß Celia Hodent, wenn etwa eine kleine, schutzlose Spielfigur anfängt zu weinen, weil sie kein neues Kostüm bekommt.

Eltern spielsüchtiger Kinder berichten von zertrümmerten Zimmern, von geschwänzten Schulstunden, vernachlässigten Leben. Während bei Jungen eher die klassischen Computerspiele zu Suchtverhalten führen, sind es bei Mädchen vor allem die sozialen Netzwerke wie etwa Instagram, die übrigens mit denselben Methoden arbeiten wie die Gamesindustrie. Die chinesische App TikTok, Hype des Jahres 2019, feuert so schnell KI-optimierte Kurzfilmchen in die Kinderzimmer, dass Abschalten zur heldenhaften Herausforderung wird, die viele unserer Kinder allein nicht hinbekommen. Wie auch? Wir Erwachsenen scheitern ja ebenfalls.

Und die Nebenwirkungen? Die seien beträchtlich, sagt Bildungsforscher Gerd Gigerenzer. Eine ganze Generation vorwiegend von Mädchen etwa sei abhängig vom »Like«, was wiederum zu permanentem Schönmalen der Realität führe. Denn kaum ein Foto geht unbearbeitet ins Netz. Wo aber alle schummeln, ist keiner mehr glücklich. Das ständige Vergleichen, etwa auf Instagram, beeinflusst das ohnehin labile Körpergefühl junger Menschen offenbar negativ. Umfragen unter heranwachsenden Briten ergaben, dass fast alle sozialen Medien die Laune der Nutzer nach unten treiben.

Wer sich viel online tummelt, wird sich eher hässlich oder langweilig fühlen und in düsteren Gedanken verlieren. Ausgerechnet die sogenannten sozialen Medien, so Gigerenzer, machten einsam und schlechtlaunig, was auch mit dem Schlafmangel zu tun haben mag, an dem junge Leute offenbar deutlich mehr leiden als frühere Generationen, die mit der Taschenlampe unter der Bettdecke noch ein paar Seiten lasen.

Noch ist unklar, was die permanente Dopamindusche mit uns Menschen macht. Was passiert mit unserem Belohnungssystem, wenn es heftiger und häufiger stimuliert wird, als es vielleicht gesund ist? Regelmäßige Konsumenten von MDMA, Grundstoff der Techno-Droge Ecstasy, die wie Dopamin für ein gutes Gefühl sorgt, spüren trotz stetig höherer Dosis eines Tages keine Wirkung mehr. Stattdessen machen sich Depression und Schlechtlaunigkeit breit. Schlimmstenfalls begünstigt Dopaminmangel die Parkinson'sche Krankheit.

In Südkorea nahmen sich Anfang 2020 mehrere digital gehypte Jungstars des K-Pop das Leben? Ursache unklar. Wie mächtig sind die Wirkmechanismen des Digitalen wirklich?

Und wie reagieren wir nun angemessen? Holen wir uns immer neue, höhere Dosen? Halten wir die schlechte Laune aus? Oder sollte der Körper, das ganze System einfach mal zur Ruhe kommen?

Am Ende drehe sich der Kampf zwischen Mensch und Maschine um eine schlichte Frage, sagt Gigerenzer: »Wem gehört meine Zeit?« Für sich selbst hat der Professor eine einfache Lösung gefunden: Sein Smartphone schaltet er nur selten ein. Gibt es da vielleicht einen Trick? Ja, sagt Gigerenzer: einfach machen. Und feststellen, dass nichts Schlimmes passiert.

Für Dauernutzer von digitalen Diensten empfiehlt Gigerenzer, Warnhinweise wie auf Zigarettenschachteln einzuführen, etwa: »Ab jetzt wird's ungesund.« Noch wirkungsvoller wäre eine Nutzungsgebühr, um die Abhängigkeit von Reklame zu mindern und mithin den Zwang, die Sucht ständig anzufachen.

Und gibt es auch positive Effekte hemmungsloser Online-Nutzung? Durchaus, sagt Gigerenzer. In den USA sei die Zahl minderjähriger Mütter deutlich zurückgegangen. »Wer seine Freunde nur digital trifft, kann eben nicht schwanger werden.«

Plattform-Sozialismus

Wie die Marktwirtschaft erwürgt wird und der Plattformkapitalismus sich in sein Gegenteil verkehrt.

Zu den bekanntesten Schwindeleien von Wirtschaftskapitänen gehört das Bekenntnis zum Wettbewerb, der die Qualität hoch und die Preise niedrig halten soll. Insgeheim aber träumen Unternehmer von einer marktbeherrschenden Stellung, ganz gleich, ob es der Blumenladen im Viertel ist oder ein Konzern. Bisweilen herrscht auch Scheinwettbewerb, wenn ein ganzes Regal voller Haarpflegeprodukte im Drogeriemarkt von einem einzigen Konzern stammt, nur in unterschiedlichen Verpackungen.

Amazon hat bislang wohl das schlauste Konzept entwickelt, um das marktwirtschaftliche Prinzip des Wettbewerbs zu untergraben, das Ludwig Erhard als alternativlos betrachtete für eine faire Marktwirtschaft. Wer im Internet handelt, kommt am globalen Digitalwarenhaus fast nicht vorbei. Amazon ist eine Produkt-, aber auch eine Händlerplattform, so groß und mächtig, dass sie sich dem Wettbewerb weitestgehend entzieht.

Amazon organisiert und kontrolliert vielmehr Märkte, eine Rolle, die im Erhard'schen Modell nicht vorgesehen war. Und die andere ebenfalls beherrschen. Wer eine App vertreiben oder im Netz gefunden werden will, ist auf Googles Play Store angewiesen. Wer seine Werbung gezielt auf Menschen richten will, braucht Facebook. Aber nicht das Gesetz bestimmt die Regeln, sondern jeder Konzern selbst. Wer die AGB von Google, Amazon oder Apple nicht akzeptiert, bekommt sein Produkt nicht auf einem globalmonopolen Marktplatz ausgestellt, die App nicht in den weltgrößten Store oder wird Produkte herstellen, die nicht auffindbar sind. Wer keinen Zugang hat, darf nicht mitspielen.

Der Berliner Soziologe Philipp Staab von der Humboldt-Universität warnt wie der Wirtschaftswissenschaftler Oliver Nachtwey (Universität Basel) vor der Gefahr »proprietärer Märkte« und »soziotechnischer Ökoysteme«, die soziale Marktwirtschaft wie Demokratie erschüttern. Der Internet-Vordenker Sascha Lobo spricht von Plattformkapitalismus, weil Digitalunternehmen weniger physische Waren produzieren, sondern Monopole organisieren, die wie Märkte aussehen.

Staab hat die Risse, die der digitale Kapitalismus verursacht, mit wissenschaftlichem Röntgenblick untersucht. Seine These: Die globalen digitalen Player sind keine Unternehmen, sondern bilden eigene Märkte mit eigenen Regeln. Apple, Amazon, Google oder ihre chinesischen Wettbewerber vermitteln nicht neutral zwischen Anbietern und Kunden, sondern kontrollieren rigide. Amazon etwa kennt als Plattformbetreiber alle Betriebsgeheimnisse der Konkurrenten, ob Preisgestaltung, Margen, Werbestrategien, Remittenten – Informationen, die der Anbieter Amazon als Wettbewerbsvorteil nutzen kann. Eine soziale Marktwirtschaft, die der Politik das Definieren eines Ordnungsrahmens für fairen Wettbewerb zumaß, wird abgelöst vom »Akkumulationsregime« (Staab), vulgo: Monopol.

Staab definiert fünf Arten von Plattformen, die wiederum von den beiden dominierenden Betriebssystemen Android und iOS beherrscht sind, und vier Methoden der Kontrolle, etwa bei Informationen oder Marktzugang. Eine Smart City, die sich auf GoogleMaps verlässt, muss damit rechnen, dass nur Googles Mobilitätsdienstleister wie der Rollervermieter Lime angezeigt werden. Die Großen steuern über exklusive Informationen den Marktzugang, womit sich der freie Wettbewerb erledigt - Erhards Allerheiligstes. Diese Super-Monopole oder »proprietären Märkte« bedeuten das Ende der sozialen Marktwirtschaft, die wiederum das ökonomische Fundament jener Demokratie bildet, die uns seit 70 Jahren zuverlässig dient.

Jack Ma, Gründer der chinesischen Plattform Alibaba, ist überzeugt, dass die Digitalisierung in eine neue Planwirtschaft führt, jenes Wirtschaftsmodell, das den Sozialismus ruinierte.

Warum? Wenn alle Geräte in Echtzeit alle verfügbaren Daten liefern, können sie Angebot und Nachfrage darstellen und die Marktkräfte letztlich idealtypisch abbilden. Rohstoffe, Produktion, Verbrauch ließen sich zentral steuern, nicht für den Gewinn Einzelner, sondern zum Wohl aller. So ließen sich Klima schonen, Hunger und Arbeitslosigkeit bekämpfen. Eine perfekte Datenlage ersetzt das freie Wuseln des Marktes. So weit der Plan.

Die Planwirtschaft nach sowjetischer Bauart scheiterte an mangelnder Informationsdichte und -verarbeitung. Weil der Staat nur ein paar Tausend Produkte kontrollieren konnte, entstand parallel ein nach kapitalistischen Regeln von Angebot und Nachfrage funktionierender Schwarzmarkt. Amazon, so behaupten Phillips/Rozworski in ihrem Buch »Volksrepublik Walmart«, komme der Planwirtschaft dank Daten nun erstaunlich nahe. Das Unternehmen berechnet vom Tippen des Kunden auf »Bestellen« bis hin zum Liefermoment so ziemlich alles Messbare: Wetter, Fahrzeuge, Vorräte, aber auch die Wahrscheinlichkeit, mit der ein Kunde wann was bestellen wird. Ähnlich funktioniert die Supermarktkette Walmart. Dagegen hatte der Kaufhauskonzern Sears sich in kleinere, miteinander konkurrierende Abteilungen geteilt. Das Experiment mit Wettbewerb nach kapitalistischem Lehrbuch scheiterte. Ende 2018 stand Sears vor der Insolvenz.

Zentraler Unterschied von Marx' und Bezos' Planwirtschaft: Amazon dient den Aktionären, nicht der Allgemeinheit. So gleichen Amazon oder Alibaba in ihren Grundzügen doch eher klassischen Monopolen, die ebenfalls in Zeiten kultureller Umbrüche wuchsen, etwa dem Öl-Imperium von John D. Rockefeller, dem ersten Milliardär der Weltgeschichte. Rockefeller hatte 1863 eine kleine Raffinerie erworben und von dort aus den amerikanischen Ölhandel nach und nach unter seine Kontrolle gebracht, von der Raffinerie über den Bahntransport, von den Pipelines bis zu den Händlern. Rockefeller hatte seinen Reichtum weniger dem harten, freien Wettbewerb als vielmehr einer konsequenten Monopolstrategie mit umfassendem Kontrollanspruch zu verdanken.

Dazu gehörten Maschinen, die Spaß machten und zuverlässig verbrauchten. Was heute der Zeitfresser Smartphone ist, war damals das Automobil, eine Traummaschine, die sich rasend verbreitete, inklusive Öldurst. Auch nach China expandierte Rockefellers Standard Oil Company. Dorthin verkaufte er nach dem Prinzip Nassrasierer zunächst sehr billig neue, schicke Lampen, die allerdings nur mit seinem Petroleum zu betreiben waren. So wurde die traditionelle Beleuchtung mit Pflanzenölfunzeln ausgelöscht.

Spannende Frage: Wie lange kann ein Monopol bestehen? Nicht ohne Interesse werden die Milliardäre des Silicon Valley registriert haben, dass Rockefellers Imperium erst 1911 zerschlagen wurde, knapp 50 Jahre nach dem Start. In der Zwischenzeit hatte der Ölbaron ein Vermögen angehäuft, aus dem zahllose Spenden getätigt wurden. Der gerissene Geschäftsmann ist im kollektiven Bewusstsein der USA als großer Wohltäter verankert. Microsoft-Gründer Bill Gates hat mit seiner Stiftung schon nachgelegt.

Was also ist das gemeinsame strategische Ziel von Facebook, Google und den anderen? Ganz einfach: Der Wilde Westen muss noch möglichst lange weiterbestehen. Regulierer und Politiker sind zu verwirren, Bürgerrechtler und Medien ruhigzustellen, das eigene Ökosystem ist weiter auszubauen. Und potenzielle Konkurrenten sind vom Markt zu jagen. Die Politik kommt früh genug. Wenn sie sich überhaupt traut.

Erst mal kaputt machen

Das Prinzip der Start-ups gilt als Leitbild für neue Wirtschaftskraft. Über einen Mythos, der Erfolgsstorys simuliert und Arbeitnehmer zurückwirft.

Ein bisschen neidisch war ich schon, als ich die lichtdurchfluteten Neubauwürfel durchmaß. Vorn eine wohnzimmerartige Chill Area, dahinter der obligatorische Kicker, ein bunter Obstteller, Ausblick über Tiergarten, Brandenburger Tor, Kanzleramt, ganz Berlin. Überall junge, kraftstrotzende Menschen, die die kurze Mittagspause mit Goji-Bowl und Pilates füllten. WeWork – sechs Buchstaben, die die Zukunft der Arbeit umrissen. Hier wurden Büros vermietet inklusive des erfolgverheißenden Silicon-Valley-Feelings. Und ich war nur zu Besuch.

Die Idee ist fantastisch. In den tollsten Städten der Welt vermietet WeWork keine Arbeitsflächen, sondern das Lebensgefühl gepamperter Google-Mitarbeiter. Für eine sportliche monatliche All-inclusive-Miete werden Büro, Schreibtisch, fair getradete Kaffeespezialitäten, WLAN, coole Nachbarn, Sportkurse, Chill Areas und Hausmeisterservice bereitgestellt, die ganze Zukunft des Arbeitens. Ich fühlte mich alt und unmodern mit meiner einsamen, dunklen Altbaubutze und Tchibo-Filterkaffee.

Ein befreundeter Unternehmer schwärmte, wie er sein Unternehmen aus einem Kreuzberger Hinterhof in ein solches Co-Working-Space umgesiedelt habe: fünfzig Arbeitsplätze zu einem sehr attraktiven Komplettpreis, dafür nie wieder Ärger mit Heizung, Internet oder muckenden Aufzügen. Ein Umfeld für Höchstleistungen. WeWork hat das Prinzip der kreativen Zellen weltumspannend zu installieren versucht, mit dem Zusatznutzen, dass der mobile digitale Nomade an den Hotspots stets sein Zuhause finden sollte. Überall sollte es die vertraute WeWork-Heimat geben.

In der zweiten Jahreshälfte 2019 war dann ausgeweweworked. Die nette Idee hatte sich nicht als einträgliches Geschäftsmodell erwiesen. Softbank, einer der berüchtigtsten Investoren, die diese Welt kennt, war kurz vor der Pleite eingestiegen, um zwischen Glamour-Versprechen und tatsächlichen Trümmern was auch immer zu retten.

Die letzte Nachricht, die ich bekam, war, dass die ausgesprochen üppige Kaution, die mein Bekannter hinterlegt hatte, nicht wie üblich auf einem Sperrkonto hinterlegt worden, sondern irgendwie verschwunden war. Fluchtartiges Verlassen der schicken Räume empfahl sich wiederum nicht, da die Büroelektronik inklusive Datenspeicher angeblich bis zum offiziellen Ende der Vertragsdauer unter der Kontrolle des Vermieters stand.

Tja, und sollte der Insolvenzverwalter einmarschieren, könnte die Hardware der Mieter womöglich als Teil der Konkursmasse eingesammelt werden. Gut möglich, dass damals viele Missverständnisse herrschten, die sich längst gütlich geklärt haben. Gut möglich auch, dass das Versprechen vom flexiblen Rundum-sorglos-Büro nicht wirtschaftlich zu gestalten ist. Oder fehlt die Nachfrage, weil der Start-up-Kult spätestens durch WeWork endgültig zu seiner eigenen Simulation geworden war?

Start-up, der zentrale Mythos des Digitalismus, geht etwa so: Eine Horde genial-verrückter Nerds baut in einer Garage zwischen Pizzakartons und Energydrink-Dosen ein neues tolles Ding. Dicke Jungs in Hoodies programmieren. Ein smarter Finanzjongleur lümmelt auf dem Sofa und nervt, besorgt aber Investorengeld. Das aufgeweckte Team macht einen Milliardendeal, alle, natürlich superdiversen, Mitgründer sind fair beteiligt und werden reich, tragen aber weiterhin T-Shirt und Hoodie, weil sie cool und auf dem Boden geblieben sind. Sie investieren in neue Start-ups, Sozialprojekte und wollen die

Welt retten. Dieser digitale Mythos hat sich in vielen Büros der Welt ausgebreitet, wo jedes Problem »agil« gelöst wird, in Projekten, natürlich bevorzugt im »Sprint«. Homeoffice? Kein Problem, senkt die Bürokosten. Start-up, das hieß in Mitarbeiterohren früher mal: prozentuale Beteiligung und damit Reichtum, sobald die Bude verkauft wird. Heute bedeutet Start-up: Schenk dein ganzes Leben her, aber wage nicht, Ansprüche zu stellen.

WeWork stellte mit Sofas, Spielflächen, Kaffee die Kulisse jener Gründerzeit dar, die das Silicon Valley einst in eine kreative Stimmung versetzt hatte, in der sie Konzerne ersannen. WeWork zeigte, wie sehr das Prinzip Start-up zu einem modischen Statement der Ökonomie geworden war.

Echte kalifornische Start-ups wiederum, zum Beispiel WeWork, haben mit der Hoodie-Kultur von einst nicht mehr viel zu tun. Entschied früher vor allem eine Idee, herrscht heute ein brutales Zerstörungsbusiness. Wie die Dauerkrise des gehypten Fahrtenvermittlers Uber zeigt die WeWork-Apokalypse, wie sich der Start-up-Mythos über 50 Jahre hinweg pervertiert hat.

Geblieben ist die Idee von der »Disruption«, dem Zerstören eines traditionellen Marktes oder Geschäftsmodells. Netscape-Mitgründer Marc Andreessen hatte den Begriff geprägt, um das Wesen der digitalen Revolution zu beschreiben. Demnach würde Branche für Branche zerstört – erst die Musikindustrie, dann die Verlage, schließlich Banken und Automobilindustrie –, um danach digitalisiert aufzuerstehen.

Was die wirtschaftsgläubigen Prediger übersahen: Disruption gilt nicht nur für Geschäftsmodelle, sondern auch für Seelen, Beziehungen, Demokratien, für Selbstwert- und Zugehörigkeitsgefühle, sogar für Girokonten. Manchmal geht es nicht um Schumpeters Theorie von der schöpferischen Zerstörung, sondern um zerstörende Zerstörung, die nichts als Trümmer hinterlässt. Und manchmal lassen sich Märkte nicht so einfach disruptieren wie im Businessmodell, eventuell auch deswegen, weil sie ganz gut funktionieren. Denn wenn selbst Investorenmilliarden nicht reichen, hat sich wohl ein Denkfehler beim Geschäftsmodell eingeschlichen. Wo ist das Neue, Digitale, Revolutionäre, das das Taxifahren oder Büromieten anders macht?

Exemplarisch zeigte der Wirtschaftskrieg der Essenslieferdienste, wie wenig Start-up-Romantik geblieben ist, so es sie überhaupt jemals gab. Fast ein Jahrzehnt bekriegten sich Deliveroo, Delivery Hero und Lieferando, so wie die Anbieter von Gutscheinportalen, Putzkräften oder Mietrollern.

Die »ruinöse Schlacht« der Lieferdienste, so *Capital*, habe »viele Verlierer« hervorgebracht, vor allem die Kunden, die für schlechteren Service künftig mehr bezahlen. Befeuert von schier grenzenlosem Investorenkapital und jeder Menge krimineller Energie ist das Monopol Lieferando entstanden, das kein Versprechen der New Economy – billiger, schneller, besser – einhält, sondern ungeduldigen Investoren ihr Geld zurückzahlen muss.

Die Phase des Geldverbrennens, der Übernahmen, der Schlacht um den ganzen Markt ist eine Zeit der Illusionen. Spekulationsexperimente wie WeWork müssen von Beginn an den Eindruck des Florierens vermitteln, mit allen Tricks. Manche Berliner Fitnesstrainerin, Yogalehrer, vegane Caterer wurden von Co-Working-Unternehmungen angesprochen, ob sie eine Weile ihre Dienste in der Massenbürohaltung anbieten mochten. Die Bezahlung war gering, die Aussicht auf satte Anschlussaufträge attraktiv. Offenbar ging es nicht darum, den Mietern dauerhaft Angebote zu machen, sondern nur darum, potenziellen neuen Mietern den Hipness-Faktor vorzuspielen, damit der Cashflow endlich in Gang kam.

Ist die Plattform etabliert und Konkurrenz beseitigt, lassen sich die dekorativen Elemente rasch zurückfahren und die Tarife gleichzeitig erhöhen. Dann beginnt die Zeit der Ernte. So weit aber haben es Uber, WeWork und viele andere nicht geschafft.

Was ist eigentlich geblieben vom Start-up-Kult der frühen Jahre? Vor allem ein Mythos, eine große Erzählung, ein biblisches Epos mit einer Reihe von schrägen digitalen Archetypen und bizarren Heilsversprechen, die sich perfekt einpassen ins quasireligiöse Weltbild des Silicon Valley:

Die Heiligen: Das sind die Tüftler aus den ARPA-Zeiten sowie Gründer, allen voran Steve Jobs, der die inszenatorischen Fähigkeiten eines Papstes besaß und seine Auftritte wie Messen inszenierte. Jesu Bergpredigt und Jobs' erste iPhone-Präsentation werden von Theologen der Zukunft als gleichwertige Erweckungsmomente beurteilt werden. Der *Economist* hat Jobs einst als Erlöser auf dem Titel präsentiert.

Der Eremit: Klar, ein genügsamer Nerd, der statt in einer Höhle in seinem fensterlosen Kabuff hockt, mangelernährt zwar, aber durch ausdauerndes Beten aka Programmieren der Erleuchtung nahekommt.

Wunder: Menschen, die durch Röhren fliegen, Autos mit Batterieantrieb, Toaster mit Display – es ist kaum zu fassen.

Rituale: Früher waren es Rosenkranz, Mala oder Heiligenbildchen, heute berührt der Gläubige noch vorm Aufstehen sein Smartphone in der Hoffnung auf Erlösung.

Gott: Entsteht aus unser aller Daten, die uns den Weg ins Himmelreich ebnen mit reibungslosem Verkehr, Ein-Stunden-Lieferungen und dauerhafter Gesundheit. Denn die KI hat unsere Gene längst erfasst, die sich mit CRISPR zu neuen stabileren Sequenzen zusammenfügen lassen.

Ewigkeit: Kein Problem. Schon bald werden unsere Hirninhalte extern gespeichert, Gefühle und all die anderen Sachen gleich dazu. Macht der Körper schlapp, leben unsere Daten weiter, womöglich mit einem anderen Körper oder einer artverwandten Maschine, die schon bald erfunden sein wird.

Das Datenunser: Ich will meine Prozesse unentwegt optimieren, mich agil ins nächste Projekt einbringen und damit leben, dass nie was fertig wird, weil immer noch ein Bug zu fixen ist.

Ungläubige: All jene, die an Regeln und Gesetze glauben, Gewerkschaften und Institutionen, Wahlen und Mitbestimmung. Das kann die Technik doch alles längst besser.

Der Papst: Ray Kurzweil, technischer Leiter bei Google, der den Begriff der Singularität geprägt hat, also jenen Moment, wenn die Maschinen schneller und besser arbeiten als der Mensch und uns mithin überflüssig machen.

Der Gläubige: ein puritanischer Funktionsmensch, der sich von seiner Uhr sagen lässt, was zu tun, wie zu essen, zu atmen ist. »Feedback« heißt ständige Kontrolle korrekter Glaubensausübung.

Kommen wir nun zurück in die Realität. Und dort spüren insbesondere Arbeitnehmer, was Start-up-Spirit auch bedeuten kann – das Schleifen von Errungenschaften, die Gewerkschaften seit Jahrzehnten mit viel Kraft und bisweilen auch Blut erkämpft haben. Langsam aber spricht sich herum, dass das neue Wirtschaften nur ein anderer Begriff ist für die alte Ausbeutung.

Mehrere Tausend Amazon-Arbeiter marschierten am 1. Mai 2020 mit Kollegen von Instacart, FedEx und Walmart, um gegen Arbeitsbedingungen zu protestieren, die unter anderem die Ausbreitung von Covid-19 begünstigt hatten, aber auch gegen Kündigungen von unliebsamen Mitarbeitern. Facebook hatte derlei Proteste ebenso erlebt wie Google, ob es um den Cambridge-Analytica-Skandal ging, um sexuelle Belästigung durch Vorgesetzte oder einen Multimilliarden-Deal mit dem US-Verteidigungsministerium. In einem 30-Seiten-Artikel beschreibt *The New Yorker*, wie geschickt und zielstrebig etwa Amazon-Chef Jeff Bezos gegen gewerkschaftliche Aktivitäten vorgeht.

Damit »Start-up« nicht auch in Deutschland zu einer Chiffre für Ausbeutung wird, fordert etwa die Dienstleistungsgewerkschaft ver.di, dass sich Gründer einigermaßen an gesetzliche Vorschriften halten und einen Betriebsrat installieren, vor allem dann, wenn öffentliche Fördermillionen im Spiel sind. Keine Frage, dass in der Gründungsphase besondere Regeln gelten können, wenn etwa Mitarbeiter auf Gehalt verzichten, aber mit Firmenanteilen belohnt werden. Fortgesetzte Ausbeutung weist indessen eher darauf hin, dass das Geschäftsmodell lahmt.

Das Überspielen struktureller Schwächen durch großspuriges Verkünden globaler, ultimativer, mega-innovativer Superprodukte ist eben auch so eine Start-up-Krankheit, die sich aus dem Silicon Valley durch den Rest der Welt gefressen hat.

Wohltuend bodenständig wirken da Wissenschaftler wie der Physiker und Dichter Theobald Fuchs, der genüsslich die ewig gleichen Heilsversprechen auseinandernimmt. Elon Musks scheinbar brillante Idee vom Hyperloop, der Menschen rohrpostartig und sehr schnell durch eine Röhre presst, ist über 60 Jahre alt und scheitert seither am kaum zu erzeugenden Vakuum. Auch Flugtaxis, grüne Smart Citys oder märchenhafte Energiequellen sind seit vielen Jahrzehnten im Angebot der Visionäre. Gemeinsam ist allen Heilsversprechen eines: Sie wurden nie eingelöst.

Wie etwa die legendäre Smart City, wohl das bekannteste Vorzeigeprojekt des Google-Mutterkonzerns Alphabet in Toronto, das während der Corona-Zeit relativ lautlos begraben wurde. »Datengesteuert« heißt eben auch, dass alle Systeme auf den Prüfstand kommen, vom Sozialwesen bis zum Parlamentarismus. Es bedeutet allerdings keinen Fortschritt, mit radikaler Privatisierung ein Feudalwesen wieder einzuführen, das keinen Deut moderner wird, nur weil alles digital läuft. Der Blackberry-Veteran Jim Balsillie sprach von Toronto als einem »kolonialistischen Überwachungskapitalismus-Experiment«, das bei Weitem nicht einspielen würde, was es zuvor vernichtet. Ein weiterer Fall von Fake Future.

Warum nur haben sich viele Milliardäre des Silicon Valley Inseln zugelegt oder Fünf-Sterne-Bunker oder Jachten mit großen Vorräten oder Anwesen in einsamen Gegenden, bevorzugt im fernen Neuseeland und oft in Form eines selbstversorgenden Bauernhofs, wie der *New Yorker* ausführlich schilderte? Vielleicht ist die Angst vor den eigenen Monstern, die man schuf, doch größer als der Glaube an die großartige Zukunft.

Digitaler Herpes

Hier noch ein Abo, dort mit Kreditkarte zahlen, mal mit Klarna, Apple Pay oder Google Pay, per PayPal und bald mit Libra – unsere Finanzen verraten, wie wir den Überblick über unser granuliertes Leben verlieren.

Ich will nicht angeben oder nur ein klein wenig, jedenfalls abonnierte ich einst die digitale Ausgabe des *Wall Street Journal (WSJ)*, journalistische S-Klasse. Ich brauchte nur diesen einen Artikel, für dieses Buch übrigens, der aber nirgends im Netz gratis zu entdecken war. Das *WSJ* lockte mich mit einem Supersonderangebot: zwei Monate Abo für zwei Euro, jederzeit kündbar. Das ist für einen einzigen Artikel zwar ziemlich teuer, andererseits würde ich zwei Monate im Gefühl baden können, bei den ganz Großen mitzulesen, Warren Buffett und so. Deal! Das Anmelden mit meinem Facebook-Profil und Kreditkartendaten dauerte drei Klicks.

Kaum war ich Abonnent, wollte ich mich – »jederzeit kündbar« – umgehend wieder befreien, denn: Hat man ein Abo erst vergessen, läuft es praktisch lebenslänglich. Leider erwies sich das *WSJ* als eine Art digitaler Hundehaufen, der sich im Profil meiner Sohle festkrallte. So einfach das Anmelden war, so unmöglich gestaltete sich das Abmelden. In der *WSJ*-Suche gab ich »finish« ein, dann »end«, bis mir das Übersetzungsprogramm zu »cancel« riet.

Ich wurde zu den Allgemeinen Geschäftsbedingungen geleitet, dem Vorhof zur Hölle. Die Kündigungsseite ist die bestversteckte im *WSJ*-Kosmos. Nach zahllosen Klicks durch eine Frage-Antwort-Schleife erfuhr ich, dass Abbestellen nur telefonisch möglich ist. Nummer in Frankfurt. Warteschleife mit ohrenzersetzendem Mix aus Panflöte und Klingelton. Nach acht

Minuten meldete sich ein englischsprachiger Mann, der offenbar zwei heiße Pellkartoffeln im Mund trug, was seinen irisch-schottischen Akzent mit walisischem Einschlag leichter verständlicher machte. Fazit: Das Erwerben der Zeitung am Kiosk wäre schneller, einfacher, gesünder, billiger gewesen.

Und das ist erst der Anfang. Abos sind der Herpes des Digitalen. Man wird sie nie wieder los oder merkt viel zu spät, dass man sie überhaupt hat. Wir abonnieren Filme, Musik, Smartphone-Tarif, Fortbildung, Achtsamkeits-App, Nachhilfe für die Kinder und Gemüsekisten. Briten, die ihrem Lieblingsklub durch Liga, Pokal und Champions League folgen wollen, löhnen monatlich für drei Bezahlsender. Das nächste heiße Ding sind interaktive Yogamatten und Trimmräder, mit denen zu Hause trainiert wird, während der Online-Coach anpeitscht und anhand der übermittelten Daten prüft, wie nahe wir dem Infarkt wirklich sind.

Die Preise klingen jeweils halbwegs günstig. Weil die Zahl der Abos aber stetig wächst und wir zugleich mit Kreditkarte, Lastschrift, Klarna, PayPal, Google und Apple Pay und demnächst Facebooks eigener Währung Libra bezahlen, werden die Ausgaben immer unübersichtlicher. Und weil das Abbestellen selbst bei halbwegs seriösen Unternehmen eine Halbtagsaufgabe ist, verschieben wir die Kündigung gern um ein paar Wochen, so lange, bis wir dann endgültig in der 24-Monats-Falle kleben. Weltweit sollen die Abo-Umsätze in diesem Jahr auf 100 Milliarden Dollar wachsen, Ende nicht in Sicht. Die Schludrigkeit beim Kündigen trägt zu den Gewinnen ordentlich bei; angeblich ist jedes dritte Abo nicht gewollt.

Das Hinterlistige am Abo-Kapitalismus: Er spielt mit unseren beiden liebsten Zuständen: Bequemlichkeit und Verwirrung. Lockpreise, kinderleichtes Anmelden, unübersichtliche Regeln, kompliziertestes Loswerden, Verdrängen, Vergessen, all das addiert sich zu einem absichtsvollen Granulieren unseres Geldausgebens. Viele Kleckerbeträge fühlen sich harmlos an.

Doch zu viel Kleinvieh ist Mist. Es sorgt für maximale Unübersichtlichkeit, ganz nach dem Prinzip Flugreise. Zahllose Einzelposten (Ticket, Steuern, Gebühren, Kerosinzuschlag, Gepäck, bevorzugter Sitzplatz, Express-Check-in, Versicherung, Essen, Trinken), die womöglich noch auf verschiedenen Wegen bezahlt werden, summieren sich zu einer fetten Gesamtrechnung. Neue Apps sollen nun helfen, die vielen Abos zu verwalten und zu optimieren, oder besorgen Kredit. Muss man aber erst mal abonnieren.

Die Digitalwirtschaft verändert unser Verhältnis zum Geld und zum Geldausgeben. Früher als Student zog ich 100 Mark aus dem Geldautomaten und musste eine Woche lang damit hinkommen. Für mein Konto gab es eine lebendige Ansprechpartnerin: Frau Bergmann, die genau um meinen Pegelstand wusste. Mit gedämpfter Stimme besprachen wir auch heikle Dinge wie etwa den Überbrückungskredit oder, deutlich seltener: Wie lege ich was an? Die Vorstellung, dass Frau Bergmann meinen kleinen Haufen Geld bewachte und mir wochenweise eine Handvoll aushändigte, das war ein überschaubares Szenario.

Das Schrumpfen meiner Barschaft war über die Woche im Geldbeutel pfenniggenau abzulesen. Wahlweise gab es die Strategie der Freitagsauszahlung, was ein heiteres Wochenende, aber eine magere Arbeitswoche bedeutete, oder aber die Montagsabhebung, die bis zum Freitagabend fast aufgebraucht war. Tödlich war die Montag- plus Freitag-Strategie. Als Student war ich eigentlich immer pleite.

Hier sehen wir ein Grundprinzip der Digitalwirtschaft. Lange Zeiträume sind Gift für schnellen Umsatz. Unser ganzes Leben wird in kurze Episoden zerhackt, vom »Frühstücksmoment«, wie auf dem Marmeladenglas angegeben, bis zum Relax-Moment mit dem Spezialschaum in der Badewanne. »Granulare Gesellschaft« nennt Geo-Chefredakteur Christoph Kucklick das Feinteilige, exakt Vermessene, und genau Analysierte, das unser Leben in einer immer feineren datenfreundlichen Körnung abbildet.

Wo der Blick den Details, den immer feineren Unterschieden gilt, schwindet der Blick fürs Ganze. Gab es früher nur eine Art des Geldausgebens, nämlich hektisches Klauben im Portemonnaie, fließt das Geld heute über ein Dutzend Kanäle ab. Ich bin verwirrt, was meine Bonität angeht, und rechne mir den Kontostand einfach mal schön.

Viele kleine Beträge, die meisten unbar, überall Schnäppchen, problemlose Kredite – granulare Finanzen lösen sich auf. Dann noch Bitcoin und das alte Pfund. Was ist jetzt eigentlich der Dollar wert? Früher war Geld durch Goldreserven gedeckt, heute schwirrt es als digitale Zahl herum. Schon wird vom Ende der Banken geredet, weil Facebook, Google, Apple die digitalen Finanztransaktionen besser abwickeln als das gute alte Provinzinstitut.

Mich befällt eine Mischung aus Skepsis und Nostalgie. Zu meinen größten Glücksmomenten gehört, wenn ich eine alte Jacke aus ihrem halbdunklen Schrankverlies fische, auf Mottenspuren überprüfe und gedankenverloren durch die Taschen fahre. Huch, was knistert denn da? Zettel? Taxiquittung? Nein, viel besser: ein 20-Euro-Schein, gefaltet in Zufallsorigami, vor Ewigkeiten eingesteckt, vergessen – und jetzt wieder aufgetaucht.

Solches Glück erfährt Tu-Lam Pham nicht. Der Mann verabscheut Bargeld. Wer mit dem Smartphone bezahlt, wird nie wieder beklaut, kann kein Geld verlieren, bekommt alle Transaktionen dokumentiert. Pham, 39, ist Volkswirt, Gründer und der euphorischste Digitale, den ich kenne. Neulich hat er auf einem Markt in China einen Apfel mit dem Smartphone bezahlt. Er zeigt das Bild eines Bettlers, der keinen Hut vor sich stehen hat, sondern einen Zettel mit QR-Code, für unbare Spenden.

Digitales Bezahlen ist vor allem bequem. Tu-Lam Pham schwärmt von Amazon Go, dem Supermarkt, den es seit 2016 in Seattle gibt. Der Kunde checkt per Smartphone ein und wird von unzähligen Kameras und Sensoren dabei beobachtet, was er in seine Taschen stopft. Am Ausgang warten weder Kasse noch Piep-Alarm, stattdessen gibt es eine centgenaue Abrechnung über alle Einkäufe. Amazon plant weltweit 3000 solcher Läden. Toll, wenn sich eines Tages auch die Krankenkasse für die Einkäufe interessiert. Kohlenhydrate? Fett? Ein Bier gar? Na, da wollen wir den Tarif gleich mal anpassen. Tu-Lam Pham schwärmt von all der gesparten Zeit, die wir nicht mehr in Warteschlangen vertrödeln. Andererseits: Wie oft wurde schon Zeitersparnis versprochen? Und?

Deutschland gilt als Entwicklungsland beim bargeldlosen Bezahlen. Das liegt an Menschen wie mir. Früher, als die Welt übersichtlich war, hatte ich einen Sparelefanten aus grünem Plastik. Weil der Investment-Profi rät, nie alle Eier in einen Korb zu legen, sammelte ich Ein- und Zwei-Pfennig-Münzen in einer großen, leeren Wermut-Flasche. Den eigenwilligen Geruch von Kupfer und altem Martini trage ich bis heute in der Nase, dazu den mütterlichen Hinweis im Ohr, dass das Geld schon von sehr vielen Menschen angefasst worden sei. Das ist sozial gerecht: Viel Geld bedeutete ein höheres Infektionsrisiko.

Meine Söhne grinsen natürlich wieder hämisch, wenn ich von früher erzähle. Warum mühsam Erspartes zusammenkratzen, wenn man das Smartphone lässig vors Lesegerät halten kann?, fragen sie. »Genau deswegen«, erwidere ich. Bequemlichkeit ist ein anderes Wort für Kontrollverlust. Ein Schein ist endlich: Nach zwei T-Shirts ist maximal noch Klimpergeld für ein Eis übrig. Aua. War das zweite T-Shirt wirklich alternativlos?

Echtes Geld erzeugt Schmilzschmerz, weil es schwindet und wir ihm dabei noch zuschauen müssen. Gut so. Knappheit zwingt zum Auswählen. Nur der Schein ist rein. Digitales Geld dagegen lügt, es simuliert unbegrenzte Verfügbarkeit, erst recht, wenn mir ein nettes Online-Unternehmen noch während eines Kaufs den One-Click-Kredit zu Zombie-Zinsen anbietet.

Schön, dass die Kinder stolz sind auf ihre »Fridays for Future«, wenn fürs Klima die Schule geschwänzt wird. Höchste Zeit, dass die Generation Heiermann auch mal protestiert, so ganz grundsätzlich. Hiermit rufe ich auf zu »Mondays for Money«, wahlweise zum »Brückentag für Bargeld«. Wir demonstrieren nicht auf der Straße, sondern an den Kassen des Landes. Den ganzen Tag lang werden wir nicht ein einziges Mal Plastikgeld zücken oder gar unsere kontaktlose Handybörse bemühen. Stattdessen wird alles immer und überall bar bezahlt, mit kleinen Scheinen und umständlich zusammengesuchtem Klimpergeld. Unpraktisch? Mag sein. Dauert lange? Auch wahr. Genau das macht den Reiz aus. Wer Geld gemächlich ausgibt, hat einfach mehr davon.

Jeff Gallas grinst breit. Er ist ein netter Kerl, denn er gibt mir nicht gleich zu erkennen, wie unfassbar altmodisch er mich findet. Ich halte meinen druckfrischen 50-Euro-Schein ganz fest. Soll ich das solide Stück Papier tatsächlich loslassen, damit Jeff mir dafür 0,011 Bitcoin auf meine Handy-App spielt? Sind echtes und Kryptogeld wirklich gleich viel wert? Warum nicht gleich Glasperlen?

Jeff macht was mit Kryptowährungen und führt mich durch Deutschlands Bitcoin-Valley, den Graefekiez in Berlin-Kreuzberg, eines dieser Hip-Viertel wie in Prag, Kopenhagen oder Toronto, wo Bargeld ein anderes Wort für »Rentner« ist. Berlin hat den Hype schon fast wieder hinter sich. Denn mit den Mieterhöhungen flohen die Pioniere. »Ihr habt doch mal Bitcoin genommen?«, fragt Jeff in einem Café. Der Besitzer nickt zunächst und schüttelt dann den Kopf. Das war 2012, als die Finanzkrise in unser aller Knochen saß und der Bitcoin just erfunden war.

Bitcoin ist wie 5G – das uneingelöste Versprechen einer besseren Zukunft. Weil die digitale Währung auf 21 Millionen Einheiten begrenzt ist, lässt sie sich nicht beliebig vermehren und wird daher auch als »digitales Gold« bezeichnet, das nicht von Staaten und deren Zentralbanken ausgegeben wird, sondern gleichsam von Nutzern erschaffen und erhalten. Nachteil: Die neue Währung fasziniert auch Kriminelle und Spekulanten. Mal war ein Bitcoin praktisch nichts wert, mal weit über 10 000 Euro. Lässt sich die zweifellos brillante Idee des Kryptogeldes mit der Realität versöhnen?

Soll ich nun 50 echte Euro in Bitcoin investieren? »Währungen sind Vertrauen«, sagt Jeff. Stimmt. Eine Zahl auf meinem Konto ist ja auch kein echter Wert, sondern nur die Abmachung zwischen mir und der Bank, zwischen Kunden und Lieferanten, dass wir alle diesen Zahlen vertrauen und sie gegen Waren oder Arbeit oder Zeit tauschen. Dieses Vertrauen hält nie ewig. Ob Sesterzen, Taler, Reichsmark, bei Währungen ist nur auf eines Verlass: ihr Ende. In der Türkei oder in Venezuela sollen wohlhabende Menschen ihr Vermögen in Bitcoin wechseln, weil sie dem Kryptogeld mehr vertrauen als ihren wackeligen Landeswährungen.

Also gut, her mit dem Cybermoney. Jeff schickt mir gut 0,011 Bitcoin in die Geldbörsen-App auf meinem Handy. Der Kurs steht bei 4 444 Euro. Im Room 77, dem »Restaurant am Ende des Kapitalismus«, wo laut Eigenwerbung warmes Bier, kühle Frauen und sehr langsam zubereitetes Fastfood angeboten werden, könnte ich jetzt unser Bier bezahlen, wenn, ja wenn die Bitcoin schon bei mir angekommen wären. Womit wir bei einem der größten Probleme aller Kryptowährungen wären: Zeit- und Energieaufwand. Jeder Bitcoin, jede Transaktion ist geschützt durch das aufwendige Blockchain-System, das immens viel Rechenleistung und Strom verschlingt. Würden sich Kryptowährungen global durchsetzen, ginge 2024 der gesamte Weltverbrauch an Strom dafür drauf. Mit seiner Firma Fulmo arbeitet Jeff Gallas an einer effizienteren Lösung.

Im Room 77 treffen sich Bitcoin-Fans wie Jeff, vorwiegend junge Männer mit Programmier-Hintergrund, deren sanftüberlegener Silicon-Valley-Blick signalisiert, dass sie vielleicht schon jetzt, aber bestimmt sehr bald reich, berühmt oder beides sein werden. Im Room 77 haben schon TV-Sender aus aller Welt gedreht, vor allem nach der letzten Finanzkrise vor zehn Jahren, als das Vertrauen in Banken und Euro vorübergehend verschwunden war. Jörg Platzer, 52, der den Room 77 betreibt, ist ein Krypto-Veteran aus der Hackerszene, der seit drei Jahrzehnten von einer basisdemokratischen Währung träumt, die auf sauberen mathematischen Grundlagen ruht. Dass sich der

Bitcoin oder seine Geschwister eines Tages durchsetzen, ist für ihn ausgemacht, spätestens in zwei, drei Finanzkrisen, wenn das Vertrauen der Menschen in das Notenbankensystem endgültig ruiniert ist. Ich bin darauf mit meinen 0,011 Bitcoin, nun, einigermaßen vorbereitet.

Dreck klickt gut,
dreckiger klickt besser

Die digitalen Mechanismen sind auf Eskalation ausgelegt. Und wir eskalieren mit. Über unsere vollautomatische Radikalisierung.

Es ist mir etwas peinlich, aber leider die Wahrheit. Ich hasse Menschen, die ich gar nicht kenne. Ein beleidigender Tweet kann genügen, sowas wie:»Leichtgewicht« oder »Knecht des Systems«. Klassische Trigger, mit denen wildfremde Netzbewohner meine journalistische Kompetenz in Frage stellen. »Einfach gar nicht lesen«, sagt meine Frau. Aber da ist es schon zu spät. Mein Atem wird lauter, der Puls steigt, ich schaue im Profil des Schreibers nach Angriffs- und Hasspunkten, mein Blick fixiert sich wie der eines Raubvogels am Himmel, der eine Maus am Boden entdeckt hat.

Ich sinne auf Rache, bastele an maximal verletzenden Antworten, um im besten Fall das einzig Richtige zu tun – eine Nacht drüber zu schlafen. Am nächsten Morgen bin ich meistens wieder bei Sinnen und sehe ein: Der Tweet ist ebenso egal wie meine Antwort. Aber eine Frage bleibt: Warum eskaliere ich so schnell? Mein persönliches Problem? Oder womöglich eine strukturelle Eigenschaft dieses Internets?

Vorsicht mit Pauschalurteilen, aber: Das Digitale fördert nicht etwa das Gute, wie wir anfangs hofften, sondern entpuppt sich als Teufelsmaschine, die das Böse so schnell wachsen lässt, dass das Gute schon lange nicht mehr hinterherkommt. Nein, nicht das Internet selbst ist böse, aber es ermöglicht dem Bösen, sich so schnell auszubreiten wie nie zuvor in der Geschichte der Menschheit. Und die Tech-Konzerne schauen zu, womöglich aus eigenem Interesse. Denn das Böse macht deutlich mehr Umsatz als Katzenbabys.

Dass sich positive Botschaften schnell verschleißen, haben wir bei Jason Lanier gelernt. Das Konzept der Filterblase ist auch schon fast zehn Jahre alt. Seither fügt sich in der Forschung das Bild, wie systematisches Verzerren der Wahrnehmung durch digitale Medien funktioniert. Der Schlüssel liegt nach wie vor in der Wissenschaft von der Captology, die in der Stanford University seit fast einem Vierteljahrhundert gelehrt wird. Captology beschreibt das Manipulieren unseres Verhaltens mit computergestützter Technik und ist eine Hybrid-Wissenschaft, die Verhaltenspsychologie, Design und Technologie berührt.

Eines der wichtigsten Prinzipien ist die einfache Konsumierbarkeit: Was leicht verständlich ist und den Empfänger in einer günstigen Stimmung zu einer angenehmen Tageszeit trifft, wird eher wahrgenommen und führt zu gewünschten Reaktionen. Eine starke Datenlage über Gewohnheiten und Stimmungen des Empfängers macht solche Treffer wahrscheinlicher. Gerade die großen Social-Media-Plattformen, so schreiben die Netzexperten Sascha Lobo und Christopher Lauer, sind weniger auf produktiven politischen Diskurs angelegt, sondern dienen vor allem »zur Mobilisierung, zur Gruppenbildung und zur blitzartigen Informationsverbreitung«.

In einem Arbeitspapier für die Bertelsmann-Stiftung fassen Professor Christian Stöcker und Konrad Lischka die medialen Effekte und Folgen des Konsums sozialer Medien zusammen. So schrauben die Digitalunternehmen unentwegt an ihren Algorithmen, die für noch mehr Interaktion sorgen, also Verweildauer und Aktivität erhöhen sollen.

Je einfacher die Inhalte, je bequemer die Meinungsäußerung (Like!), je negativer der Inhalt, je reißerischer die Überschrift eines Artikels, desto länger bleibt der Nutzer im Netz. Zugespitzt heißt das: Je simplifizierter und mithin verzerrter die Inhalte, desto erfolgreicher. Oder noch einfacher: Dreck klickt gut, dreckiger klickt besser. Auf dieser Eskalationslogik des Negativen basiert das Geschäftsmodell aller digitalen Netzwerke. Es gehört zu den toxischen Paradoxien der Digitalisierung, dass das Hysterische, Negative, Apokalyptische, kurz: das Böse, eine Säule des Geschäftsmodells ist. Und deswegen von den Digitalkonzernen auch nicht bekämpft wird. Empörte Menschen bleiben länger online als gutgelaunte. Hass, Wut und Hetze verdienen gutes Geld. Basta.

Als Kollateralschaden führe dieser emotionszentrierte Umgang mit Inhalten zu einer »stärkeren gesellschaftlichen Polarisierung«, wie Stöcker/Lischka schreiben. Hinzu kommt das Phänomen der sozialen Erwünschtheit; Menschen favorisieren Antworten, Meinungen, Äußerungen, von denen sie glauben, dass andere Gruppenmitglieder diese goutieren. Wir nennen es auch Gruppendruck: Aus Angst, von den anderen verstoßen zu werden, legen wir uns eine gruppenkompatible Meinung zu, auch wenn wir diese gar nicht unbedingt teilen. So kann ich den Klimawandel insgeheim zwar für möglich halten, was ich aber laut nicht äußern würde in einer Gruppe, deren vorherrschende Meinung lautet, Klimawandel sei Lug und Trug.

Insbesondere in der rechten Szene ist über die Jahre ein System entstanden, das die Grundregeln des manipulativen Computings und Gruppenprozesse zu einer wirkmächtigen Digitalöffentlichkeit verknüpft hat. Gleichsam als Bodentruppen fungieren rechte Netzwerke wie »Hannibal«, »Uniter« oder »Teutonico«, deren Prepper und Waffennarren voller Ernst am Umsturz arbeiten.

In diesem radikalen Ökosystem sitzen oben die Intellektuellen, die inhaltliche Linien vorgeben, also den großen Graben zwischen Freund und Feind definieren. Im Maschinenraum fahnden wenige hochmotivierte Netzaffine unentwegt nach Aufregern, die in die vorgegebenen Rahmen passen und in die Gruppen gespeist werden. Mitläufer liken und verbreiten diese Themen, um zu testen, welches in den medialen Mainstream springt.

Wie systematisch die Rechten den Eindruck vom permanenten Ausnahmezustand erzeugen, hat die Extremismusforscherin Natascha Strobl gezeigt. Systematisch wird nach Aufregerthemen gesucht, die ein Kriterium erfüllen müssen:

maximales Empörungspotenzial, ob Frühsexualisierung, Kriminalität, Klimawandel, das Versagen Grüner oder Linker.

Schließlich schlagen Einpeitscher bewusst über die Stränge, um die Empörung der etablierten Medien und Nutzer zu wecken. Gegenstimmen werden systematisch erniedrigt; Morddrohungen sorgen für weitere mediale Aufmerksamkeit. Der gemeinsame Gegner schweißt zusammen. Wer mithetzen will, muss bisweilen einen Gentest einschicken oder sein Handgelenk fotografieren, als Nachweis weißer Hautfarbe, wie die Extremismusforscherin Julia Ebner beschreibt, die sich undercover in rechtsextremen Internetgruppen aufgehalten hat. Ein Motiv, das Ebner oft begegnete, war die Sehnsucht nach Nähe und Zuneigung – der Glatzenverbund als Familienersatz.

Einsame, psychisch labile Personen bringen den systematisch geschürten Hass schließlich auf die Straße, als Mord, Attentat oder Amoklauf. Sie brauchen keine Anführer, sondern exekutieren die Gruppenideologie aus sich heraus, als Mutprobe und persönliches Bedeutungsritual. Depressiv oder im Wahn vom einsamen Rächer wähnte sich der Mörder von Christchurch etwa als Erbe der Kreuzritter und auf dem Weg nach Walhalla, dem mystisch geladenen Sehnsuchtsort bei Nordmännern, Richard Wagner oder den wilden Männern im Kultfilm *Mad Max*, die davon träumen, im Kampf getötet zu werden – der sichere Fahrschein nach Walhalla.

Immer neue Verschwörungstheorien und Ableitungen sorgen dafür, dass der Zufluss von Anhängern etwa auch aus benachbarten Ideologien weiterwächst. Menschen, die in analogen Zeiten mit ihren mehr oder weniger absonderlichen Weltsichten isoliert waren, finden sich dank weltweitem Netz heute leicht zusammen, ob Päderasten, Verklemmte, Einfältige oder Hasskranke wie etwa die Gruppe der „Incels".

Destruktive Macht geht etwa von der Gruppe der Incels aus. Incel steht für »Involuntary Celibate«, Männer, die sich verloren fühlen auf dem weiten Feld von Partnerschaft, Kinderkriegen und Familiengründen, weil sie keine Frau finden und mithin keusch leben, also unfreiwillig zölibatär. Rechte machen Feminismus (»Frauen sind nicht mehr wie früher«) und Migration (»Einwanderer nehmen uns die Frauen weg«) verantwortlich.

Einfach, emotional, negativ – Facebooks Wirklogik ist wie gemacht für eine Radikalisierung, die sich durch alle Teile der Welt frisst. Vollautomatisch brüten die Algorithmen das Böse aus, feiern das Verletzt- und Beleidigtsein und huldigen der Angst, einer unheimlich starken Emotion. In den vielen Hunderttausend Jahren, da wir als Jäger und Sammler über die Erde streiften, hat Angst stets beim Überleben geholfen. Wer Angst hatte, griff nicht zu jeder Beere, trat nicht auf das wackelige Stück Felsen, suchte nicht tief in der Höhle nach der Ursache des Brummens. Abends am Lagerfeuer, sofern das schon erfunden war, machten die Hordenmenschen einander Angst, um sich zu schützen.

Angsthaben ist wie Dickwerden: eine Überlebenstechnik von früher. Wer die Fähigkeit hatte, Polster anzulegen, der kam eher über den Winter als der Klapprige. Ängstliche lebten länger als Leichtsinnige. Wichtig war in beiden Fällen die Regulation: Hunger und Kälte fraßen das Übergewicht auf, die tägliche Angst wurde mit Ritualen des Zusammenhalts bekämpft. Tänze, Feste, Initiationen schufen immer aufs Neue seelische Balance. So wurde Fettleibigkeit und Paranoia vorgebeugt.

Digitalisierte Kommunikation beliefert die Menschen in Echtzeit mit allen erdenklichen Angstmachern: Unfälle, Terror, Katastrophen ohne Ende, von denen der Mensch früher nie erfahren hätte. Jede Bestialität, sagt der Medienwissenschaftler Bernhard Pörksen, werde mit hohem Tempo durchs globale Dorf gejagt, was die Bewohner zunehmend überfordere.

In den USA hat die Paranoia den Alltag radikalisiert: Schulen werden wie Gefängnisse eingezäunt, Nachbarn bespitzeln einander, Paketboten werden erschossen. In der Corona-Zeit bewaffnete sich Trump-Land zuallererst, und nicht mit Klopapier. Gegenläufige, also entspannende Dynamiken sind dagegen nicht zu beobachten. Im Gegenteil: Gewalt als Lösungsweg wird unseren Kindern von klein auf nahegebracht. Spiel und Realität vermischen sich auf gespenstische Weise.

Nach dem Attentat von Christchurch – auf Details und Namen verzichte ich bewusst – schob ich beim Abendbrot die Zeitung in Richtung des Spiegeleitellers, über den sich unser Sohn, 14, beugte. »Hast du mitgekriegt, was da gestern Abend passiert ist?«, fragte ich. »Ja, so 'n Verrückter«, antwortete das Kind, »sah aus wie Call of Duty.« Wie was? »Ein Game«, erklärte er. Woher er denn wisse, wie die Tat ausgesehen habe, fragte ich. Das Live-Video, das der Attentäter mit seiner Helmkamera aufnahm, habe in einer WhatsApp-Gruppe kursiert, erklärte der Junge, er habe es kurz angeschaut, so wie die meisten seiner Kumpel, das Machwerk dann aber gelöscht.

Die fast immer rassistisch motivierten Terroristen bedienen sich an Elementen aus Computerspielen, die mit digitalen Ironie-Codes und mythologischem Kram zu einem Konvolut verquickt werden, das wir Eltern kaum entschlüsseln können. Was mir wie kranker Irrsinn vorkommt, ist selbstverständlicher Teil der Kultur unserer Kinder, vor allem unserer Söhne, die sich in dieser gamifizierten Hybrid-Welt zwischen Fake und Fakt, Prank und Ernst, brutaler Ironie, absichtsvoller Verwirrung und eiskalter Brutalität bewegen – Entertainment auf Basis schneller Emotionen.

Dass beispielsweise 200 Menschen dem Massaker in Christchurch live, aber tatenlos zugeschaut haben, illustriert den Realitätsverlust in Teilen der digitalen Welt. Facebook entdeckte die Übertragung nicht; so viel zu den angeblichen Warnmechanismen und der Arbeit angeblicher Löschtrupps. Die Grauzone zwischen blutigem Ernst und Entertainment ist schließlich kaum zu entdecken, denn im Kriegsspiel Call of Duty schießen Männer ihren Weg frei, exakt so wie in Hanau, in Halle und an all den anderen Orten des Amoks.

Helmkamera und Gewehr kennen viele Jungs und Mädchen schon vom Kindergeburtstag in der Laser-Tag-Halle, aus dem Fernsehen von der Jagd auf Osama bin Laden, aus Fortnite, kruden Comedyvideos oder eben populären Spielen. Call of Duty gehört seit Jahren zu den erfolgreichsten Ego-Shootern der Welt. Experten loben die authentische Atmosphäre; die Schussgeräusche wurden teilweise mit Originalwaffen erzeugt.

Die digitale Welt hat eine digitale Form des Terrorismus hervorgebracht, die sich aus verschiedensten Quellen speist: Das Netz bietet Rekrutierung, Radikalisierung und Anleitung, Ideologie, Bühne und Zuschauer, Waffen, Bombenzutaten und Ruhm und sogar ein makabres Ranking. Eine computerspielartige Weltrangliste des Terrorismus notiert, welcher Amokläufer am meisten Menschen getötet hat.

Nahezu jeder Amokschütze trieb sich auf »8chan« herum, wo aus zunächst nur verwirrten Menschen die berüchtigten einsamen Wölfe werden können, die ohne Auftrag morden, einfach so, aus krankem Weltrettungswahn. Die frühere Piratin Marina Weisband erklärt den digital befeuerten Amok mit dem Phänomen des stochastischen Terrorismus. Diese Theorie besagt, dass in einem aufgeheizten gesellschaftlichen Klima niemand mehr einen Einsatzbefehl geben oder eine Waffe schmuggeln muss. Ist die Temperatur hoch genug, dann finden sich von ganz allein Menschen, meist Männer, die sich radikalisieren, durchdrehen und rumballern.

Ja, Einzeltäter, es lassen sich keine direkten Verbindungen zu einer Partei oder zu Vereinen herstellen. Und doch hängen die Attentate natürlich mit der planmäßigen Hetzerei zusammen, die dieses Terrorklima erst geschaffen hat. Der Unterschied zu IS-Terroristen, die Europa in Angst versetzen, ob in Madrid, Brüssel oder Paris? Praktisch keiner. Das Internet liefert das Märchen vom Märtyrer, der alle töten darf, die anders sind. Die Opfer sind Juden, Muslime oder Christen, Farbige oder Latinos, und irgendwann ist es jeder von uns.

Wann werden die ersten Senioren erschossen, weil millionenfache Rente einfach zu teuer ist, wann wahllos Männer, aus Rache, weil nahezu alle Attentäter männlich sind? Es braucht nicht viel idiotische Fantasie, um jeden Erdenbürger aus irgendeinem Grund abzuknallen. Umso rätselhafter bleibt, warum Anti-Terror-Experten die Kommunikationskanäle des IS torpediert haben, terrorismusbegünstigende Webseiten in den USA aber vom Recht auf Meinungsfreiheit geschützt sind.

Es ist billig und leichtfertig zugleich, bei Terrorattacken mit Routine-Vokabeln wie »unbegreiflich« zu hantieren. Das Gegenteil stimmt: Motive und Muster sind klar zu sehen, Bezugsquellen und ihre Verbreiter klar zu benennen, Anheizer und Profiteure deutlich zu erkennen, Absichten zu vermuten.

Warum kopieren Terroristen die Ästhetik der Computerspiele? Womöglich, um in einer zunehmend aggressiven, intoleranten, zynischen Gamer-Szene Nachahmer zu rekrutieren, wie der Netzweise Sascha Lobo vermutet. Oft mag Isolation hinzukommen, ein Gefühl, das auf der Tech-Messe SXSW als drängendstes Problem der digitalen Welt identifiziert wurde. Die Isolierten in aller Welt bilden wiederum eine globale Glaubensgemeinschaft.

Hier greift der Effekt der altbekannten Schweigespirale. Die Angst vor dem Ausgeschlossenwerden, die die Gruppe mit ihren lauten täglichen Attacken gegen Andersdenkende schürt, ist so stark, dass Fakten verblassen. Im US-Bestseller *Conformity* schildert Verhaltensforscher Cass Sunstein, wie einige Wortführer extreme Meinungen vorgeben, die vormals Leiseren einstimmen und anschwellen und sich die Gruppe schließlich in kollektivem Wutgeheul ergeht. Wer vom Filterblasenstammtisch nicht exkommuniziert werden möchte, leugnet auch wider besseres Wissen. So bindet die Gruppe digitale Krieger an sich und macht das Aussteigen schwer.

Ideologische Treue ist der wichtigste Klebstoff digitaler Gemeinschaften, deren Mitglieder sich häufig nur beim Nickname kennen. Umso wichtiger ist die Gewissheit, gemeinsame Werte zu vertreten, wie Hooligans, denen das angebliche Fan-Sein als Schirm dient, unter dem ganz andere Themen gären, ob Hass, Gewalt oder Wut. Am wichtigsten ist der gemeinsame Gegner, etwa das Zerrbild vom linksgrünversifften Begrüßungsklatscher.

So entsteht bei nahezu jedem Thema fast zwangsläufig eine

unversöhnliche Trennlinie, die sich, ganz grob, an der alten Kluft von rechts und links orientiert. Die Twitterei des US-Präsidenten hielt ich anfangs für eine kranke Marotte. Heute weiß ich: Diese zugespitzte, kontextfreie und emotionsreiche Botschaft direkt zum Abnehmer ist eine neue, ernstzunehmende Technik politischer Kommunikation. Denn sie folgt exakt den Regeln der Captology. Einst gaben US-Präsidenten Pressekonferenzen in der Hoffnung, dass Zeitungen und Sender schon das Gewünschte daraus destillieren würden.

Trump umgeht den gesamten Medienapparat und polarisiert unverhohlen mehrmals täglich, wie es zu seinem strategischen Weltbild passt. Wir Vertreter der vermeintlichen vierten Gewalt, die eine eigene, womöglich abweichende Meinung haben, die einordnen, korrigieren, recherchieren, werden komplett ausgebremst. Zwei Grundprinzipien der Demokratie, die unabhängige Öffentlichkeit und Transparenz, sind damit erledigt. Gleichwohl schafft Trump über ein Heer aus Followern sowie empörte oder begeisterte Weiterleitungen eine globale Reichweite, die CNN nie erreicht hätte. Plus: Der Aufwand dauert nur ein paar Minuten und lässt sich locker aus der Pyjamahose heraus erledigen. Und immer siegt die erste naheliegende Emotion, das Verschwörerische, Verächtliche, Spaltende.

Zentrale Attitüde ist das Empörtsein. Wo früher ein Schulterzucken genügt hätte, wird heute die Gefühlskanone abgefeuert, gern mit Leerformeln wie »fassungslos« oder »geht gar nicht«. SZ-Autor Hilmar Klute konstatiert: »Die Fassungslosigkeit ist heute das, was früher die Urteilskraft war.« Rasches ersetzt Fundiertes, Gefühltes ersetzt Gewusstes, der Trend zu Identitätsfürsorge und Mikroverletzung heizt die Emotionalisierung an. Bis alle brüllen. Die engsten Verbündeten rechter Hetzer sind unbeabsichtigt wohlmeinende Linke, die jeden Mist noch weiterleiten und überhaupt Aufmerksamkeit außerhalb der rechten Blase erzeugen.

Dass der Twitter-Konzern seinem prominentesten Nutzer ab Mai 2020 ein Fact Checking angedeihen lässt, zeigt, dass die im Silicon Valley verbreitete Mär von der radikalen Meinungsfreiheit endgültig an ihre Grenzen stößt. Die USA leiden stellvertretend für viele andere Demokratien daran, dass das fortgesetzte Verbreiten von Halb- oder Unwahrheiten den gemeinsamen Boden zersetzt. Das Recht auf freie Meinungsäußerung ist wohl doch etwas anderes als das böswillige Verspritzen von Gift.

Manche Medien haben inzwischen ein mieses Spiel etabliert, um vor allem Klicks von rechts abzugreifen: Unter dem Deckmantel moralischer Empörung wird der provozierende Dreck noch mal wiederholt und gleichsam geadelt. Nicht der kluge Gedanke wird verbreitet, sondern das ekligste Zitat. Als die Grünen-Politikerin Renate Künast etwa gerichtlich gegen Digital-Mobber vorging, die sie aufs Übelste beleidigt hatten, zitierten nahezu alle etablierten Medien deutschlandweit genüsslich all die Ekligkeiten aufs Neue und am liebsten wörtlich. Wann kommt man sonst schon dazu, Wörter wie »Fotze« in der Zeitung unterzubringen?

Ohne die medial angefachte Wut blieben viele Kampagnen so attraktiv wie verkohlte Würstchen. Gegenseitiges Aufregen aber sorgt zuverlässig für den Eindruck von ewigem Endspiel, Weltuntergang oder Schlimmerem, womit das Narrativ von »alles geht den Bach runter ...« wieder mal bestätigt scheint.

Und was passiert bei den Urhebern des Unrats? Wie Hooligans, die sich freuen, wenn sie als Vermummte in den Nachrichten gezeigt werden, betrachten es auch Digital-Mobber als Ritterschlag, wenn ihre Drohungen oder Beleidigungen in seriösesten Medien zitiert werden. Gut möglich, dass der Trend zur Morddrohung auch mit diesem Effekt zu erklären ist. Ist in einer anständigen Zeitung zu lesen, dass Promi A eine Morddrohung erhalten hat, freut sich Troll X, dass er es mit einer einzigen Mail bis in die Zeitung geschafft hat. Publicity-Geilheit ist auch bekannt von Amokläufern: Voller Name und unverpixeltes Foto auf Seite eins gelten als mediales Ehrenmal. Und die Redaktionen wissen es.

Die digital befeuerte Eskalation kennt nur eine Richtung:

abwärts. Das Netz wirke als Katalysator, weil es leichte in harte Ressentiments verwandle, aber nie umgekehrt, so Extremismusforscherin Ebner. Die Abwesenheit des Rechtsstaats im Internet, die Gleichgültigkeit der Konzerne, die Professionalisierung der Hetzer und die Empörungsbereitschaft des Publikums fügen sich zu einer Erosion des demokratischen Miteinanders, das die politischen Repräsentanten mit ihren Tabubrüchen noch befeuern.

Statt ihn für tätige Mithilfe beim Pulverisieren der Demokratie zu schelten, wurde Facebook-Chef Mark Zuckerberg auf der Münchner Sicherheitskonferenz im Februar 2020 hofiert wie ein König und durfte ungestraft behaupten, dass er seine Lektionen gelernt habe. Bullshit. Der junge Mann mit dem unschuldigen Blick bewegt sich nur, wenn massive Gefahr fürs Geschäft droht wie beim kollektiven Anzeigenboykott im Sommer 2020. Eine Nutzerin, neben deren Namen in der Facebook-Suche zuverlässig das Wort »Arschloch« erschien, kämpfte acht Jahre lang dafür, dass der Konzern diesen Missstand beheben möge. Die Löschung erfolgte erst, als die Frau an die Öffentlichkeit ging. Wir lernen: Die mächtigen Tech-Konzerne reparieren nie freiwillig, sondern nur unter Druck.

Halbherzig und möglichst kostensparend versuchen die reichsten Konzerne der Welt, der Schmutzflut auf ihren Fluren Herr zu werden. Vergeblich: Tausende sogenannter Moderatoren, die den Müll filtern sollen, werden buchstäblich verheizt. Der Internet-Reporter Casey Newton schildert für das Magazin *Verge*, wie YouTube-Moderatoren reihenweise mit posttraumatischen Belastungsstörungen aus dem Dienst scheiden, meist schon nach wenigen Wochen, weil das permanente Betrachten gruseliger Inhalte schier unmenschlich ist.

Thomas Gabriel Rüdiger, Cyberkriminologe an der Polizeihochschule in Brandenburg, spricht vom Broken Web, in dem sich die Hasskriminalität auch deswegen ungezügelt ausbreite, weil keinerlei Strafverfolgung sicht- oder gar spürbar werde. Das Mantra der Politik, das Netz dürfe kein rechtsfreier Raum sein, wird tagtäglich durch gegenteilige Erfahrungen konterkariert. Eine bekannte Medienschaffende hat mehrfach ihre Wohnung gewechselt, nachdem ihre Adresse mit dem Aufruf zur Gewalttat immer wieder im Netz kursierte. Cyberkriminologe Rüdiger: Das Enthemmte wird sich ausbreiten, solange der Rechtsstaat im Netz nicht sichtbar wird.

Love me, Tinder

Parship, TripAdvisor, Instagram – überall werden Erwartungen geweckt, die wir abhaken. Das Überraschende ist tot. Warum wir uns wie Darsteller in unserer neurotischen Lebenssimulation fühlen.

Ich blickte möglichst unauffällig auf mein Smartphone, als ich über den Basar von Marrakesch streunte. Ich wollte zu dem blinkenden roten Punkt, zu diesem ultimativen Imbiss mit seinem legendären Lamm-Schawarma, von dem der junge Rezeptionist verschwörerisch geschwärmt hatte. Absoluter Geheimtipp, hatte er gesagt. »Geheimtipp« ist ein Zauberwort für altmodische Urlauber wie mich. Ich glaube unverdrossen an überraschende Entdeckungen in fremden Ländern, an Orte, die vor mir nie ein Tourist gesehen hat, wo handwerklich hochbegabte Einheimische mit ökologisch korrekten Zutaten aus der Region erstklassige Waren zu kleinen Preisen anfertigen, wo entschleunigte Menschen mich mit ihrer landestypischen Herzlichkeit empfangen, ohne mich als touristisches Melkvieh zu betrachten.

Je näher mich mein Smartphone dem sagenumwobenen Imbiss brachte, desto häufiger sah ich andere Touristen, die den Kopf über ihr Smartphone gebeugt hatten. Wie von einem unsichtbaren Großmagneten angezogen, strebten Ausländer aus allen Himmelsrichtungen auf ebenjene enge Gasse zu. Tatsächlich, da war er, der Geheimtipp, schon von Weitem zu erkennen an der langen Schlange, in der Touristen aus allen Gegenden der Welt geduldig warteten, um sich mit angesagtem Lammbrötchen für Instagram zu fotografieren. Einheimische? Die rackerten mit bemerkenswerter Präzision hinter dem Tresen, um die gigantische Nachfrage zu bedienen.

Ich bin enttäuscht, schon wieder. Mit der Digitalisierung hat sich das Ferienmachen dramatisch verändert. Jeder noch so kleine Geheimtipp auf der hinterletzten Molukken-Insel spricht sich in Echtzeit via Reiseblogger oder TripAdvisor herum, weshalb es kein Geheimtipp mehr ist, sondern die Simulation eines solchen. Grundsätzlich ist alles öffentlich in Digitalien.

Deswegen schieben sich immer mehr Menschen an die immer selben Orte, während die Einheimischen dort sich alle Mühe geben, die Erwartungen der Touristen an Authentizität zu erfüllen und dabei möglichst instagrammabel auszusehen. Nur was fotografiert und gepostet wurde, ist real. Großes globales Theater: Reisende wollen die Illusion von heiler, edler, einfacher, sauberer und überschaubar fremder Welt, die Bewohner stellen sie dar. Dafür wird bezahlt. Das ist fair. Aber Theater. Mit Humboldts Idee vom Reisen als Entdecken hat dieses durchinszenierte und zufallsfreie Abhaken von Orten wenig zu tun. Mit Google Maps gefunden, mit dem Smartphone geknipst, gepostet, nächste Station bitte.

Der digitale Fortschritt plus weltweiter Flatrate für unsere Endgeräte hat die Überraschung aus unseren Leben vertrieben. Auch der letzte indigene Erdenbewohner ist leicht zu finden und jederzeit zu kontaktieren. Er kennt die Bedürfnisse der Besucher, erfüllt sie gegen eine Gebühr und bekommt dafür eine Sternchenbewertung.

Das Phänomen der entzauberten Überraschung zieht sich durch viele Lebensbereiche, ob bei Hotelzimmern, Sexualpartnern, Gebrauchtwagen, handgefertigten Amuletten oder marokkanischen Imbissen. Das Angebot wird optimal fotografiert und überschwänglich beschrieben bis knapp an die Grenze zur Übertreibung. Bewertungen geben Aufschluss, ob das Versprochene in der Realität auch geliefert wird. Dass deutlich mehr oder anderes geboten wird als angekündigt, ist unwahrscheinlich, weil die Beschreibungen maximal geschönt sind, ob das Romantische am Romantikhotel oder die charakterlichen Vorzüge einer Tinder-Kandidatin. Kommt es zu Überraschungen, dann allenfalls zu negativen, weil – wieder mal – zu viel versprochen wurde.

Mein alter Bekannter Martin, ein überzeugter Single, ist seit Jahren auf digitalen Dating-Plattformen unterwegs, vor allem solchen, wo die Paarungswilligen ohne große Umschweife und bis in die Feinheiten der Intimrasur auflisten, was sie zu bieten haben, und zugleich angeben, was sie gern hätten. Die Software errechnet maximale Übereinstimmung der Biete-/Wünsche-Listen. Ja, der Kunde bekommt exakt das, was er bestellt hat. Ist es auch das, was er wollte oder brauchte? Martin ist ernüchtert. Er ist nie wirklich enttäuscht worden, aber auch kaum enthusiasmiert. Daten-Dating bedeutet eher Absolvieren als Entdecken. Wie beim Reisen hat man ja schon vorher alles gesehen.

Allen Portalen liegt dieselbe überraschungsfeindliche Logik zugrunde. Die digitalkapitalistische Plattformmathematik ermöglicht das Erfassen, Darstellen, Vergleichen und Bewerten aller Angebote und damit ein präzises Bestimmen von Angebot und Nachfrage.

Das mag in Supermarkt oder Arbeitsverhältnis eine notwendige Bedingung sein, weil beide Seiten Klarheit erwarten dürfen. Aber schon beim Essengehen ist übermäßige Präzision ein Ärgernis. Ich möchte nicht aufs Gramm genau wissen, wie schwer das Schnitzel ist. Ich möchte nicht mal, dass mein Gericht exakt so aussieht wie auf dem Bild im Internet. Es ist das Nicht-Quantifizierbare, das Nicht-Messbare, das Offene, was ein Dinner für mich außergewöhnlich macht: das überraschende Anrichten der Speisen, die unfassbar witzige Kellnerin, die abgefahrene Musik, ein neues Getränk. Und natürlich der Grappa aufs Haus. Wenn ich abhaken will, was exakt aussieht wie im Katalog, warum dann überhaupt vor die Tür gehen? Da genügt eine VR-Brille, ein Liegestuhl, eine Schubkarre Sand im Wohnzimmer und ein Heizlüfter, der für Wunschtemperatur sorgt.

In den Lebensbereichen Reisen und Beziehungen wird besonders deutlich, wie die Digitalisierung jenen Abenteuerraum des Menschen verkleinert, der sich vor allem in der Vorstellungswelt abspielt, jenem Reich des Ungefähren, wo Spannung, Fantasie, Ausgemaltes, Vorfreude regieren. Zahlen, Daten und Bilder wiederum zerstören das Vorgestellte, weil kein Freiraum mehr zum Träumen bleibt.

Im Bestreben, ein Kunden-Dienstleistungs-Verhältnis zu etablieren, maximale Sicherheit und möglichst wenig einklagbare Regressforderungen zu gewährleisten, kommt zu kurz, was Reisen, Kennenlernen, ja, das ganze Leben im Kern ausmacht: die Überraschung.

Es ist die Angst vor Enttäuschung, die die Überraschung tötet. Alles muss sicher sein. Der spannende Zwischenraum namens Zufall wird mit Zahlen und Daten so weit verkleinert, dass Kunde und Hotelzimmer, Kunde und Tinder-Offerte, Kunde und Netflix-Film mindestens 90 Prozent Übereinstimmung aufweisen. So entsteht eine individuell errechnete Filterblase des Konsums, die auf Dauer nur eines garantiert: Langeweile.

Das Sicherheitsverlangen der Kundschaft führt vor allem im Bereich der Paarungsanbahnung zu merkwürdigen Effekten. »Keiner will sich mehr spontan kennenlernen«, hat die Soziologie-Professorin Cornelia Hahn aus Salzburg festgestellt. Kunstformen wie das Flirten geraten außer Mode, es könnte ja was Unvorhergesehenes passieren. Wie Professorin Hahn herausfand, herrschten beim Auswählen potenzieller Tinder-Partner absehbare Kriterien: Hautfarbe, Status, Alter mussten stimmen. So nutzt ein theoretisches Angebot von vielen Millionen Menschen gar nichts, wenn das Ziel vor allem Berechenbarkeit, also Abwesenheit von Überraschungen ist.

Die Flensburger Psychologin Johanna Degen hat die Bildsprache jener Bewerbungsfotos untersucht, mit denen Tinder-Kunden ins Rennen gehen. Fazit: Urlaub, Hobby, Haustier. Geht mehr Mainstream als Sonnenuntergang, Surfbrett, Retriever? Digitale Plattformen sorgen demnach nicht für mehr Vielfalt, auch wenn 50 Millionen Kunden wie bei Tinder am Start sind, sondern zementieren den Mainstream: Villa, Pferd, Jacht – wie vor Jahrzehnten in der Sparkassenwerbung. Das wahre Abenteuer, so die Berliner Sexologin Iva Samina, stecke nicht im kommagenau ermittelten Match-Faktor, sondern im Mut, sich auf ein zufälliges Kennenlernen im echten Leben einzulassen.

Vielleicht drehen sich modernes Reisen und Partnerportale gar nicht so sehr um das eigene Erfahren, sondern vielmehr um das Erzeugen von Resonanz, also der Anerkennung durch andere, wie der Jenaer Soziologe Hartmut Rosa glaubt. Ging es mir beim Selfie vor den Pyramiden wirklich darum, das alte Ägypten zu erfahren? Oder wollte ich vielmehr meinen Mitmenschen daheim zeigen, was ich mir leisten kann? Will ich bei Tinder einen Menschen fürs Leben oder zumindest eine Nacht kennenlernen oder nicht auch meinen Marktwert bestimmen?

Carola, eine Freundin mittleren Alters aus Berlin, dreht sich seit Jahren in einem digitalen Hamsterrad aus Selbstdarstellen, Hoffen, Bangen, Enttäuschtwerden und neuerlichem Selbstdarstellen auf verschiedenen Dating-Portalen. Sie kann die spezielle Sprache der Selbstanpreisung entschlüsseln, eiskalt analysiert sie die Fotos der Bewerber auf Tricks hin. Zu Treffen verabredet sie sich häufiger, oft aber sagt sie im letzten Moment ab oder flieht, wenn sich der Kandidat allzu schmerzlich von seiner Selbstdarstellung im Netz unterscheidet. Das spannende Spiel von Flirten, Lächeln, Nähe und Distanz hat sie längst aufgegeben. Carola sagt kühl: »Bei Tinder wollen alle möglichst schnell die Fuckability ermitteln.« Es geht also eher um eine Geschäfts- als eine Liebesbeziehung.

So gehen gesellschaftliche Errungenschaften verloren. Soziologen wissen, dass Gemeinschaften durch Kommunikation zusammengehalten werden. Bei einem belanglosen Plausch geht es nicht nur ums Wetter, sondern vielmehr um ein soziales Signal: Ich rede mit dir, also traue ich dir. Wer plaudert, bringt sich nicht um.

Persönliche Kommunikation entspricht demnach einer unentwegten sozialen Sicherheitsüberprüfung, weil auf vielen Ebenen, wie Körpersprache, Stimme, Haltung, Gemeinsamkeit erzeugt wird. Das traditionelle Flirten darf man als Hochsicherheits-Check verstehen: Lasse ich das Gegenüber tatsächlich bis in meine privateste Ecke, bis in mein Bett?

Die digitale Bequemlichkeitsindustrie führt nun dazu, dass Menschen immer weniger Übung in sozialer Kommunikation haben. Das Essen wird nach Hause geliefert, die Einkäufe, die Filme, die Bücher, die Sexpartner. Was einst Biedermeier hieß, dann Cocooning und schließlich Hygge, wurde in Corona-Zeiten perfektioniert – das Verharren in der eigenen Burg, aus der heraus wir das Sterben von Einzelhandelsgeschäften beklagen und uns Sorgen über die Kinder machen, die nur noch in ihr Smartphone starren.

Zugleich begünstigt das Digitale ein Anwachsen parasozialer, also einseitiger Beziehungen. Was früher den kreischenden Fans von Teenie-Idolen vorbehalten war, nämlich einen unerreichbaren Star zu vergöttern und eine eingebildete Freundschaft zu pflegen, hat inzwischen viele von uns erfasst. Ob die Helden von *Game of Thrones*, nette Serienfamilien oder Musiker, Sportler, *RTL2*-Promis: Sie fühlen sich an wie gute alte Bekannte, die jederzeit auf Wunsch ins Haus kommen. Der Vorteil: Es gibt keine lästigen sozialen Irritationen. Wer nervt, wird weggeklickt. Mit dem Kollateralschaden, dass unsere Fähigkeiten verkümmern, Probleme zu lösen und Kompromisse auszuhandeln, mit denen alle Seiten klarkommen.

Die Stiftung für Zukunftsfragen, die das deutsche Freizeitverhalten seit über 60 Jahren untersucht, hat festgestellt, dass soziale Aktivitäten kontinuierlich weniger werden. Nur noch 17 Prozent aller Deutschen treffen mindestens einmal pro Woche Freunde, während »Aktivitäten mit Medienbezug« – ein anderes Wort für »Glotzen« – sieben der ersten zehn Plätze der Freizeitbeschäftigungen einnehmen.

Im Zeitstress, den immer mehr Chats und Serien und Posts verursachen, wird das ziellose Miteinander, das gemeinsame Abhängen, Chillen, Beisammensein als zunehmend unproduktiv empfunden. Das Flirten am Kühlregal wird schon bald in die Geschichte der ausgestorbenen Kulturtechniken eingehen. Kann es sein, dass das relativ neue Format der Podcasts weltweit deswegen so erfolgreich ist, weil die Illusion erzeugt wird, man säße mit Freunden am Küchentisch? Bekämpft das digitale Instrument Podcast jenes Gefühl der Einsamkeit, das von zu viel digitalen Angeboten erzeugt wird?

Wir sollten wieder das Plaudern anfangen, in Marrakesch, daheim, in all unseren Beziehungen. Wir machen uns die Welt verfügbar, so der Soziologe Hartmut Rosa, wenn wir in eine offene Resonanz mit ihr treten, statt unser Leben ausrechnen zu lassen. Dann kehrt auch die Magie zurück, der wir alle verzweifelt hinterherrennen.

Wir hängen alle mit drin

Wie wir unsere Freiheit freiwillig im digitalen Müll ersticken, wie wir Überfluss in Dauerstress verwandeln. Und alles aus Bequemlichkeit.

Das Ausspionieren der DDR-Bürger funktionierte sehr analog: Das Leben verdächtiger Personen – und wer war nicht verdächtig? – wurde auf Karteikarten und in Aktenordnern gespeichert, bisweilen wurden auch Geruchsproben aufbewahrt, luftdicht in Marmeladengläsern, für Spürhunde. Jugendliche, die die Stasi-Unterlagenbehörde in Berlin-Hohenschönhausen besuchen, starren bisweilen hilflos auf Fotoapparate, Schreibmaschinen und Karteikartenkästen – alter Kram. Um die allgegenwärtige Bespitzelung der DDR zu erklären, verwendet Roland Jahn, Leiter der Behörde, Beispiele aus der digitalen Welt. Die Stasi sammelte die Daten ohne Einwilligung der Bürger, Facebook und Google sammeln ein Vielfaches, mit Einwilligung.

Welche Einwilligung? Ganz einfach: Unser aller ungeduldiger Klick auf »Okay«, wenn gefragt wird, ob wir die Allgemeinen Geschäftsbedingungen (AGB) annehmen. Viele Dutzend Seiten mühsam zu lesende Verschleierungsprosa über all die Rechte an unserer Privatheit, die wir abgeben. Die Übersetzung lautet etwa: Wollen Sie, dass ihr Leben gefilmt und die Aufzeichnung ewig gespeichert wird? Natürlich nicht. Wir klicken dennoch »Okay«. Warum?

Weil wir das neue Programm, die neue App, das neue Gerät wollen , und zwar sofort. Weil wir glauben, dass es schon nicht so schlimm sein wird, was da steht, weil es ja öffentlich ist und wir in einem Rechtsstaat leben. Weil uns die Aussicht auf das schnelle Vergnügen mehr lockt, als uns die Angst vor Konsequenzen abschreckt. Und weil der AGB-Knopf ein Meisterwerk des persuasiven Computings ist, also der Manipulation.

Stellen wir uns ein Kind vor, das unterm Weihnachtsbaum das Geschenkpapier von dem bunten Karton reißt, in dem ein neues Smartphone steckt, sein erstes. Gleich ist es so weit. Stopp, rufen die Eltern, erst musst du den Text lesen, verstehen und akzeptieren, der innen auf dem gesamten Einwickelpapier steht, in sehr kleiner Schrift. Das dauert ja ewig, denkt das Kind, ich will mein Smartphone jetzt haben. Du kannst auch akzeptieren, ohne zu lesen, sagen die Eltern. Der Fortgang dürfte klar sein.

Dieser eine Klick ist der Schlüssel zu fast allem, was im Netz schiefläuft. Denn wir akzeptieren nicht nur AGB, sondern die Manipulation von Cambridge Analytica, die Sucht, das Mobbing, unsere Verfolgung, das Datensammeln, den ständigen Zuwachs an Extremisten, die Anleitung zum Bombenbauen, das Erodieren von Demokratie und Beziehungen, eben alles, was schiefläuft mit der Digitalisierung.

Dieser Klick ist das einzige Detail, das die staatliche Überwachung in China von der kapitalistisch dominierten Überwachung nach amerikanischem Muster unterscheidet: Im westlichen Modell darf ich zustimmen, ausgelesen, kartografiert und in Listen geführt zu werden, die Auskunft geben über meine Bonität, mein generelles Wohlverhalten und Kontakte zu anderen Menschen.

Während im chinesischen Modell grobe Sanktionen wie Internierung drohen, arbeitet das westliche System mit milderen Strafen wie etwa Ausgrenzung. Wer kein Smartphone besitzt, weder E-Mail-Adresse noch Online-Banking-Zugang hat und deren AGB auch nicht akzeptiert, der darf eben nicht mitmachen. Du kannst nicht nicht digital sein.

Wie würden wir Bargeld bekommen, ein Flugticket buchen, eine Wohnung mieten ohne AGB-versehene Geräte oder Dienstleistungen? Gar nicht. Mit dieser fürsorglichen Erpressung haben Digitalkonzerne geschafft, wovon Diktatoren träumen: Menschen machen freiwillig mit bei der eigenen

Überwachung, ohne zu wissen, wer, wann, was, wo wie lange aufbewahrt.

Gut zwei Milliarden Smartphones laufen weltweit mit Googles Betriebssystem Android. Mit seinem Live-Hack auf der Bühne einer Digitalkonferenz 2019 demonstrierte der Oracle-Manager Peter Lord, wie ein Android-Handy selbst ohne Verbindung zum Internet im Sekundentakt Informationen sendet, über Ort, Bewegung, nahe Wi-Fi-Router, andere Smartphones.

Wer weiß schon, dass in nahezu jedem Android-Gerät neben Kamera und Mikrofon ein Barometer zur Bestimmung der Höhe und ein Spyrometer zum Messen der Temperatur eingebaut sind plus Beschleunigungssensor, der Bewegungen erkennt, was kombiniert mit der Standortbestimmung sekunden- und millimetergenaue Bewegungsprofile aufzeichnet? Die Smartphones von Begleitenden werden ebenfalls gespeichert. Wieder mal lange im Büro gewesen? Na klar. Dass Sie gestern einen Termin bei Ihrem Hausarzt hatten und danach online ein Medikament gegen Gonorrhö bestellt haben – das weiß das Netz ganz sicher. Die Frage ist: Wer noch?

Wir betrachten unser Smartphone als Empfangsgerät mit nachgelagerter Sendefunktion, Google sieht es exakt andersherum. Die Möglichkeit zu empfangen das ist nur der Köder, der uns am Gerät hält, damit möglichst lange Daten geliefert werden, die wiederum für Reklamezwecke und niemand weiß für was sonst noch alles verkauft werden.

Ungewohnt leichtsinnig gab der frühere Google-Chef Eric Schmidt zu: »Wir wissen, wo Sie sind. Wir wissen, wo Sie waren. Wir wissen mehr oder weniger, worüber Sie nachdenken.« Mit täglich bis zu fünf Milliarden Suchen, einer Milliarde konsumierter YouTube-Stunden und den Daten aller Apps, die je aus dem Google Store geladen wurden, wächst die Datenmenge täglich rapide. Denn all deren gesammelte Daten darf Google nutzen, so steht es im Vertrag.

»Privatsphäre ist eine Illusion«, sagt der Physiker Andreas Weigend, der die Datenstrategie von Amazon mitentwickelt hat, »keine Daten zu erzeugen, ist so unmöglich, wie kein Wasser zu nutzen.« Die bürgerliche Freiheit eines »Nein« zur Datensammelei ist Illusion, wenn alle Smartphones ringsum jede Regung des trotzigen Freaks mit seinem Offline-Handy aufzeichnen. Wir alle hängen mit drin, ob wir wollen oder nicht. Und damit sind Grundrechte wie das auf Privatheit, Menschenwürde, freie Entfaltung, Unverletzlichkeit der Wohnung, Briefgeheimnis eingeschränkt oder aufgehoben. Solange meine Daten kostenlos gesammelt und verwertet werden dürfen, sind weite Teile meiner individuellen Freiheit dahin, inklusive meines Rechts auf ein Nein.

Zu den Verheißungen des angelsächsischen Kapitalismus gehört der Mythos von »Choice«, also Auswahl als Inbegriff von Freiheit, weil der Mensch in seiner Ausprägung als Konsument die freie Wahl zwischen vielen Produkten habe. Nirgendwo gibt es mehr zu wählen als in Digitalien. Aber freie Auswahl ist nur ein kleiner, vulgärer Teilbereich im großen philosophischen Konzept der Freiheit.

Überfluss, eine irre Menge an Programmen, Kanälen und Angeboten schafft indessen kein selbstbestimmtes Leben, sondern Dauerstress, verbunden mit dem miesen Gefühl, sich fast immer für das Falsche entschieden zu haben. Viele Optionen führen nicht zu Freiheit, sondern zu Wahlgefangenschaft.

Der Philosoph Hegel stellte fest, dass die Freiheit immer auch der Vernunft bedürfe. Permanenter Überfluss mit dem einzigen Ziel, den Menschen immer wieder vor Entscheidungen zu stellen, die für sein Lebensglück möglicherweise nachrangig sind, hat aber nichts mit Vernunft zu tun. Der klare Verstand würde vielmehr konstatieren: Es ist zu viel an Unnützem. Freiheit erstickt im digitalen Müll. Die Corona-Krise hat manchen Menschen die Augen geöffnet, mit wie viel Überflüssigem sie ihr Leben in normalen Zeiten beschwert haben.

Verbreitet sich etwa eine gewisse Netzskepsis unter den Nutzern, verbunden mit einer neuen Freude an Freiheit? Eher nicht, glaubt Bildungsforscher Gerd Gigerenzer. Der Professor beobachtet vielmehr eine schwindende Attraktivität des humanistischen Zentralwerts Freiheit.

Eines gar nicht so fernen Tages, so Gigerenzer, stelle sich die Frage, »ob unsere langsame Demokratie und das relativ geringe politische Interesse an persönlicher Freiheit, das wir inzwischen haben, noch mithalten. Diese neue digitale Gesellschaft scheint ja nicht so bedrohlich zu sein wie *1984* oder *Schöne neue Welt*, sondern attraktiv.«

Seine chinesischen Forscherkollegen, so Gigerenzer, fragen sich, was schlecht daran sein soll, wenn digitale Rundumkontrolle dazu führt, dass Autofahrer rücksichtsvoller unterwegs sind. Viele Chinesen seien dankbar für das System des Social Scoring. Denn in China, so Gigerenzer, herrsche eine Kultur des Misstrauens. Wo der Rechtsstaat schwach ist, blühen Korruption und Betrug. Das Punktesystem trage nun dazu bei, das gegenseitige Vertrauen zu stärken.

Was aber hat China mit Deutschland zu tun, dem Land, das 2019 sein gutes, 70 Jahre altes Grundgesetz feierte? Der Professor wagt ein Gedankenspiel: Führt das Punktesystem dazu, dass sich Chinesen vorbildlicher verhalten, dass Verbrechensraten sinken, dass der Alltag sich für die Menschen sicherer anfühle, dann würden andere Länder dieses Programm ebenfalls einführen wollen.

Was, wenn chinesische Entwickler eine Light-Version programmieren, die mit anderen politischen Systemen kompatibel ist? Würden die Herrschenden in Russland, in der Türkei, in Indonesien, Ungarn oder Sachsen zugreifen? In Malaysias Hauptstadt Kuala Lumpur wird bereits Überwachungstechnik ausprobiert, die sich in der chinesischen Millionenstadt Hangzhou bewährt hat. Dort tauschen Polizei und Online-Händler Alibaba selbstverständlich ihre Daten aus.

Aber Herr Professor, wir verehren das Bundesverfassungsgericht und sind stolz auf unsere liberale Demokratie. Die werden wir doch nicht abwählen. Gigerenzer lächelt und zitiert chinesische Freunde, die angesichts von Trump und Brexit und parlamentarischem Dauerhickhack die westliche Art der Entscheidungsfindung skeptisch sehen. Ist unsere Demokratie mit ihren Entschleunigungs- und Kontrollinstanzen nicht zu langsam für ein digital getriebenes Tag-für-Tag-Regieren, das etwa Donald Trump zelebriert?

Am Ende, glaubt der Professor, gehe es um die beiden Kernfragen des digitalen Fortschritts: Was ist bequem, was geht schnell? Ob Wisch-Handy, Google-Suche oder One-Click-Shopping – das Einfache gewinnt. Wie würde ein Volksentscheid zur Einführung von Punktekonten in Deutschland wohl ausgehen, wenn die Zeiten rauer und aufgeregter werden?

Neben der gemäßigten Social-Score-Technologie testet China noch eine weitaus härtere Variante der Kontrolle. In der nordwestlichen Provinz Xinjiang hat das Regime das größte digitale Überwachungssystem der Welt geschaffen, das jeden Bürger vollständig kontrolliert. Ein falsches Wort am Telefon, ein missverständlicher Post kann genügen, um interniert zu werden. Ob Kameras an jeder Laterne oder Schnüffelsoftware auf allen Smartphones – die Technik ermöglicht ein Drangsalierungssystem, von dem jeder Diktator träumt. Hunderttausende von Uiguren, eine muslimische Minderheit, sind in Umerziehungslager gesperrt. Im demokratiefernen Echtbetrieb wird hier getestet, was digitale Technologie alles kann.

Es wäre allerdings naiv anzunehmen, dass Überwachungstechnologien allein im Reich des paranoiden Kapitalistenkommunismus zum Einsatz kommen. Die *New York Times* berichtete Anfang 2020 von dem weithin unbekannten Start-up Clearview AI, das seine Gesichtserkennungs-Software an viele Polizeibehörden in den USA verkauft hat. Im Gegenzug bekommt das Unternehmen die Bilder der Polizei geliefert. Das eingegebene Foto wird nun mit drei Milliarden Bildern abgeglichen, die das Unternehmen von Instagram, Facebook, YouTube und Millionen anderen Webseiten gesammelt hat. Dieser Bilderklau sei zwar widerrechtlich, erklärte einer der Software-Entwickler, aber zugleich völlig normal. Facebook wisse sogar davon.

Die Technik scheint einwandfrei zu funktionieren. Als die

Reporterin der *NYT* Polizisten bat, testhalber ein Bild von ihr in die Clearview-Software zu laden, meldete sich das Start-up umgehend und fragte die Beamten, ob Kontakte zur Presse bestünden. Wo bleibt die Staatsmacht„ wenn privatwirtschaftliche Unternehmen jede Ermittlungsanfrage mitlesen?

Der Fall Clearview ist prototypisch für den entfesselten digitalen Flaschengeist. Mit einer Technologie, die keiner kennt, und geklauten Bildern werden massive Eingriffe in die Persönlichkeitsrechte der Weltbevölkerung vorgenommen. Weder Politik noch Medien durchblicken die private Blackbox, die in Echtzeit Menschen auf der Straße erkennt. Wer verhindert nun, dass Menschen, die nicht den digitalen Idealmaßen entsprechen, von Polizei oder Unternehmen identifiziert und diskriminiert werden? Illegal, unsicher, missbrauchsanfällig, undemokratisch – wie viele Verstöße gegen rechtsstaatliche Prinzipien braucht es, bis ein Unternehmen an die Kette gelegt wird? Obgleich die Gesichtserkennung noch längst nicht fehlerfrei funktioniert, ist es nur eine Frage der Zeit, bis die Technologie Privatleuten, auch kriminellen, zur Verfügung steht – Investoren werden dafür sorgen.

Derweil tüfteln Entwickler bereits am nächsten toxischen Spielzeug – der Emotionserkennung: Aus seiner Mimik soll ein Rechenprogramm ablesen, was der Mensch im Schilde führt. Nicht auszuschließen, dass kostenlose Apps wie etwa TikTok nur oder auch dazu dienen, die Mimik-Software mit Milliarden von Gesichtsausdrücken zu trainieren, inklusive kulturell unterschiedlicher Feinheiten. Oder FaceApp, jene scheinbar harmlose und kostenlose Anwendung, die Menschen wie mit einem Zauberspiegel altern ließ und 2019 ein zigmillionenfacher Hit war: Westliche Datenschützer warnten eindringlich vor der Nutzung, da die Absicht dahinter unklar war und die Server in Russland standen.

Wer Mimik lesen kann, macht einen großen Schritt hin zur vorausschauenden Ermittlung: Wir wissen, was du denkst und wahrscheinlich tun wirst, auch wenn du selbst noch gar nichts ahnst. Und deswegen werden wir dich ein Weilchen vor dir selbst und anderen in Sicherheit bringen. So sah es der Film *Minority Report* bereits 2002 vorher.

Der Traum von der umfassenden Kontrolle wird weltweit geträumt, ob in China oder San Francisco, ob von Staaten oder Firmen. Der Wohnungsvermittler Airbnb zum Beispiel lässt von einem hauseigenen Start-up ein Verfahren entwickeln, das Auskunft über die Zuverlässigkeit von Kunden gibt, einen »Vertrauenswürdigkeits- und Kompatibilitäts-Score«, der auch »unzuverlässige Persönlichkeitsmerkmale« feststellt. Was könnte das sein? Eine bestimmte Parteinähe, falsche Facebook-Freunde, das peinliche Foto von der Weihnachtsfeier? Wir werden es nie erfahren, warum unsere Mietanfrage negativ beschieden wird.

Wie in China gilt auch hierzulande: Verhalte dich system-kompatibel, sonst darfst du nicht mitspielen. Und das ist das schrecklich Faszinierende am digitalen Fortschritt: Je offener Methoden und Patente, Tricks und Ziele daliegen, desto eher scheinen sie an Bedrohlichkeit zu verlieren. »Wir sind die Leibeigenen des 21. Jahrhunderts«, sagt der französische Philosoph Gaspard Koenig. Mit dem Unterschied, dass wir die Fremd-steuerung durch Navi, Parship und TripAdvisor für einen tollen Service halten, der Freiheit verspricht, die dem Individuum in Wirklichkeit genommen wird.

Die Freiheitsrechte im Internet sind im neunten Jahr in Folge schmaler geworden, hat der US-Thinktank *Freedom House* festgestellt, vor allem wegen des undurchsichtigen Agierens der Tech-Mogule. »Diese Konzerne haben ein privates Überwachungsregime geschaffen, das sich der unabhängigen öffentlichen Kontrolle weitgehend entzieht«, kritisiert Markus N. Beeko, Generalsekretär von Amnesty International Deutschland.

Wenn Airbnb eine Punkteliste für Kunden einführt, wenn Google an seinen Suchergebnissen dreht, wenn Facebook unliebsame Berichte sanktioniert und wenn zugleich keine öffentliche Instanz Einblick in die Blackbox dieser Machenschaften hat – wo liegt, bis auf die Härte der Sanktionen, der Unterschied zum totalitären System? Ein undurchsichtiger Kontroll-apparat entscheidet nach intransparenten Kriterien.

Und es wird immer schwerer auszusteigen. So arbeiten die Niederlande und Kanada an einem datengestützten Grenz-übertritt, der Ausweise, Visa oder andere Papiere komplett überflüssig macht. Einzige Bedingung: Die Reisenden müssen zum Nachweis ihrer Anständigkeit all ihre Daten durchsuchen lassen. Wie praktisch – keine Warteschlangen mehr an Sicher-heitsschleusen oder Passkontrolle. Wer nicht mitspielt, macht sich erstens verdächtig und wird zweitens mit Wartezeiten und anderen Unannehmlichkeiten bestraft. Schon jetzt muss seine Aktivitäten in sozialen Medien offenlegen, wer ein Visum für die USA beantragt.

So entsteht systemübergreifend eine supranationale Digi-talgesellschaft, die säuberlich teilt in Menschen, die die Krite-rien der digitalen Zukunft erfüllen, und alle anderen. So wür-den zwangsläufig auch die Grenzen mobil, sagt der Historiker Achille Mbembe, der in Johannesburg lehrt. Menschen, die in der digitalen Welt nicht erwünscht sind, würden aussortiert, sobald sie an eine physische Grenze kommen, so Mbembe. Ihr Smartphone wird sie zweifelsfrei identifizieren als dazuge-hörig oder eben nicht. In China wird derzeit getestet, ob mit Hilfe einer digitalen Uiguren-Erkennung bestimmte Stadtvier-tel für die Minderheit geschlossen werden können. Ein digita-les Ghetto.

In der klassischen Diktatur ist Gewalt im Spiel, gegen Op-positionelle oder Medien, Macht ist erkämpft, oft mit Hilfe des Militärs. Was, wenn uns eine neue Spielart der Herrschaft be-vorsteht, ganz ohne Gewalt, stattdessen mit der schweigen-den Zustimmung einer Mehrheit, die des demokratischen Experiments müde geworden ist? Wie weit ist diese Kontroll-gesellschaft bereits fortgeschritten, die die Harvard-Professo-rin Shoshana Zuboff »Überwachungskapitalismus« nennt? Wie unumkehrbar sind die Plattformen, die Technologien, die Zugänge installiert? Gibt es Zeitfenster für fundamentale Kor-rekturen?

Womöglich ist nicht der Klimawandel das größte Problem der Menschheit, sondern der digital befeuerte Menschheitswandel. Nahezu alle unserer gesellschaftlichen Probleme werden vom Internet verstärkt. Der Hass, die Fahrigkeit, die Hysterie, die Einsamkeit, die Polarisierung, das Extreme, die Zerstreuungsindustrie. Was ist, wenn alles zusammenwirkt, sich gegenseitig befeuert, beschleunigt?

Die Digitalisierung hat die Kraft, die Evolution rückwärtslaufen und Menschen wieder zu Tieren werden zu lassen. Bei allen Vorzügen der digitalen Technik setzt sich doch immer wieder das Böse, Laute, Falsche, Egoistische, Unversöhnliche durch. Die Alarmzeichen mehren sich, bei jedem von uns: digitale Unruhe, Stress, Angst, obgleich uns permanent das beste aller Leben versprochen wurde.

Wie zu Zeiten des Goldrauschs gelten weder Recht noch Gesetz. Und alle sind dabei: die USA und China, Iran und Nordkorea, Russland und Frankreich mit ihren staatlichen Cyberkriegern, Kriminelle aus aller Welt, Dealer, die im Darknet Illegales versilbern, Hetzer, die die Welt in Flammen sehen wollen, Finanzhasardeure, die mit Hochgeschwindigkeitshandel und Kryptowährungen zocken.

Einige wilde Gesellen machen märchenhafte Vermögen, weil die Regelwerke fehlen und Autoritäten, die sie durchsetzen. So wie früher, als in Kalifornien jeder nach Öl bohren oder Gold schürfen konnte und erschossen wurde, wer lästig war. Der Umgang mit privatem und öffentlichem Eigentum, mit Claims und Quellen, mit Technologie und Profiten musste mühsam gesetzlich geordnet werden. Das steht der digitalen Welt noch bevor.

»Bislang fehlt uns jegliche Grammatik, die diese neue Welt ordnet«, sagt Wissenschaftsjournalist Ranga Yogeshwar, der schon vor 40 Jahren an einem der mächtigsten Großrechner der Welt in Jülich arbeitete. Der Physiker Yogeshwar kann programmieren, er versteht die Funktionsweise seines Smartphones, aber von seinen eigenen Daten weiß er nichts: »Wir ahnen nicht einmal, wer was von uns weiß, wofür welche Informationen genutzt werden, wer wie viel Geld damit verdient, ob unsere Grundrechte respektiert werden.«

Man dürfe allerdings vermuten, dass auch das sicherste Gerät eine Hintertür besitze, über die Konzerne, Institutionen oder Staaten mitlesen, mithören, mitsehen und vor allem speichern. Versuchsweise spielte sich Yogeshwar ein Spähprogramm aufs Handy, um zu erfahren, was sein digitaler Begleiter über ihn verrät. Ergebnis: praktisch alles, auch über andere, weil wir das Leben unserer Mitmenschen mitliefern, durch Kontakte, Gespräche, Orte, Fotos. »So wird jeder von uns zum Verräter wider Willen. Niemand bleibt unbeobachtet.«

Und? Was tun? Yogeshwar lächelt und hebt leise die Schultern. So ist die Lage: Es geschehen dramatische Dinge, aber die Bürger wissen nichts. Wie, wann und wo genau hat Cambridge Analytica Wahlen manipuliert? Nur 68 Fälle? Und was treiben etwaige Nachfolgefirmen? Welche Profile existieren von uns? Welche lassen sich bauen? Und inwieweit werden wir zu welchen Zwecken manipuliert, ohne es zu merken? Wie viele Bots und Deep Fakes braucht es, die ganze Welt in Panik zu versetzen?

Längst sind es keine verdruckten Datenschützer mehr, die die großen Tech-Unternehmen für ihr Geschäftsprinzip der rauchenden Colts kritisieren, sondern die Geburtshelfer des Internets persönlich. Roger McNamee, 64, zum Beispiel, der reich wurde, weil er 1982 im Valley zu investieren begann. Er vermittelte die Managerin Sheryl Sandberg zu Facebook und verhinderte 2006, dass das Unternehmen für eine Milliarde Dollar verkauft wurde.

Von Hause aus Bürgerrechtler, Gitarrist und Edelhippie, zieht McNamee nun als Prediger gegen Facebook durch die Lande. Wut und Angst seien das Geschäftsmodell, Gewinne würden mit dreckigen Inhalten gemacht, Chef Zuckerberg sei wie all seine Konzernkollegen ein ebenso naiver wie gewissenloser Gierlappen, der »Monopolist werden will« und immer reicher. *Zucked* heißt McNamees Buch, das er als Warnung vor einer globalen Katastrophe verstanden wissen will.

Ross LaJeunesse, einst Chef für Internationale Beziehungen bei Google, inzwischen demokratischer Politiker in Maine, war dabei, als der Suchmaschinenbetreiber 2010 die Zusammenarbeit mit China beendete. Pekings Regierung verlangt traditionell den Zugang zu allen Daten, erwartet umfassende Kooperation ausländischer Unternehmen und achtet streng darauf, dass nur Inhalte verbreitet werden, die genehm sind, ob auf Landkarten, bei Posts oder Suchanfragen. Doch der ökonomische Druck wuchs, in China erneut einzusteigen, weshalb Google 2017 die diktaturkompatible Suchmaschine »Dragonfly« (Libelle) entwickelte. LaJeunesse sagt, er habe an das einstige Firmenmantra »Tue nichts Böses« geglaubt. Doch die konzernweite Menschenrechts-Charta, die er entwickelt hatte, wurde abgebügelt; intern ging es um Profit, Börsenkurs und Quartalszahlen. Sein Fazit: »Das Aufstehen für Menschenrechte, Frauen, die LGBTQ-Community und farbige Menschen hatte mich meinen Job gekostet.«

Oder Tim Berners-Lee, 65, einer der Miterfinder des Internets, der die Datensammelwut kritisiert, Monopolstellung und Desinformation. Er kämpft für eine Magna Charta, die das Datengeschäft nach demokratischen und sozialen Regeln ordnen soll, um »das Beste der Menschheit« zu fördern und das Schlechteste zu bekämpfen. Derzeit ist es eher umgekehrt. Das Konzept von Berners-Lee läuft den Geschäftsinteressen der Online-Mogule entgegen, weil er Daten auf lokalen Servern sammeln und zugänglich machen will, zum Nutzen für alle Bürger, die vollständige Kontrolle und Hoheit über all ihre Informationen haben.

Die schlechte Nachricht: Nur die Politik kann diesen entfesselten Jahrmarkt einhegen, Zäune ziehen, Regeln aufstellen, aber kaum ein Staat allein. Die USA werden ihren wichtigsten Wirtschaftszweig mit all den auch staatlich nutzbaren Kontrollmöglichkeiten kaum niederregulieren. Totalitäre Systeme haben aus nachvollziehbaren Motiven ebenfalls wenig Interesse an Ordnungspolitik. Bleibt das alte Europa, Wiege der Demokratie und vielleicht seine Retterin – eine Vorstellung, die viel Optimismus erfordert.

Die gute Nachricht: Bis eine traditionell träge Politik tatsächlich reagiert, kann jeder einzelne Nutzende mit seinem Verhalten bereits dazu beitragen, den Wilden Westen zu domestizieren. Wie das funktionieren kann, schildert Kapitel 3.

3 Das Leben zurückerobern

Wie lange wollen wir auf Wunder warten? Das Internet hat sich entzaubert. Hier nun Strategien für digitale Souveränität und Selbstverteidigung.

Sie müssen jetzt ganz tapfer sein. Denn wir bringen etwas Schmerzhaftes hinter uns: unsere Bilanz nach einem Vierteljahrhundert Internet. Wir Nutzer dachten, wir seien die Conquistadoren, die mit Taschen voller Gold nach Hause kommen – dabei sind wir die Azteken. Wir glaubten an Bequemlichkeit, aber wissen nun, dass die Online-Suche nach dem besten Hotelpreis eine der größten Alltagsstrafen des 21. Jahrhunderts ist. Wir glaubten an die demokratische Kraft der Netzwerke, bis wir merkten, dass Machtstrukturen zementiert werden. Digitale Rundumkontrolle, ob politisch oder ökonomisch, bietet nicht die tolle Zukunft, die wir erwartet hatten.

Der Glanz des Internets ist verblasst, die dunkle Seite tritt weltweit hervor. Die CEOs Zuckerberg (Facebook), Sundar Pichai (Google), Tim Cook (Apple) und auch Bezos sind von einem skeptischen US-Kongress vorgeladen worden. Was wie Innovation aussah, entpuppt sich als gut gestaltete Barbarei, die Angst, Hetze, Misstrauen erzeugt, also Stress. Nie ist irgendwas fertig, alles zerläuft in Mikromeinungen, Mikrointeressen und Mikrobefriedigungen. Wann kommt der Tag, an dem die vielen Daten ihren märchenhaften Nutzen zeigen? Oder haben wir eher Peak Data erreicht, jenen Moment, wenn die Sammler jeden Menschen zwar ausgemessen haben, aber weiterhin Daten auflaufen, die verarbeitet und abgelegt werden wollen? Digital ist nicht mal ökologisch. Die Abwärme der gigantischen Server-Farmen heizt die letzten kühlen Gegenden der Erde auf.

Und die Stars? Entzaubern sich. Google und Facebook hatten jeweils eineinhalb gute Produkte zur richtigen Zeit; der Rest des Milliardenerfolgs ist zusammengekauft. Facebook-Chef Mark Zuckerberg hat sich in parlamentarischen Anhörungen in aller Welt trotz bester Coaches verstolpert und verhaspelt. Er kommandiert halt doch nur eine hochprofitable Reklame- und Jaucheschleuder, die Milliarden Menschen bunte Glasperlen schenkt, um ihre Schätze zu rauben. Elon Musk? Mal sehen. Bei Google, Apple und Microsoft haben typische Börsenkurspfleger das Sagen, die man sich bei jedem anderen Weltkonzern an der Spitze vorstellen könnte.

Wir wissen, dass die tägliche Bildschirmzeit negativ mit Zufriedenheit korreliert, dass soziale Medien unsere Kinder einsamer und depressiver machen, dass Hass und Misstrauen digital verstärkt werden. Unsere Konzentrationsfähigkeit hat sich derart segmentiert, dass Professor Gigerenzer zu sagen vermag, an welcher Stelle einer Seminararbeit der Studierende aufs Smartphone geblickt hat. Nichts ist mehr neu, wenig faszinierend, Träume sind dahin, Kollateralschäden unübersehbar.

Das Internet steckt in der Midlife-Crisis. Und wir mittendrin. Da müssen wir raus. Aber wie? Wollen wir, die digital erschöpften Bürger, weiter abwarten, wie sich die Lage entwickelt? Zu riskant. Wollen wir aussteigen? Geht nicht. Alles zurückspulen? Illusion. Auf die Politik warten? Tun wir ja schon länger.

Wenn die Historiker der Zukunft die Kanzlerschaft Angela Merkels bewerten, werden sie zwischen allen Verdiensten auf eine gigantische Unterlassung stoßen: Die Kanzlerin hat versäumt, dem Digitalen einen Rahmen zu geben, politisch, ökonomisch, kulturell. Die Tochter aus dem bildungsbürgerlich-analogen Pastorenhaushalt, Prototyp einer Boomerin, hat die Sprengkraft des Internets für Mensch und Demokratie unterschätzt. Kein Wunder. Die Manipulationsmöglichkeiten haben sie nie interessiert; ihre Macht war von einer mehrheitlich analogen Wählerschaft abgesichert.

Gleichwohl haben wir kein Technologie-, sondern ein Machtproblem. Die Politik als Inhaber von Macht hat noch immer nicht begriffen, dass ihr die Kontrolle übers Kerngeschäft entgleitet. Bis die digitalaversen Berliner Politik-Boomer den Generationswechsel zugelassen und einen Bau- und Fahrplan für die Zukunft entwickelt haben, muss der Bürger selbst tätig werden und Strategien der digitalen Selbstverteidigung entwickeln. Die Zeit drängt. »Wir leben in historischen Zeiten, in denen weite Teile unseres Lebens völlig neu definiert werden müssen«, sagt Ranga Yogeshwar.

Kapitel 1 hat unser Befremden geschildert, Kapitel 2 die Strategien der globalen Spieler. In Kapitel 3 nun kommen wir zu Möglichkeiten der Gegenwehr, von der politischen bis hin zur ganz persönlichen Ebene, vom Selbstschutz bis zum Angriff. Denn die Kartelle aus Silicon Medellín reagieren durchaus sensibel, vor allem auf vier Arten Druck. Da sind zum einen Strafen und Verbote, die von uns gewählte Politiker vor allem in Brüssel aussprechen; zum anderen sind da wir Nutzer, deren Verhalten Image und Geschäftserfolg beeinflussen können, drittens die Mitarbeiter, die immer häufiger aufbegehren und schließlich Anzeigenkunden, deren Boykott durchaus wirkt.

Die gute Nachricht: Wir sind weit weniger machtlos, als es sich manchmal anfühlt. Die schlechte Nachricht: Es gibt keinen einfachen und sofort wirksamen Weg. Niemand wird an unserer Haustür klingeln, um die Sicherheitseinstellungen unseres Smartphones zu aktualisieren. Wir brauchen etwas Mühe und Nachdenken, zwei Fähigkeiten, die uns das persuasive Computing auszutreiben versucht. Aber es lohnt sich. Ein autonomes Leben fühlt sich besser und richtiger an; Selbstwirksamkeit ist der Zentralschlüssel zu psychischer Gesundheit.

Dazu gehört zunächst der Mut, jene habituelle Hochachtung abzulegen, die wir der neuen Technologie grundlos entgegenbringen. Ist es wirklich wahr, dass wir die Vorstellung eines neuen iPhones feiern wie einen Nobelpreis? Warum plappern wir den Marketingsprech einfach nach? Nein, Technik ist keine Religion. Ist Künstliche Intelligenz wirklich intelligent? Nein, eine Cloud fliegt nicht in Gottes Nähe, sondern ist ein schnöder Server, immer kurz vor der Überhitzung. Es gibt keine Magie, nur Zahlen. Und »new economy« ist oft nur ein neues

Wort für Ausbeutung. Weniger Anbetung bitte und mehr Aufklärung.

In diesem Kapitel biete ich ein breites Angebot von Maßnahmen, wie sich unser digitales Leben menschlich gestalten lässt. Zunächst skizziere ich, wie Politik, insbesondere EU-Politik, die digitale Demokratie verteidigen und ausbauen kann. Schließlich biete ich eine breite Auswahl von Tricks, Maßnahmen und Werkzeugen, aus denen sich eine individuelle Strategie zusammenbauen lässt. Das Prinzip ist einfach: ausprobieren, anpassen, kombinieren und je nach Lage und Stimmung in den Alltag einbauen. Alle Tricks habe ich selbst probiert. Sie wirken, jeder für sich und vor allem zusammen.

Am Ende steht meine, zugegeben kühne, Vision für ein Deutschland, in dem ich lebe und das ich meinen Kindern hinterlassen möchte. Dieses Land ist mehr als ein Standort, ein Zuhause, getragen von Solidarität und Sinn. Und der besteht früher wie heute im gemeinsamen Willen, diesen Planeten und seine Lebewesen anständig zu behandeln.

Anleitung zum digitalen Ungehorsam

Nur engagierte Wähler können eine notorisch träge Politik antreiben. Über die Notwendigkeit, die Meinung zu digitalen Fragen zu schärfen.

Chamath Palihapitiya kennt das Leben: Er wuchs als Flüchtlingskind in Armut auf, der Vater war dauerarbeitslos. Er lernte Programmieren, war als Pokerprofi erfolgreich und kam 2007 zu Facebook. Dort blieb er bis 2011. Seither engagiert er sich als Risikokapitalgeber und findet, dass mit den Steuern von Digitalunternehmen würdige Unterkünfte für Obdachlose im sozial stark auseinanderdriftenden San Francisco finanziert werden sollten. Bei Facebook war Chamath Palihapitiya zuständig für Nutzerwachstum. Heute warnt er vor dem Monster, das er mit geschaffen hat. »Die von uns entwickelten, dopamingetriebenen Feedbackschleifen zerstören, wie die Gesellschaft funktioniert: kein Diskurs, keine Zusammenarbeit, Desinformation.« Dies sei kein amerikanisches, sondern ein globales Problem. »Ich fühle mich unendlich schuldig«, gesteht Palihapitiya, zumal die Welt »einen sehr schlimmen Zustand erreicht« habe, für den er wiederum keine Lösung wisse. Seine Antwort: kalter Entzug – all diese Dienste einfach nicht mehr nutzen.

Palihapitiya klingt wie mancher Wissenschaftler, der mithalf, Atom- und Wasserstoffbombe zu entwickeln, um schon bald davor zu warnen, dass diese Massenvernichtungswaffen in die falschen Hände gelangen. Viele digitale Dienste sind in den falschen Händen, nicht wegen ihrer Chefs, sondern weil die marktwirtschaftlichen Mechanismen unserer Demokratie womöglich irreparable Schäden zufügen.

Die digitalen Monopolisten und ihre entfesselten Maschinen sind von derartiger gesellschaftlicher Relevanz, dass sie nicht aus Konzernzentralen gesteuert, sondern von Parlamenten kontrolliert werden sollten wie etwa Geheimdienste. Wenn die Digitalisierung ein globaler Menschenversuch mit ungewissem Ausgang ist, gehört die Aufsicht über das Labor in die Hand demokratisch legitimierter Abgeordneter.

Mit Facebook-Daten lässt sich die Demokratie aushebeln, Twitter ist ein globaler Hassverstärker, Google bestimmt die weltweite Agenda. Schnell handeln und Dinge kaputt machen – das ist vielerorts gelungen. Aber das tolle Neue, das aus den Trümmern wachsen soll, ist nicht zu erkennen. Eher wiederholt sich die furchtbare Dynamik der kohlenstoffbasierten Industrie: Gewinne privatisieren, Folgekosten und -probleme vergemeinschaften.

Wir kritischen Verbraucher misstrauen Mobilfunkanbietern, Kreditkartenverteilern auf dem Flughafen und fragen bei jedem Sellerie nach dem Vornamen. Gut so. Warum aber lassen wir die Tech-Giganten so kritiklos aus ihrer Verantwortung?

»Wir haben eine Politik, die ignorant ist«, sagt Yogeshwar, und dies sei sie weniger aus bösem Willen als aus Ahnungslosigkeit: »Viele verstehen die Reichweite der Digitalisierung einfach nicht.« Und, was tun? Zum Beispiel besseren Journalismus machen, sagt der Journalist Ranga Yogeshwar. »Wenn ich mir Talkshows angucke, die geradezu deprimierend über Themen reden, die nicht relevant sind, und auf Erregung und Konflikt setzen, muss ich mich melden und sagen: ›Macht endlich euren Job!‹« Und wer soll das sagen? »Bürger, Organisationen, Medien, alle, die merken, dass wir dringend eine Offenlegung unserer Daten brauchen«, sagt Yogeshwar, »und das wird die Politik nur durchsetzen, wenn der Druck von uns allen groß genug ist.«

Man muss kein technikfeindlicher Miesepeter sein, sondern normaler Demokrat, um schleunigst Kontrolle zu wünschen. Denn Digitalkonzerne sind zu maßgeblichen politischen Akteuren geworden, die über den Rang politischer Themen oder das Ansehen demokratischer Volksvertreter entscheiden. Wissen wir, ob und wie Google und Facebook Themen, Meinungen und schließlich Wahlen beeinflussen? Nicht mal annähernd.

Solange die Unternehmen ihre Codes so penibel schützen wie Coca-Cola seine Geheimformel, ist demokratische Kontrolle nicht möglich, nicht einmal eine spätere Aufklärung, wie im Fall Cambridge Analytica. Die Daten waren verschwunden. Deshalb gehören die Manipulationsermöglicher in öffentliche Hände. Demokratisch legitimierte Kontrolle schafft Transparenz. Und Transparenz verhindert Missbrauch. Ob Regulierung, Zerschlagung oder Verstaatlichung der richtige Weg sind oder ein Mix, wird in den USA und Europa mit zunehmender Ernsthaftigkeit diskutiert.

Konzerne mit Sendungsbewusstsein bedrohen das Kerngeschäft der Politik, ihr Machtmonopol. Die müde Boomer-Generation, ob Merkel, Scholz, Schäuble, Steinmeier, Seehofer, die tapfer an die Wirksamkeit flammender Zeitungskommentare glaubt, wird sich diesen Konflikt nicht mehr antun. Das werden die Nachfolgenden erledigen müssen, ob der Grüne Konstantin von Notz, der Sozialdemokrat Lars Klingbeil, Tankred Schipanski oder Nadine Schön von der Union, die Liberale Linda Teuteberg oder Anke Domscheit-Berg von der Linken. Ihre Zeit wird kommen. Und sie werden reichlich zu tun haben.

Ihre wichtigste Aufgabe wird darin bestehen, jene blitzblanke Fassade einzureißen, hinter der sich Steuervermeider, Manipulateure und Daten-Oligarchen kollektiv verstecken. Denn die Digitalkonzerne fördern zugleich schicke Medienprojekte und beschäftigen smarte Lobbyisten, die beim Umgehen von Steuerregeln oder der Datenschutzgrundverordnung nicht nur in Irland ganze Arbeit leisten. Tech-Konzerne können beides: gut und böse sein.

Beim Erfassen der politisch dringend notwendigen Aufgaben hilft eine Analogie. Mal angenommen, ein Unternehmen würde einen neuartigen Zaubertrank präsentieren, eine fast kostenlose Substanz, die den Menschen zuverlässig entspannt und auflockert, ihn gesellig und gesprächig macht. Zu viel davon kann zwar zu körperlichen Abwehrreaktionen bis weit in den nächsten Tag hinein führen, aber das ist den meisten Konsumenten egal.

Der Zaubertrank erobert die Welt, weite Teile der Menschheit geben sich dieser Substanz hemmungslos hin, Männer, Frauen, Kinder, Alte, Schwangere, Kranke, auch wenn er zu unkontrollierter Aggression, Abhängigkeit und manchmal bis zum Tode führt. Viele vernachlässigen ihren Job, ihre Beziehungen, das ganze Leben. Chaos droht.

Umgehend stellen Regierungen überall auf dem Planeten harte Regeln für Erwerb und Umgang mit der neuen Droge auf, Arbeitsplätze hin, Umsätze her. Eine Weltreligion verbietet ihren zwei Milliarden Gläubigen den Konsum sogar. Der Name des Teufelszeugs: Alkohol.

Bier, Wein und Schnaps würden heutzutage vermutlich von keinem Gesundheitsamt der Welt als frei verkäufliche Quasi-Lebensmittel zugelassen werden – zu gefährlich. Unterdessen hat die Welt gelernt, mit diesem Giftstoff umzugehen, einerseits mit Gesetzen, andererseits mit Verhaltensweisen, die ins Rituelle spielen, wie etwa dem Anstoßen zu besonderen Anlässen.

Jede Droge erfordert ihr Reglement, der Umgang muss von einer Gesellschaft eingeübt werden, Kollateralschäden bleiben dennoch. Im Kern geht es darum, die Autonomie des Menschen auszubalancieren zwischen dem subjektiven Recht auf Genuss und dem objektiven Fluch des Abhängigseins. Der autonome Mensch hat die Droge halbwegs unter Kontrolle und die Kraft, sein Verhalten zu überprüfen und zu korrigieren.

Es geht um Kontrolle über das eigene Leben, die eigene Zeit, das eigene Verhalten, die eigenen Prioritäten. Gar nicht so leicht im Kampf gegen das Digitale, wohl die tückischste Droge in der Geschichte der Menschheit, weil sie unsichtbar ist und legal. Schäden für den Einzelnen und die Gesellschaft sind nicht sofort und zweifelsfrei nachzuweisen, verbindliche Regeln für einen unbedenklichen Umgang gibt es nicht.

Das Management von Gefahrenstoffen zieht sich durch mein Leben. Da war das erste Bier, der erste Sex, die erste Zigarette, der erste Job, der die Sucht nach Geld bediente. Unentwegt kam es zu Charaktertests: als Student immer wieder die Frage, ob wochentags wirklich »kein Bier vor vier« drin war. Schleppte ich mich in die Vorlesung, oder blieb ich im Bett mit meiner Freundin? Zigarette? Bei jeder Gelegenheit. Currywurst, Schokoriegel, Cola – na klar. Doch ziemlich bald lernte ich, dass es keine gute Idee ist, die Nacht vor der Klausur durchzuzechen. In exakt dieser Lernphase befindet sich die Welt derzeit, was digitale Angebote angeht.

Es gilt, Nutzen, Spaß und Pflichten zu versöhnen und Mythen zu beerdigen. Nein, das permanente Hängen am Smartphone macht unsere Kinder nicht fit als Programmierer. Nein, wir verpassen nichts, wenn wir um 22 Uhr das WLAN abstellen. Nein, es ist nicht gesund, halbe Tage und ganze Nächte in sozialen Netzwerken rumzuhängen. Wir stopfen ja auch nur selten eine ganze Schachtel Konfekt in uns hinein. Das Digitale hat sich in den Alltag des Menschen einzupassen, nicht umgekehrt. Regeln und Begrenzungen bedeuten zugleich keinen Akt der Einschränkung, sondern die Chance, ein sozialverträgliches Leben zu führen, vor allem dann, wenn wir die Verführung permanent bei uns tragen.

Die derzeit engagierteste und mächtigste Kämpferin um fairen Wettbewerb ist EU-Kommissarin Margrethe Vestager. »Man sollte der Technik vertrauen können, die man nutzt«, sagt die pragmatische Dänin, unter deren Führung allein Google über acht Milliarden Euro Strafgelder zahlen musste, weil Konkurrenten im Google-System nicht fair behandelt wurden. Das ist nichts im Vergleich zu den 529 Milliarden Dollar Strafe, die die australische Regierung gern Facebook wegen Verletzung der Privatsphäre aufbrummen würde. Die Richtung ist klar: Die Tech-Konzerne an ihrem größten Schmerzpunkt treffen: Geld. »Wir akzeptieren, dass der derzeitige Zustand nicht zukunftsfähig ist«, gesteht kleinlaut Nick Clegg, ehemaliger britischer Vizepremier, der dem Weltreich Facebook als Außenminister dient.

Sein oberstes Ziel: eine Zerschlagung verhindern, wie sie in den USA von der Demokratin Elizabeth Warren und in Europa eben von Margrethe Vestager gern ins Spiel gebracht wird.

Donald Trump verabscheut beide Frauen. Vestager »hasst die USA vermutlich mehr als jeder andere Mensch, den ich je getroffen habe«, so der US-Präsident. Vestager nimmt für sich allerdings in Anspruch, chinesische Anbieter gleichermaßen zu triezen, schon deswegen, weil die Verquickung von Staat und Wirtschaft für ungleiche Wettbewerbsbedingungen sorgt. Schiedsrichterin Vestager ist überzeugt, dass man digitale Technik auch ohne Datenklau anbieten kann; sie ist keine Tech-Feindin, aber eine entschlossene Bürgerkommissarin mit einem klaren Kompass.

Und der zeigt Richtung dritter Weg. Während in den USA kaum reguliert wird, steuert in China die Partei. Hier stellt sich nun die Systemfrage: Weist die EU-Kommission einen weiteren Pfad, der sowohl Bürgern als auch Digitalwirtschaft ein hohes Maß an Sicherheit und Freiheit verschafft, ohne Europas ohnehin schleppende technologische Aufholjagd zu bremsen? Die hoch umstrittene Datenschutzgrundverordnung war einer dieser Versuche, die zunächst verlacht, dann bekämpft und heute in anderen Teilen der Welt kopiert wird, unter anderem in Kalifornien. Ob Brüssel Wirtschaftswachstum und Grundwerte überein bekommt, wird zum spannendsten politischen Experiment dieser Dekade.

Für gesellschaftspolitische Debatten, aber auch Wahlentscheidungen hilft folgende Liste mit relativ einfachen Forderungen, an denen sich politisches Personal und Parteiprogramme gut messen lassen:

Meine Daten gehören mir: Betrachtet man Daten als unveräußerliches Eigentum so wie Musik oder Text, dann hat der Konsument erstens ein Recht darauf, alles zu erfahren, was mit seinen privaten Informationen geschieht, inklusive des Rechts auf Vergessenwerden, und zudem ein Recht auf angemessene Entlohnung. Ein normaler mitteleuropäischer User produziert monatlich Daten im Wert von etwa 100 Euro. Als Gegenleistung bekommt er Googles Dienste, von Drive bis Maps, die allerdings auch wieder Daten liefern. Bislang sind weithin ungelesene AGB eine halbseidene vertragliche Grundlage. Das Verhältnis zwischen Datenkonzernen und Nutzern muss neu organisiert werden. Die Technik dafür gibt es bereits. Das Microsoft-Projekt »Bali« kann alle Daten sichtbar machen, die von einem Nutzer je produziert wurden. Fahrer von Uber etwa drängen darauf, nachzuvollziehen, nach welchen Kriterien Fahrten vergeben werden und welche Informationen herangezogen werden, um jeden einzelnen Fahrer zu bewerten. Definiert man Daten als Arbeit, ließen sich die Datenrechte Einzelner gewerkschaftlich bündeln und mit einer neuen Protestform, dem digitalen Streik, verteidigen. Für ein digitales »Klassenbewusstsein« plädiert etwa Jason Lanier.

Mein Verhalten gehört mir: Es ist unbestreitbar, dass die Digitalkonzerne mit allerlei Methoden aus der Verhaltenspsychologie unser tägliches Tun beeinflussen und damit unsere Zeit stehlen. Das absichtsvolle Manipulieren unseres Dopaminhaushalts ähnelt der Logik einer Drogensucht. So wie überall auf der Welt der Umgang mit Suchtstoffen wie Tabak und Alkohol, Pharmaka und Cannabis reguliert wird, brauchen insbesondere soziale Netzwerke klare Regeln. Professor Gerd Gigerenzer schlägt automatisierte Warnhinweise vor, die nach einer bestimmten Nutzungszeit auf dem Bildschirm erscheinen. Denkbar wäre auch eine Gebühr, die mit der Nutzungsdauer steigt, um erstens die Abhängigkeit der Konzerne von Werbung zu mindern und damit zweitens die suchtfördernden Mechanismen zu reduzieren.

Jeder Markt braucht Wettbewerb – und Steuern: Der Plattformkapitalismus hat die bisherigen Marktmechanismen ausgehebelt. Amazon etwa ist kein Anbieter mehr, sondern sein eigener Markt. Wer als Kind mit Android eingestiegen ist, wird vermutlich sein Leben lang in Googles Betriebssystem bleiben.

Monopolisten kontrollieren den Markt, weil sie Mitbewerber vernichten und die Preise kontrollieren. Digital organisierte Plattformmärkte wie Airbnb, Spotify, Google sind Gift für das Funktionieren eines fairen Wirtschaftssystems, das im Wettbewerb ständig Preise und Leistungen aushandeln lässt. Deswegen leistet sich jede demokratische Marktwirtschaft eine Kartell- oder Monopolkontrolle, die über ein Einhalten der Regeln wacht. Und ein Finanzamt, das Steuern auf die im Land angefallenen Gewinne erhebt. Globale Plattformmärkte aber entziehen sich nationaler Kontrolle. Hier ist international koordiniertes Vorgehen gefragt. Dass Vestagers EU-Regulierung selbst in den USA nicht als perfekt, aber als wegweisend gilt, ist ein gutes Zeichen.

Grundreinigung für Datenkonzerne: Alle Fake Accounts sind ausnahmslos zu entfernen, jeder Bot ist kenntlich zu machen. Bei Facebook sollen angeblich 40 Millionen doppelte, automatisierte falsche Accounts registriert sein, bei Twitter agieren millionenfach botbetriebene Accounts. Jegliche Versuche, Aktivität zu simulieren, sind offenzulegen und zu unterbinden. Problem: Die Konzerne müssten ihre Nutzerzahlen deutlich nach unten korrigieren.

Inhaltliche Verantwortung für Datenkonzerne: Soziale Netzwerke verkaufen zwar keine redaktionell erstellten Inhalte, aber sie verdienen Milliarden mit den kostenlos erstellten Inhalten ihrer User, ob Posts, Fotos oder Filme. Soziale Medien sind weder klassisches Medium noch reine Vertriebsstruktur, sondern eine dieser hybriden Strukturen zwischen Maximalgewinn und organisierter Verantwortungslosigkeit, wie sie die Digitalwirtschaft hervorgebracht hat. Man kümmere sich nicht um die Inhalte, sondern stelle allein die Plattform bereit, so argumentiert Mark Zuckerberg stellvertretend für alle Netzwerke. Weil aber Extremisten die Dienste kapern und die Algorithmen das Extreme begünstigen, arbeiten Tausende Löschkräfte bis zur Erschöpfung daran, den brutalen, ekligen Dreck aus den Netzen zu filtern – klarer Fall von redaktioneller Arbeit. Würde für die Netzwerke ein ähnliches Presse- und Persönlichkeitsrecht gelten wie für klassische Medien, von Gegendarstellung bis Schadenersatz, wären mehrere positive Effekte zu erwarten. So würde das Verbreiten von Fake schlagartig weniger, das Vermengen von Lügen und Manipulation und Werbung würde erschwert. Der gigantische Aufwand würde allerdings ebenso gigantische Kosten verursachen.

Werbung immer kenntlich machen: Das Tückische an der Kampagne von Cambridge Analytica, die Donald Trump vermutlich zum Präsidenten machte, war ihre Unsichtbarkeit. Die manipulativen Hetzfilmchen, die auf den Seiten ausgewählter Wähler in ausgewählten Staaten platziert wurden, waren sogenannte Dark Posts, Anzeigen, die nach einer Weile spurlos verschwanden. Nichts gegen Werbung, aber für Reklame sollten ähnliche Regeln wie für alle anderen Beiträge gelten, insbesondere, was die Transparenz von Absender und Bezahler angeht. Jedem Verdacht einer verdeckten Wahlkampfhilfe muss zudem nachzugehen sein. Die Tatsache, dass der frühere New Yorker Bürgermeister Michael Bloomberg trotz dreistelliger Millionenbeträge für digitale Werbung schon früh aus dem Rennen der demokratischen Präsidentschaftskandidaten flog, mag ein gutes Zeichen sein.

Das Digitale in die öffentliche Hand: Professor Christian Fuchs, Direktor des Instituts für Kommunikation und Medienforschung an der University of Westminster, bringt eine radikalere Variante ins Spiel. Er sieht große Vorteile, das Internet als Teil eines öffentlichen Dienstes zu betrachten. Sowohl das technische Netz als auch Cloud und soziale Medien seien als gesellschaftliche Güter zu wichtig, um sie der digitalkapitalistischen Logik zu überlassen, die zu viele massive Probleme verursacht. Ein öffentliches Internet würde den Fokus von Börsenkurs und Verweildauer auf den gesellschaftlichen Nutzen lenken. Schon jetzt bauen Kooperativen und kollaborative

Netzwerke an einer parallelen digitalen Struktur, die verhindern soll, dass soziale Beziehungen ebenso kommerzialisiert werden wie das Bildungs- oder Gesundheitswesen. Der Aufbau eines öffentlichen Netzes, dessen Leitungen, Server, Codes und Plattformen dem privaten Besitz entwunden sind, ließe sich mit einer Digitalsteuer finanzieren.

Probieren, Scheitern und von vorn, Boomer!

Lebenslanges Lernen? Na klar. Aber wie? Und was? Man weiß es nicht. Egal. Einfach anfangen. Den Mut finden, wieder aufzuhören. Und neu anfangen. Mein Streifzug durch digitale Lernwelten.

Ich war schon immer ein Standortproblem. Mein Mathe-Unvermögen habe ich jahrzehntelang ironisch kompensiert. Es mag ein Erbe der 68er sein, alles Technisch-Naturwissenschaftliche als potenziell weltzerstörend zu betrachten, den aufgeblasenen Diskurs des Geisteswissenschaftlers hingegen als Weltverbessern. Insgeheim habe ich Ingenieure bewundert, aber öffentlich eher verlacht als sozial inkompatible Kordhosenträger, die sich für Thermodynamik interessierten statt für die sozialen Dynamiken des Unialltags.

Dummerweise haben nicht Politologen milliardenschwere Digitalfirmen zusammenprogrammiert, sondern die Kapuzenjungs. Ein wenig Demut ist wohl angeraten, verbunden mit dem Eingeständnis: Die wissen mehr, die beherrschen die Geheimwissenschaft des 21. Jahrhunderts. Und ich? Ahne allenfalls, dass Algorithmen nichts mit Musik zu tun haben und dass ein Computer seit Konrad Zuse nach dem binären Prinzip funktioniert: Eins/Null.

Ich gestehe: Mein Ego ist wund. Die Digitalisierung ist ein Miststück, das keinen Respekt empfindet vor verdienten Arbeitskräften. Früher hoffte ich, mich in die Rente retten zu können, bis die Bots kommen. Daraus wird wohl nichts. Wir sind zu alt, um Digital Natives zu sein, aber zu jung, um uns zu verabschieden. Wir Boomer, das sind etwa 15 Millionen Wirtschaftswunderkinder, die ein demografisches Problem bilden.

Zunächst waren wir die Schülerschwemme, dann die Lehrer-
und Medizinerschwemme. Derzeit sind wir als ordentlich ver-
dienende Einzahler in die Sozialkassen geschätzt, demnächst
als Rentnerschwemme wieder verhasst. Vor allem aber sind wir
eine Dummie-Schwemme, die das Digitale gerade so weit kapieren, wie es beruflich oder privat erforderlich ist. Wir Boomer sind die Antithese zum kategorischen Imperativ des le-
benslangen Lernens.

Das ist leichtsinnig. Je nach Studie werden bis zu meinem
angepeilten Ruhestand 20 bis 50 Prozent der aktuellen Arbeitsplätze wegfallen. Die Mindestlohnjobs im Dienstleistungsbe-
reich werden mit digitalen Überwachungsmethoden minu-
tiös durchkontrolliert. Ungleicher Gegner ist der Roboter, der
immer schneller, pfiffiger und billiger wird. Auch Besserver-
diener-Jobs in Banken, Versicherungen oder Verwaltung sind
bedroht. Wer Fragen wie »Üben Sie sich wiederholende Tätig-
keiten aus?« oder »Kann Ihr Arbeitgeber Ihre Leistung problemlos anderswo einkaufen?« mit »Ja« beantwortet, wird die
Rente womöglich nicht auf dem angestammten Posten erleben.
Das große Problem der Zukunft heißt Mismatch, also: Hier
sind viele Menschen, dort sind viele Aufgaben, doch leider passen sie nicht zusammen.

Am Ende läuft alles auf Messbarkeit und Effizienz hinaus,
in meinem Fall auf die Frage: Was kann ich Schreibkraft besser
als Künstliche Intelligenz? Die Antwort könnte weite Teile der
Bevölkerung verunsichern. Nicht auszuschließen, dass Millionen gemütlicher Babyboomer-Leben auf unsere alten Tage dis-
ruptiert werden. Ich kann nicht mal einen Router rebooten.

Wir Gealterte kommen zugleich nicht umhin, die Verände-
rungen um uns herum wahrzunehmen. Die Konkurrenz sitzt
nicht mehr im Büro nebenan, sondern irgendwo auf der Welt,
ob als Mensch oder Maschine. Alles, was sich digitalisieren
lässt, wird digitalisiert, auch vermeintlich komplexe Aufgaben
wie etwa gute Texte.

Auf der Journalistenschule wurde mir noch beigebracht,
dass ich mir niemals Gedanken um meinen Job machen

müsste, weil ich ja zur Elite des Berufsstandes gehörte und von rumänischen Wanderarbeitern niemals ersetzt werden würde. Stimmt. Aber dann kam die Software. Es begann mit automatisch erstellten Erdbebenberichten. Das Messgerät schlug aus, die Software bastelte einen Text, Sekunden später war die Meldung in den Redaktionen. Kein Redakteur mehr nötig. Wenig später bauten semantische Programme Börsen- und Fußballberichte, die anfangs noch ein wenig eckig klangen. Heute entdecken Leser kaum noch Qualitätsunterschiede zwischen menschlichen und maschinellen Texten.

Die zweite Zweifelwelle rollte, als ich junge Kollegen sah, die mit ihren Smartphones filmten oder Interviews aufnahmen und wenige Minuten später damit online waren, und zwar zu Gehältern, die meinen früheren Monatsspesen entsprachen. Die jungen Kollegen wussten zwar nichts von Otto Nerz oder Ludwig Erhard, aber viel von Technik. Als personifiziertes Effizienzprogramm machte der Nachwuchs schmerzhaft deutlich, dass wir analogen Alten in mehrfacher Hinsicht teures Alteisen waren. Wir verursachten wachsende Kosten, weil wir mit hohen Gehältern auf dem sinkenden Schiff des Print-Journalismus arbeiteten, und erwirtschafteten keine Erlöse aus den neuen Kanälen, weil wir sie nicht so richtig kapierten oder kapieren wollten.

»Lebenslanges Lernen« – wie oft hatte ich hochmütig darüber geschrieben, aber immer die anderen gemeint. Auch mit 70 noch knackig frisch für den Arbeitsmarkt, mal eben von Redakteur auf Social-Media-Hexer umschulen und dann auf Projektmanager, weil heute eben alles in Projekten läuft, ratzfatz, kleine Gruppen von Spezialisten, mit hohem Design-Thinking-Anteil, kollaborativ, transformativ und natürlich disruptiv. So weit die Theorie. Nur die Praxis ließ auf sich warten. Wenn Wissen Macht ist, dann hat meine Generation sich selbst zu lange dabei zugeschaut, wie wir immer ohnmächtiger wurden, ob in Politik, Wirtschaft, Unterhaltung, Zuhause.

Die vielleicht größte Erkenntnis meines Projekts »Netzentdecker« war die Einsicht, dass meine Vorstellungen von Hierarchie in der Arbeitswelt völlig überholt sind. Meine gelernte Aufstiegsbiografie Ausbildung – Einstieg – Aufstieg – Ausstieg war fester Bestandteil der Wirtschaftswunderwelt. Je älter der Mensch wurde, desto höher war er auf dem innerbetrieblichen Pavianfelsen gestiegen, desto stolzer war sein Gehalt. Die Jüngeren hatten zu gehorchen und zu warten.

Dieser Automatismus gilt in der Tech-Welt nicht mehr. Denn die Jungen wissen und können einfach mehr. Ein SEO-Optimierer Mitte 20 ist für den Erfolg eines Textes womöglich wichtiger als ein Chefredakteur, der das 50-Fache verdient. Unsere Kinder sind digital schneller, schlauer, billiger, offener als wir.

Dank meiner beiden relativ einfühlsamen Mitstreiter Jascha Loos und Anika Wiese lehrte mich das Projekt »Netzentdecker«, die Scheu vor dem Neuen zu verlieren und die Jungen gnadenlos für meine persönliche Fortbildung einzusetzen. Oft mögen sie »Okay, Boomer« gedacht haben, jene zwei Wörter, die die ganze Verachtung der Millennials für uns Babyboomer bündeln, für unser Verwöhntsein, unsere mit Bildungsbürgerarroganz notdürftig überspielte Panik.

Von »Reverse Mentoring« sprechen Experten, wenn die alten Muster umgekehrt werden und Junge den Alten die digitale Welt erklären. Klingt banal, ist aber für das hierarchieversessene Deutschland ein gewaltiger kultureller Fortschritt. Denn zunächst ist von uns Boomern Demut gefragt, verbunden mit der Einsicht, in den vergangenen zwei Jahrzehnten unsere Hausaufgaben nicht ordentlich erledigt zu haben. Es gehört Überwindung dazu, diesen Zustand zu akzeptieren und den Mut aufzubringen, diese Grünschnäbel um Rat oder Hilfe zu bitten. Ja, genau: diese Grünschnäbel, ob die eigenen Kinder oder Enkel, Praktikanten oder irgendwelche YouTuber.

Damit einher geht eine andere Art des Umgangs. Wenn die Hierarchien auf den Kopf gestellt werden, kann man sich auch gleich davon verabschieden und sich den neuen kollaborativen Methoden zuwenden, die unsere Arbeit zunehmend prägen. Ob ich E-Learning probiert habe oder Design Thinking, ob ich das Podcast-Schneiden gelernt habe oder mit meinem Sohn einen Ausflug ins Darknet unternahm, nirgendwo half mir weiter, dass ich mal Chefredakteur war oder viele tolle Bücher geschrieben habe. Nicht Status war gefragt, sondern die ehrliche Bereitschaft, was Neues lernen zu wollen.

Zugleich habe ich kapiert, dass in einem Meer der digitalen Möglichkeiten das Scheitern kaum zu vermeiden ist. Ja, ich habe einen E-Learning-Kurs nicht beendet trotz meines preußischen Pflichtbewusstseins, das mich schon zu allerlei sinnlosen Durchhaltespielchen getrieben hat. Der Kurs passte einfach nicht, das Thema »Programmieren« lag mir nicht, intrinsische Motivation wollte sich nicht einstellen. Macht gar nichts, solange daraus nicht eine generelle Abwehr gegen alles Neue spricht. Scheitern ist kein Problem, solange danach der nächste Versuch kommt.

Ich habe gelernt, ohne allzu viele Selbstvorwürfe zu ermitteln, wie ich wirklich gern lerne, was mir Freude bereitet, ob und welche Menschen ich dabeihaben will. Interessante Frage: Wie lerne ich gern? Diese Frage habe ich mich in den 50 Jahren zuvor nie richtig zu stellen getraut. Zwei Projekt-Jahre voller Experimente später habe ich, für mich, festgestellt, dass ich auch in digitalen Zeiten am liebsten im direkten Kontakt lerne und nicht am Bildschirm. Danke, Anika, Jascha und Simon, für das gemeinsame Zocken, danke, Kevin und Rabea, für die Podcast-Ausbildung, danke, Benedikt, für die SEO-Schulung, danke, Christian, für den Videokurs. Hier nun eine kleine Auswahl meiner Nachhilfestunden.

Wie der BER – mein Versuch, eine App zu programmieren: Sie heißt Virginie und spricht Englisch mit einem charmanten französischen Akzent. Ich denke an Jane Birkin, aber nur sehr kurz, weil Professorin Virginie Galtier über »Android« redet oder »functionalities«. Virginie Galtier ist IT-Expertin, meine Lehrerin und versucht das Unmögliche: mir in vier Wochen beizubringen, eine App zu programmieren. Ich. App. Programmieren. Eher werde ich Dschungelkönig.

Wolfgang sagt: »Kein Problem.« Wolfgang war auch mal Journalist, hat aber vor einigen Jahren den Ausstieg geschafft, weil er sich aus Neugier die Grundzüge des Programmierens beigebracht hatte, mit einem Onlinekurs. »Programmieren ist ganz einfach«, sagt Wolfgang. »Du mich auch«, denke ich. Inzwischen schreibt er eigene Software. Ich spüre gleich stark Neid und Zweifel, aber wenig Bill-Gates-Feuer. Wolfgang hat mich bei Coursera angemeldet, neben edX und Udacity einer der weltgrößten Anbieter von Onlinekursen, die weltweit zusammen angeblich 50 Millionen Menschen trimmen, von denen ich vermutlich der untalentierteste bin.

Für gut 40 Euro Kursgebühr will mir Virginie Galtier nun beibringen, ein Mini-Programm zu schreiben, das Euro in britische Pfund umrechnet, eventuell auch eine Geburtstags-App, die Sternzeichen und absolvierte Lebenstage ausrechnet. Vermutlich wird kein Milliarden-Start-up entstehen, aber vielleicht eine Therapie gegen Technikphobie und Programmierpanik.

Die erste Woche verlief in tückischer Harmlosigkeit. Virginie zeigte mir Bauklötze und Strichmännchen; ich wartete auf Peter Lustig und den kleinen blauen Elefanten. Dass eine App Bilder, Sprache, Links und Grafik braucht, hatte ich mir fast gedacht. Den ersten Test hatte ich mit Bravour bestanden. »Kann man ein Layout in einem anderen einbetten?« Ja, hatte ich kühn geraten. Treffer. Oder: »Ist es möglich, verschiedene ›Views‹ für das grafische User Interface anzuwenden?« Klingt gut. Wieder richtig getippt. Ich hatte mir Programmieren, nun ja, ein klein wenig komplexer vorgestellt. »Kommt alles noch«, sagte Wolfgang. Leider sollte er recht behalten.

Das Zauberwort der Digitalisierung heißt »Selbststeuerung«, also selbst motivieren, selbst kontrollieren, selbst die Abschlussarbeit vorlegen. Abschlussarbeit? Genau. Nach jeder Lernwoche, auch wenn die bei mir schon fast einen Monat dauern. Ich bin vielleicht nicht ganz doof, aber auch nicht die Kerze, die an beiden Enden brennt. Ich kann mich nicht aufraffen. Immer kommt was dazwischen. Im Silicon Valley wäre ich bestenfalls ein Coffee-to-go-Anreicher geworden. Tückischerweise schmeißt mich diese E-Uni aber nicht raus wegen Trödelei, sondern schickt Mutmacher-Mails.

Die Aufgabe war ja durchaus lösbar: vier Wochen lang ein paar Stündchen Niedrigschwelliges nach Feierabend, dazu einige Tests und Tüfteleien, um schließlich eine Anwendung geschaffen zu haben, die die Welt vielleicht nicht braucht, aber die mir das Gefühl gibt, nicht abgehängt zu sein. Betreut von Professoren und geborgen in einem weltweiten Netzwerk von hilfsbereiten Mitstreitern – was sollte da schiefgehen? Ich wollte diese Zukunft sein, von der alle redeten.

Meine Hürde war das Storyboard, also der skizzierte Bauplan meiner App, mit Seiten, Funktionen und Verknüpfungen. Einige Stunden suchte ich nach einem altersgerechten YouTube-Video, das mir die einfachste Skizze für eine superschlichte App liefert, nicht, um zu klauen, eher so zum Fördern der Kreativität. Aber das weltweite Netz hatte sich wieder gegen mich verschworen. Alle diese jungen, aufgekratzten YouTube-Menschen sagten zu Beginn »kinderleicht« oder »ganz einfach«, um mich nach zwei Minuten abgehängt zu haben.

Die anderen Teilnehmer meines Onlinekurses stammen aus Marokko, Ägypten, Weißrussland und Indien. Engagierte Menschen, die die Zukunft umarmen. Und ein alter, weißer, bequemer Boomer. Ich fühle mich wie Jogis Jungs im Juni 2018 – international nicht konkurrenzfähig. Jetzt nicht schlappmachen. Dranbleiben. Ich besann mich auf meine journalistischen Kernkompetenzen: Dramatisieren, Übertreiben und Zuspitzen auf das Wesentliche. Elevator Pitch. Simplify. Jetzt.

In der Not hilft ein Drei-Punkte-Plan mit den einfachen Fragen: Warum? Was? Wie? Ich hatte mich für eine Quiz-App entschieden:

1. Warum die App? Ich will mehr Nutzer auf die Webseite www.netzentdecker.de locken.
2. Was macht die App? Mit Provokation weckt sie Neugier und lotst Leute auf die Seite.

3. Wie sieht die App aus? Ein Quiz, das mit ironisiertem Internet-Sprech unterhält, aber zugleich Bildungslücken des Nutzers anspricht, die er auf meiner Webseite schließen kann.

Mit dieser Idee würde ich vermutlich nicht an die Spitze der AppStores dieser Welt stürmen, aber zumindest den Zugang zur zweiten Lernwoche erschlawinern. Meine Mitstreiter würden mein Werk begutachten und dann über meine Versetzung entscheiden.

Ich malte die erste Seite mit dem Hammertitel »Netztricks«, natürlich auf Papier. Untertitel: »Weinen vor Glück – mit diesem kostenlosen Quiz kapierst du alle geheimen Tricks der Internet-Mafia«. Emotionen, Spielereien, Geheimnisse, das Böse, gratis – alles drin. Und auch nicht mehr geflunkert als die Mitbewerber. Aber immer noch keine App.

Auf die Startseite kommt ein Knopf mit dem aufmunternden Kommando »Los geht's!«. Dann wird der User über fünf Seiten mit je einer Quizfrage und drei Antwortoptionen geführt, Beispiel: Welches Computerspiel zockt Kanzleramtsminister Helge Braun? »Pokemon Go«? »Call of Duty«? »Plague Inc.«? Ganz egal, was der Nutzer antwortet, am Ende lautet das Ergebnis stets: »Du musst noch viel lernen. Willkommen bei den Netzentdeckern.« Die Klicks werden durch die Decke gehen. Jetzt nur noch rasch Marokko, Ägypten, Weißrussland und Indien überzeugen. Das kann doch keine Raketenwissenschaft sein.

Leider doch. Ich hatte auch einige Wochen später immer noch kein Storyboard gemalt, trotz mehrerer Dutzend bekritzelter Zettel. Plötzlich fand ich meine anfänglichen App-Ideen gar nicht mehr gut, fürchtete das höhnische Prusten der Juroren, verschob den Termin der Präsentation, ließ Selbstzweifel überhandnehmen, versuchte zwei, drei Mal einen Neustart, um festzustellen, dass all das Gelernte längst wieder vergessen war, kurz: Ich hatte versagt.

Der Onlinekurs, den ich vor Monaten begonnen hatte, erwies sich als nervige Dauerbaustelle von BER-Dimension.

Nichts lief, nichts ging voran. Kein Biss. Keine Ausdauer. Vielleicht hätte auch ein Tritt in den Hintern geholfen. Okay, ich hatte es vermasselt, ich war ein schlechtes Vorbild für meine Söhne. Gleichwohl habe ich viel über mich gelernt. Es hat keinen Sinn, mich zu einer Aufgabe zu zwingen, die mich nicht anspricht. Lebenslanges Lernen heißt ja nicht lebenslänglich foltern. Für einen Protestanten ist es nicht ganz leicht, sich Spaß beim Lernen zu erlauben.

Ich bin nicht allein mit meinem Abbrecherschicksal. Als die Harvard-Universität ihren Computerkurs für Einsteiger erstmals digital anbot, meldeten sich 180 000 begeisterte Menschen an. Den Abschluss machten noch gut 1 400 Unentwegte. Und der große Rest? Strandete wie ich, konnte nach anfänglicher Euphorie nicht folgen, hatte die Lust verloren. Irgendwas kommt ja gern mal dazwischen, wenn der Gruppendruck fehlt.

In Harvard wurde über die Jahre ermittelt, warum die Abbrecherquoten bei E-Learnern so immens hoch liegen. Die Forscher fanden heraus, dass Gruppen von etwa 25 Lernenden besonders effektiv arbeiten, vor allem dann, wenn eine Lehrkraft anwesend ist, pro Woche etwa 90 Minuten lang Fachthemen diskutiert werden und dann jeder noch für sich selbst lernt. Dieser revolutionäre Ansatz wird in Schulen und Seminaren übrigens schon seit ein paar Jahrhunderten geprobt.

YouTuben – Gehversuche mit dem Selfie-Stick: Seit ich das erste Mal den Gedanken zugelassen habe, von diesen jungen Leuten was lernen zu können, ist das Reverse Mentoring fast zu einer Sucht geworden. Junge Menschen, die nicht schnell genug Reißaus nehmen, werden von mir bei allen Gelegenheiten ausgequetscht. Wie funktioniert Mailchimp? Sollen wir mal einen TikTok-Film versuchen? Und warum läuft der verdammte Gimbal bei mir nicht?

Wie? »Gimbal« kennen Sie nicht? Ging mir auch so. Kann man ändern. Man muss nur einige Vorurteile über Bord werfen. Zum Beispiel, dass Menschen mit Selfie-Stick die Kontrolle über ihr Leben verloren haben. Es sieht nicht nur albern aus, sondern kann bisweilen tödlich sein, wenn man in der Linken einen Teleskopstab mit eingespanntem Handy hält, in der Rechten die aktuelle Tinder-Bekanntschaft und sich dann fotografiert, vor Eiffelturm oder auf Staumauer.

Um die 300 Menschen sollen weltweit schon gestorben sein, weil sie aufregende Bilder von sich schießen wollten: sehr dicht an wilden Stieren, balancierend auf einer Klippe, auf Schnellzuggleisen oder mit geladenen Waffen. In Indien allein kamen 150 Menschen ums Leben beim Versuch, mit dem Rücken zum Risiko ein Selbstporträt anzufertigen. In Deutschland ist nur ein Fall bekannt, der einer Touristin, die in Sri Lanka an einer Felskante knipste. Die Opfer waren im Schnitt 23 Jahre alt, überwiegend männlich und neigten vermutlich zum Narzissmus, wie eine Studie der Ohio State University nahelegt.

Tja, und nun gehe auch ich mit Stock. Nein, kein lumpiges Regenschirmgestänge, sondern ein Hightech-Gerät, ebenjener Gimbal, der das eingeklemmte Smartphone in der Balance hält, während ich rückwärts zu gehen versuche. Rückwärtsgehen sei die journalistische Zukunft, hat Christian Ruhnau gesagt, mein junger Selfiestick-Ausbilder. Denn der Reporter will das Geschehen hinter sich haben, während er kluge Dinge in die Kamera sagt. Also Rückwärtsgang.

Der Gimbal ist via App und Bluetooth mit meinem Smartphone verbunden. Der wuchtige Stab balanciert mein altersbedingtes Zittern mit einer ausgeklügelten Wiegetechnik aus. Mit dem rechten Daumen kann ich mich filmen. Aber der Arm ist nicht zu sehen; nur Profis erkennen, dass hier ein Ein-Mann-Team erledigt, wofür früher drei Experten zuständig waren. »Gar nicht schlecht«, sagt Coach Ruhnau gnädig, als er meine ersten Wackelbilder betrachtet, den ungelenken Versuch, gleichzeitig zu filmen, zu gehen, zu reden und relevant zu gucken. Ruhnau, 39, ist als Videoproducer der *Westdeutschen Allgemeinen Zeitung* deutlich besser für den Journalismus der Zukunft aufgestellt als ich, der eine Schreibmaschine zu bedienen weiß.

Filmen kann heute jeder, vielleicht nicht perfekt, aber viel und schnell und billig. Das Produzieren bewegter Bilder ist demokratisiert worden durch die digitale Technik. Einst war Kameramann ein Lehrberuf und die Ausrüstung bis zu 100 000 Mark teuer. Kerngedanke des wirtschaftlichen Fortschritts war früher mal die geteilte Arbeit: Einer schraubte, einer schweißte, einer lackierte. Spezialisten mit eigener Ausbildung sorgten für Tempo und Qualität, sogar bei den Medien.

Vor 20 Jahren wären wir zu dritt zur Fridays-for-Future-Demo gegangen: Kamerafrau, Tonmann, Reporterin, danach der Cutter im Schneideraum. Das hätte gedauert. Heute hat eine Fachkraft alles zu können, so wie Christian Ruhnau. Für eine Reportage über Demo oder Massenkarambolage in der Nachbarschaft zählen nicht Hollywood-Qualität, sondern Tempo und niedrige Kosten. Es erfordert schon eine Menge Konzentration, kluge Fragen zu stellen, wenn man aufpassen muss, nicht in einen Hundehaufen zu treten, während gleichzeitig der Bildausschnitt zu justieren und via Kopfhörer der Ton zu prüfen ist.

»Üben, üben, üben!«, hat mir Ausbilder Christian mit auf den Weg gegeben. Nun schleiche ich also durch die heimische Wohnung und führe Interviews mit der Familie. Die gute Nachricht: Das Bild wird besser. Dafür rumpelt der Ton. Mein linker Arm gewöhnt sich langsam an das dauernde Ausgestrecktsein. Neulich bin ich beim Rückwärtslaufen im Flur über ein paar Schuhe gestolpert, aber nicht gestürzt. Versprochen, ich werde mich nie wieder über Selfie-Opfer lustig machen.

Podcasten – ein kleiner Schnitt für die Menschheit, ein großer Schritt für mich: Ich gebe zu, ich habe den Podcast anfangs für eine Modeerscheinung gehalten, die bald wieder weggeht. Es gab doch Radio. Dann wurde ich in den ersten Podcast als Gast eingeladen. Und war erstaunt, wie viele Menschen diese Hörstücke nutzen. Meine Kinder auch. Also gut: Das wollte ich jetzt auch noch können.

Mein Coach hieß Kevin Pinnow und war Podcast-Experte

beim *Kreisanzeiger Iserlohn.* Chefredakteur Thomas Reunert, ein journalistischer Haudegen, der noch *Lou Grant* kannte, hatte Pinnow empfohlen, der mich, wie alle jungen Menschen, mit den Worten begrüßte: »Ist ganz einfach. Kein Problem.« Kevin baut Sport- und Kulturpodcasts für Iserlohn, lokal, persönlich, informativ. Warum nur spricht der junge Digitalexperte auffallend langsam mit mir? Das Zusammenstöpseln von Mikro und Recorder kriege ich immerhin locker hin. Das Einstellen der optimalen Stimmqualität braucht Übung, ist aber alternativlos. Merke: Aus einem verknarzten Original zaubert auch die klügste Software kein Kammerkonzert.

Früher in der Journalistenschule habe ich die schmalen braunen Streifen Tonband zusammengeklebt, um aus Sprechschnipseln ein samtiges Werk zu komponieren, ohne »Äähs« und Versprecher und Wiederholungen. Das Prinzip ist geblieben. Kevin schneidet mit der bemerkenswert niedrigschwelligen Apple-Software GarageBand. Und, hurra, ich krieg's auch hin. Ein kleiner Schnitt für die Menschheit, aber ein großes Erfolgserlebnis für einen Boomer.

Podcast ist im Trend. Was neumodisch klingt, ist einfach Radio to go, schnell produziert, verbreitet und weltweit gehört wie »The Daily« von der *New York Times.* »Fest und Flauschig« von Jan Böhmermann und Olli Schulz führt hierzulande die Hitlisten an. Kleinstunternehmen schicken sich an, den Platzhirschen vom Radio Marktanteile abzunehmen.

Was auch an den bisweilen staatstragenden Tonlagen der klassischen Sender liegt, den quälend aufgekratzten Moderatoren, der dämlichen Reklame und dem starren Programmschema. Podcaster sucht man sich aus, sie nerven nicht, sondern beherrschen den Küchentisch-Talk, reduzieren Distanz, statt künstlich welche aufzubauen, sie zaubern einen Hauch von privater Heimeligkeit auf die Ohren.

Befreit von leicht erregbaren Rundfunkräten findet hier das Deutliche und Derbe ebenso ein Zuhause wie Albernes und Abgedrehtes. Podcast verhält sich zu Radio wie YouTube und Netflix zu TV – jünger, frecher, schneller, zugespitzter, individueller und vor allem überall zu hören, beim Joggen, beim Einschlafen, bei der Arbeit. Wer lauscht, hat die Augen frei und kann nebenbei was anderes erledigen.

Neulich habe ich beim Kochen der Autorin Charlotte Roche und ihrem Beziehungs-Podcast gelauscht. Ich war nie ein Fan von Frau Roche, aber die Offenheit war ergreifend. Zugleich denkt man sich: Sowas hätten die vom Radio sich nie getraut. In den USA werden Podcasts gefeiert und beworben wie Netflix-Serien. In Deutschland bleiben die Zuwachsraten stabil steil. Für Journalisten wie mich, die ihr Leben lang kleine Aufsätze schreiben, ein zukunftsträchtiges Experimentierfeld.

Kann ich auch, oder? »Jaaaa«, sagt Kevin und macht eine lange Pause, »… aber …« Was will er dem alten Mann sagen? Das größte Missverständnis, erklärt mein Ausbilder, läge in der Annahme, dass es genüge, einfach draufloszusabbeln. Irgendwas zu erzählen und trotzdem originell zu sein, das schafft bestenfalls Micky Beisenherz. Für alle anderen gilt: Podcasts sprießen und damit der Wettbewerb. Kaum ein Thema von Sex bis Schwerkraft, das nicht behandelt würde.

Ganz anders als beim App-Programmieren machte mir das Podcasten sofort Spaß, vom Vorbereiten übers Reden bis hin zum Schnitt. So baute ich mir ein kleines Studio ins Arbeitszimmer, um meinen ersten Podcast mit Texten für die »Netzentdecker« zu versuchen. 2019, zum 70. Geburtstag des Grundgesetzes, nahm ich mit der wunderbaren Rabea Schloz 100 Folgen auf, die alle 146 Artikel der deutschen Verfassung durchleuchteten. Dann bat ich ungewöhnliche Menschen zu mir nach Hause ins »Studio Besenkammer«, um für die *Berliner Morgenpost* den Podcast »Berliner Schnauzen« aufzunehmen, Gespräche, garantiert Kiez, garantiert promifrei, garantiert hausgemacht.

Der Nachteil: Ich hatte noch keinen Cent mit meiner neuen Leidenschaft verdient. Der Vorteil: Ich hatte mir eine neue Fähigkeit angeeignet, die mir überraschend half, als Corona kam. Noch vor dem Shutdown Mitte März 2020 hatte ich meine Frau Suse, Psychologin, Krisentherapeutin und Expertin für

Positive Psychologie, davon überzeugt, einen täglichen Mut-
mach-Podcast aufzunehmen, als Gegengewicht zu der erwart-
baren Last von Negativbotschaften der kommenden Monate.

»Wir gegen Corona« etablierte sich bis Mai irgendwo im
oberen Drittel der deutschen Podcasts, wir bekamen überwiegend nette Hörerpost und sogar einige Werbeangebote. In
dem Moment, da ich diese Zeilen schreibe, ist noch nicht ab-
zusehen, was aus dem spontanen Projekt »Wir gegen Corona«
werden wird. Aber eines habe ich kapiert: Die digitale Technik
reißt Hierarchien und Abläufe ein. Wer jemals versucht hat, als
freier Journalist eine Idee im öffentlich-rechtlichen Rundfunk
unterzubringen, weiß die technischen und inhaltlichen Frei-
heiten der Podcast-Kultur zu schätzen. Meine Werke sind nicht
perfekt, aber: Sie bereiten Spaß und deutlich mehr Befriedi-
gung als der mühsame Marsch durch vermachtete Gremien.

Zocken - »Hallo Sohn, ich bin jetzt auch bei Fortnite«: Das
Männchen mit der Pfanne rennt immer wieder vor die Wand.
»Links drücken«, sagt Anika zum 43. Mal, immer noch sehr
sanft. Ich drücke links. Das Männchen läuft ein paar Schritte
und prallt vor die nächste Wand. Jascha versucht erfolglos,
weiteres Prusten zu unterdrücken. Ich fühle mich schrecklich
ungeschickt, furchtbar alt und sehr einsam bei meiner ersten
Nachhilfestunde, einem Kochspiel für Säuglinge.

Seit Jahrzehnten lehne ich Computerspiele ab. Ich schiebe
kulturelle Bedenken vor (»Ballerspiele«), fürchte in Wirklichkeit aber vor allem meine Unfähigkeit. Ich beherrsche dieses
gleichzeitige Gefummel an acht Knöpfen einfach nicht, was
entwürdigend ist für einen alten weißen Mann, der sich ja dadurch auszeichnet, dass er praktisch alles draufhat: Grillen,
Rotwein, Bohrmaschine, Siedler von Catan. Nur Computerspiele nicht. Tetris war mein Ein- und Ausstieg. Glotzten meine
Kinder stundenlang auf den Bildschirm, habe ich gezürnt, ge-
lästert und den Untergang des Abendlandes ausgerufen. Was
ich nicht kenne, lehne ich ab.

Meine DNA stammt nun mal aus der Zeit vor Controller,

Joystick und Konsolen. Die Evolution war damals bei Skat angelangt. Womit wir beim wichtigsten Unterschied zwischen analog und digital aufgewachsenen Menschen wären: Die einen denken in Levels und Leben, nehmen synchron ein Dutzend Informationen auf, haben flinke Finger trainiert und betrachten Spiele als endlose Vergnügungsschleifen ohne Sieger und Verlierer. Immer wird gestorben, aber genauso oft wiederauferstanden. Meine Spiele haben Anfang und Ende, kennen Sieg und Niederlage und flankierende Gespräche.

Analoge Ötzis sind mit Malefiz, Risiko, Doppelkopf aufgewachsen, mit Schocken oder Skat. Man spielte, redete, gern auch Unsinn (»Karte oder Stück Holz«) und genoss das Gefühl unterkomplexen Beisammenseins. Wer mit der »Großen Spielesammlung« im Kunstlederkoffer groß wurde, fremdelt mit dem scheinbar einsamen Starren auf einen Bildschirm. Unsere Kinder wiederum verdrehen die Augen, ertragen still die elterlichen Mahnungen und finden immer neue Wege, noch eine Runde zu zocken. Das Verständnis von »Spielen« markiert wahrscheinlich den größten Eltern-Kind-Konflikt unserer Zeit.

Jascha und Anika sind Mitte 20 und helfen mir bei meinem Projekt »Netzentdecker«, das mich jetzt mit meinem größten Dämon konfrontiert: Computerspiele. Seit Monaten redeten die beiden auf mich ein, ich müsse die Magie des Zockens kapieren, um die digitale Welt zu begreifen. Also gut: ein Nachmittag betreutes Spielen. »Sei offen«, lautet mein Mantra, und: »keine Angst«. Wir sitzen zu dritt auf dem Sofa, die beiden jungen Menschen sagen in quälend einfühlsamem Sonderschullehrerton »Toll«, wenn ich zwei Sekunden lang nicht gegen eine Wand gelaufen bin. Das Steuergerät mit seinen unzähligen Knöpfen ist mir fremder als ein Konzertflügel.

Zu gern würde ich die albernen Kochmützenmännchen einfach nur hassen. Leider zerrt da zugleich dieser Ehrgeiz. Und die Angst, mich vor den jungen Menschen auf ewig zu blamieren. »Anderes Spiel«, befehle ich. Meine Ausbilder wählen das niedrigschwellige Autorennen Beach Buggy. Immerhin:

Beim vierten Versuch werde ich nur noch zweimal überrundet. »Gar nicht schlecht«, lobt Anika. Jascha taucht zum Grinsen hinters Sofa.

Dritte Stufe der Gamer-Nachhilfe: Red Dead Redemption II, ein komplexes Spiel mit Cowboys, Pferden, Schießereien, aber auch einem Schuss Dalai Lama. Wüstes Ballern allein genügt nicht, gute Taten werden belohnt. Während Jascha und Anika bereits die halbe Sierra Nevada durchquert haben, versuche ich immer noch, in den Sattel zu klettern. Kaum habe ich den bockigen Gaul erklommen, rast er los. »Links«, wird Anika gleich rufen. Zu spät. Ich bin in einen Fluss gestürzt. Das Pferd ertrinkt. Wie grausam. Ich fühle mich schlecht, auch wenn der Klepper schon wieder am Ufer schnaubt. Das Tier lebt. Wie abgebrüht muss man sein, um dieses pausenlose Sterben zu ertragen?, denke ich und ziele mit meinem Revolver auf die Herzgegend eines Banditen. Dann drücke ich ab und fühle mich wie ein Amokläufer.

Was macht das ewige Geballer mit unseren Kindern? Der Ehrlichkeit halber müssen wir sagen: Wir wissen es nicht. Es gibt Jugendliche aus Bildungsbürgerhaushalten, die schon bei der geringsten Online-Dosis durchdrehen; es gibt Kinder aus verwahrlosten Verhältnissen, die auch nach Tausenden von Computermorden völlig normal durchs Leben laufen. Zwei Phänomene allerdings können wir für unsere Familie und den Rest der Welt festhalten: die unfassbare Attraktivität des Gamings, die zweitens zu einer permanenten Ablenkung führt. Natürlich sind nicht alle der über 30 Millionen Deutschen, die regelmäßig spielen, durchweg suchtkrank. Aber wer je versucht hat, einem Heranwachsenden mitten in der Partie das WLAN abzudrehen, weiß um die Kraft digitaler Spielerei.

Wie stark diese Zockmacht wirkt, habe ich bei John, 22, gelernt, einem Anfangszwanziger aus dem Ruhrgebiet, dessen Eltern finden, er hätte mit seiner Ausbildung deutlich weiter und erfolgreicher sein können, wenn er nicht sein halbes Leben vor dem Rechner zugebracht hätte. John war mir von einer Vertrauten empfohlen worden, als Prototyp eines sozialverträglichen Computerspielers.

John ist meist im Let's-Play-Modus unterwegs; er spielt öffentlich auf der Plattform Twitch. Jeder Mensch auf der ganzen Welt kann ihm bei Rocket League zuschauen, einem nicht gerade für Anspruch bekannten Spiel. Mit einem knubbeligen Auto versucht man, einen großen Ball ins Tor des Gegners zu befördern. Klingt banal. Ist es auch. Und deswegen bestens geeignet, um sich nebenbei im Chat zu unterhalten, über alles. John begrüßt jeden neuen Zuschauer, man flachst, lacht, blödelt. Die meisten kennt er seit vielen Jahren, aber nur wenige persönlich. Er stellt mich vor als älteren Herrn, der nur mal zugucken will.

John wohnt bei seinen Eltern, hat Abitur und ist für Soziologie eingeschrieben, ohne besonders euphorisch zu studieren. Er jobbt bei einer Event-Agentur. Über seinen Bildschirmen hängt ein Bücherregal, ganz rechts steht *Tintenherz* von Cornelia Funke, dazwischen einige Potters, ganz links *Das Kapital* von Karl Marx, das John bei einem Billiganbieter erworben hat, um sein politisches Wissen zu erweitern. Doch schon die ersten Seiten erwiesen sich als sperrig.

Zocken ist lustiger. Allein mit Rocket League hat John etwa 1 500 Stunden zugebracht, was 40 Arbeitswochen entspricht, also einem Jahr im öffentlichen Dienst. Bereut er die viele Zeit? »Nö«, sagt er, »hat ja Spaß gemacht.« Ist der Junge bescheuert? Sicher. Aber wir Älteren sind es ja auch. Jetzt mal ehrlich: Wie viele Stunden haben wir vor »Traumschiff« oder »Wetten, dass..?« oder superlangweiligen Fußballspielen zugebracht? Unsere Kinder verstehen oft nicht, was wir an saurem Wein oder bitterem Bier finden.

Andererseits triggert die Zockerei bei Eltern ein Dutzend bestialischer Emotionen. Wollte man nicht immer das Beste für das Kind, eine offene Gesprächskultur, Empathie, Miteinander und ein Stipendium in Harvard? Die Games sind leider stärker. Gegen das digitale Süßwarenangebot sind Eltern machtlos, die mit Büchern wedeln. Doch weder Ausrasten noch Grummeln hilft. Die Games-Industrie hat die Welt verändert, die Ästhetik der Spiele prägt Hollywoodfilme und die Eventbranche. Ein E-Sport-Duell ist schneller ausverkauft als ein Rammstein-Konzert. Ich verstehe die neue Kultur nicht, auch wenn meine Nachhilfelehrer sich Mühe gegeben haben.

Erwischt man junge Erwachsene allerdings in einem offenen Moment, dann lässt sich erahnen, was das Gaming so alles bewirkt hat. Es klingt ein wenig nach einer Cannabis-Beichte. Sie geben zu, die Schule vernachlässigt, ihre Eltern beflunkert, die Spiele-Realität als deutlich spannender als das richtige Leben betrachtet zu haben. Wie viele Stunden, Tage, Hirnzellen hat unser Nachwuchs mit dem Legal High des Zockens verbraten?

Bang lesen wir die Berichte von Spezialkliniken für spielsüchtige Kids und reden uns tapfer ein, dass das mit uns nichts zu tun hat. In meinem Fall ist das eher eine Schutzbehauptung. Um ehrlich zu sein: Ich fand es oft sehr praktisch, wenn die Kinder wohlbehütet in ihren Zimmern hockten. Wer das hemmungslose Zocken, zu Recht, verflucht, hat auch die Pflicht, etwas dagegen zu tun.

Design Thinking – die Macht der gelben Zettel: Genau so habe ich mir meine Entdeckungsreise nach Digitalien vorgestellt: Junge, gutaussehende Menschen und ich treffen sich zu einem Video-Workshop. Wir wollen unser kleines Onlineportal www.netzentdecker.de wachsen lassen: mehr Leser, mehr Klicks, endlich Global Player. Wir werden Techniken aus dem Design Thinking anwenden, eine Methode, mit der Struktur ins Denken kommt. Keine Monologe vom Chef. Alle auf Augenhöhe. Maximal drei Stunden. Und jede Menge gelber Klebezettel, die sich auch im Internet an eine Tafel kleben lassen. Zum ersten Mal in 40 Jahren Arbeitsleben probiere ich das systematische und hierarchiefreie Erarbeiten einer Strategie, offen, kooperativ, ohne verschlossene Türen und Statusspielchen.

Wir sind sieben Teilnehmer: Jo von der Berliner Beratungsfirma etventure leitet den Workshop, Juliane hält die Technik am Laufen, Anika, Jascha und ich werden unterstützt von Ersin und Sarah vom Data Hub Ruhr aus Essen, einem Service der Gründerallianz Ruhr. Wir wollen testen, ob dieser kreative Prozess, der für richtige Unternehmen gedacht ist, auch für unsere kleine Netzentdecker-Bude funktioniert. Wir suchen nach Marktlücken und Optimierungen. Auf diese Weise hat der Data Hub Ruhr großen Unternehmen wie Evonik, Haniel oder der Entsorgung Herne zu effektiveren Prozessen verholfen.

Wir Netzentdecker wollen mehr Aufmerksamkeit für unsere Webseite. Jo peitscht uns durch die Fragen: Warum sollte wer unsere Webseite besuchen? Welche Ressourcen haben wir? Stimmen die Themen? Was wissen wir über die Kundschaft? Noch dreißig Sekunden. Jeder Gedanke auf einen gelben Zettel. Dann ordnen. Mit Punkten bewerten. Die beste Idee rauspicken und weiterverfolgen. Nächste Runde. Der Zeitdruck verhindert Laberei. Gequatscht wird nur das Nötigste, als höflich gilt, wer sich stumm stellt. Keiner verkrümelt sich, alle machen mit. Wer was beitragen will, hebt die Hand. Sollten wir in der Familie auch einführen.

Design Thinking wird beispielsweise vom Software-Haus SAP eingesetzt. Mitgründer Hasso Plattner lässt die Studenten seiner Hochschule in Potsdam mit dieser Methode Produkte und Anwendungen entwickeln. Es geht um Teamarbeit, nie um ein Solo der Lauten. Knappe Zeit, wechselnde Gruppen, immer neue Fragen halten den Druck hoch. Faszinierend, wie sich scheinbar Zusammenhangloses zum Ende hin fügt.

Oberstes Ziel: einen Wunsch der Kunden zu erfüllen, der leicht umzusetzen und bezahlbar ist. Als Paradebeispiel für das Funktionieren dieser Methode gilt das Optimieren von Hammer und Schraubenzieher. Während die Fachleute besseren Stahl favorisierten, stellte sich heraus, dass Kunden die Werkzeuge nicht gern anfassten. Seit die Griffe ergonomisch geformt sind, verkaufen sich die Gerätschaften deutlich besser. So ist es oft auch bei Webseiten. Während die Betreiber an Gestaltung oder Inhalt feilen, sind die Nutzer genervt, weil die Seite zu langsam lädt.

Kreativität kann Einzelleistung eines Superhirns sein, lässt sich aber besser mit einem bunten Team herauslocken. Gründer mögen gut programmieren können, aber da sind ja noch Vertrieb, Marketing, Gestaltung. Mit dem Design Thinking lässt sich jeder Bereich systematisch nach Verbesserungen durchforsten. Je verschiedener die Teilnehmer, desto besser: Werden etwa Grafiker, Juristin, Vertriebler, Programmiererin beim Kreativsein angeleitet, kommt ziemlich sicher eine breitere Palette von Ideen heraus, als wenn ein Rudel Juristen zusammen denkt.

Ergebnis nach drei erschöpfenden Stunden: Wir müssen an unsere Kunden ran. Weil wir zu wenig wissen über die Bedürfnisse der Zielgruppe, müssen wir Marktforschung betreiben. Hausaufgabe: Interviews führen mit Menschen über 50, die sich für Internetthemen interessieren.

Und das ist in Zeiten der Hyperindividualisierung gar nicht so leicht. Meine Umfrage ergibt, dass Petra nicht so eine »Digi-Maus« sein will, dass Jörg, der beruflich mit Daten zu tun hat, sich ziemlich gut auskennt, dass Lutz vor allem Interesse an Themen aus dem Bereich Smarthome hat, dass Susanne schließlich findet, dass man mehr wissen sollte über dieses Internet, aber alles ganz schön kompliziert sei. Willkommen im Kundencenter des Journalismus: vier Menschen, fünf Bedürfnisse und ich armer Tropf. In etwa 20 Interviews haben wir vor allem eines herausgefunden: Die Bedürfnisse sind verschieden.

In der zweiten Runde bauen wir nun aus all den Antworten einen prototypischen Nutzer zusammen, die sogenannte Persona. Wie aber soll man aus 100 Antworten einen Kunden bauen? Klare Sache: weg vom Speziellen, hin zum Allgemeinen. So stellt sich heraus, dass konkrete Themen, ob Datensicherheit, Online-Dating oder App-Diät, gar nicht so wichtig sind, sondern vielmehr die Haltung dazu: Verständlich soll es sein, kritisch, aber auch grundfröhlich. Unsere Persona heißt Susanne, ist Mitte 50, liest viel auf dem Tablet, fürchtet sich vor Datenklau und Cyberkriminalität und vertraut ihrer Zeitung. Weil unsere Persona Susanne gern auf Schiffsreisen geht, haben wir ein neues, schärferes Selbstbild für die Netzentdecker entwickelt, wieder mit vielen gelben Zetteln und Zeitdruck.

Unser neues Selbstbild: Wir betrachten uns weniger als Techniker, sondern eher als Crew eines Ausflugsdampfers, der die Passagiere, also Leser, mitnimmt auf eine überraschende, heitere, kluge, unterhaltsame Tour auf den Wasserstraßen einer unbekannten Stadt. Unsere Nutzer wollen keine hibbeligen Influencer, aber auch keine muffelnden Programmierer, sondern einen charmanten Insider, der die Kathedralen ebenso kennt wie die düsteren Ecken, der erklären kann, warnen, aber auch beruhigen. Unsere Mitfahrer sind Professorinnen und Hausmänner, Opas und Singles, Internet-Fans – und Skeptiker. Und für alle ist was dabei.

Was banal klingt, hat uns unserer Arbeit tatsächlich nähergebracht. Ein gemeinsames Bild, wer man ist und was man will, ist ziemlich hilfreich. Wir haben es auf digitalen Kanälen mit jungen Menschen gestaltet, die wir nie zuvor gesehen haben. Gleichwohl hat die Methode prächtig funktioniert. Ich habe in meinem Leben an zahllosen Kreativ-Meetings teilgenommen. Aber keines war so effizient wie dieses.

So klappt digitales Detox

*Reflexe beobachten, Bewusstsein aufräumen, Stress reduzieren.
Wer seine digitalen Glaubenssätze kennt, findet schnell Entspannung.*

Die Bastelanleitung ist simpel, das Resultat brutal: »Drucken Sie diese Schablone aus. Mit der Schere ausschneiden und wie angegeben zusammenkleben.« In den entstandenen Papierumschlag soll der Nutzer nun sein Smartphone stecken, zukleben, und fertig ist der Stresstest. Denn die Hülle verwandelt das Gerät zurück in ein Handy. Der Nutzer kann nur telefonieren und die Uhrzeit ablesen, so wie damals in Nokia-Zeiten. Wer zurück an all die anderen Funktionen will, muss den Umschlag brutal zerreißen. Na, wie lange würden wir das eingehüllte Smartphone ertragen? Wie lange würde es dauern, bis wir an der Papierverpackung zu nesteln beginnen? Und wann würden wir es, ratsch, da rausholen?

Der gebastelte Umschlag passt aber nur für das Google-Smartphone Pixel 3a. Denn es war eine Abteilung des Suchmaschinenbetreibers, die gemeinsam mit der Agentur Special Projects diesen papiernen Kommunikationsschutz erfunden hat. Das Bastelexperiment spricht für Problembewusstsein. Denn der reflexhafte Griff zum Smartphone gehört wohl zu den größten globalen Alltagsärgernissen der Menschheit: Ob Kinder oder Erwachsene, Eltern oder Partner – fast alle kennen diesen Moment, wenn das Gegenüber mitten im Gespräch, beim Essen, in kuscheliger Atmosphäre unvermittelt das Gerät hervorzieht, um nur mal rasch zu schauen, nach Nachrichten, Social Media, dem aktuellen Highscore oder einfach so. »Pack das Ding weg!« gehört zu den meistgebrauchten und -ignorierten Sätzen der vergangenen Jahre.

Digitales Detox ist wie Diät. Es gibt unzählige verschiedene Ansätze, von radikal bis behutsam. Gut so. Ich glaube nicht an eine Universallösung, die allen Menschen gleichermaßen gerecht wird. Vielmehr favorisiere ich eine Kombination aus Bewusstsein und Werkzeugkasten, aus der sich jeder Mensch seine individuelle Strategie zusammenbauen kann.

In diesem Kapitel machen wir uns zunächst bewusst, wie wir funktionieren. Mit dem Werkzeugkasten aus dem nächsten Kapitel können wir dann unser Verhalten ändern, je nach Tagesform und Leidensdruck.

Jeder Mensch hat seine eigene Mischung aus Glaubenssätzen, die das Leben unbewusst steuern. Diese Überzeugungen sind tief in uns verwurzelt, sie stammen aus der Erziehung, aus Glauben oder Kultur. Ein Klassiker der Herren lautet: »Ein echter Kerl tut sowas nicht ...«, während viele Frauen dieses nagende »Ich bin nicht gut genug ...« in sich tragen.

Mögen wir über solche spießig klingenden Sätze spotten, so können sie eine unheimliche Macht entfalten. Denn sie lenken uns unterbewusst, sie machen uns zu Getriebenen. Sobald wir nun unsere eigene Motorhaube aufklappen und unsere Glaubenssätze behutsam, aber schonungslos offenlegen, kapieren wir plötzlich, wie wir funktionieren.

Bevor wir allerdings behutsam in unsere eigenen Denkmuster, neudeutsch: Mindset, einsteigen, möchte ich den Blick auf Manipulationsmechanismen lenken, die in uns allen wirken. Denn wir neigen dazu, uns selbst hinters Licht zu führen und diese Mechanismen zu ignorieren. Wir täuschen uns selbst, wollen es aber nicht wahrhaben.

In ihrem Bestseller *Schluss mit dem täglichen Weltuntergang* hat die Neurologin Maren Urner eine Reihe dieser Selbsttäuschungsmechanismen aufgelistet:

Ignoranz-Gipfel: Wir halten uns für schlauer, als wir sind. Nach einem ersten Einblick in ein neues Thema, etwa durch Betrachten eines YouTube-Videos, neigen viele Menschen dazu, sich für Experten zu halten. Denn am Anfang verläuft die Lernkurve steil; alles ist neu. Diese Neigung zur Selbstüberschätzung ist als „Dunning-Kruger-Effekt" bekannt.

Ego-Karate: Viele Menschen wünschen sich »objektive« Information. Das Hirn aber will nicht objektiv informiert werden, sondern sucht Schnipsel heraus, die das eigene Denken bestätigen, die »selektive Wahrnehmung«. Das Gehirn arbeite wie ein »Türsteher«, so Urner, der nur erwünschte Details einlässt. Mit aller Gewalt verteidigt der kognitive Apparat seine gelernte Haltung, vor allem Glaubenssätze. Das Ego kämpft, um alle Informationen abzuwehren, die nicht ins Weltbild passen.

Gruppendruck: Das Bedürfnis nach Zugehörigkeit ist stärker als Argumente. Ob Nation, Fußballverein, Geschlecht oder Sprache – jeder Mensch fühlt sich einem individuellen Mix verschiedener Gruppen zugehörig. Um nicht verstoßen zu werden, sind Menschen bereit, auch gegen ihre Überzeugungen zu handeln. Fußballfans etwa werden gegen Anhänger eines verfeindeten Vereins grundlos gewalttätig, weil die Gruppe es verlangt. Das Hirn schaltet die Empathiefunktion gleichsam ab. Das Unbedingt-dazu-gehören-Wollen nutzen politische Scharfmacher mit digitalen Manipulationsmethoden.

Wer seine Glaubenssätze genauer anschaut, braucht neben der Fähigkeit zu Selbstkritik auch Sympathie für sich selbst. Wie beim Meditieren besteht die Herausforderung darin, sich selbst möglichst gelassen zuzuschauen. Ich stelle mir gern vor, wie ich vom Hochstuhl des Tennisschiedsrichters aus auf mein eigenes Denken und Wahrnehmen herabschaue und mich freundschaftlich frage, woher etwa mein gelerntes Männerbild stammt und wie es mein Denken und Verhalten prägt. Versuche ich deswegen, besonders kraftstrotzend klingende Posts bei Twitter abzusetzen? Von welcher Gruppe will ich gemocht werden, von welcher setze ich mich ab?

Wer im eigenen Mindset gründelt, wird einen interessanten Effekt erleben. Plötzlich entsteht eine wohltuende Distanz, verbunden mit der Einsicht: Wir haben diese Glaubenssätze, aber wir müssen ihnen nicht folgen. Sie lassen sich sogar ändern.

Wir fühlen uns nicht länger fremdgesteuert, weil wir die Mechanik unseres eigenen Antriebs ein wenig besser verstehen. Wir gewinnen unsere Autonomie zurück, die Kontrolle über uns selbst.

»Es sind ja keine dunklen Mächte von außen, die uns in ein System zwingen«, sagt Schauspieler Lars Eidinger über unser aller Problem, den digitalen Reizen zu widerstehen, »wir selbst tragen die Verantwortung. Wir bürden uns dieses System auf und stützen es, indem wir darin funktionieren.« Die Herausforderung liegt nun darin, sich als autonomes Wesen zu betrachten, das sich wie Asterix gegen eine äußere Macht behauptet.

Wer Glaubenssätze wahrnimmt und versteht, macht einen großen Schritt zur inneren Freiheit. Wir fühlen uns nicht länger wie Getriebene, also Objekte, sondern wie autonome Individuen, die jede Sekunde ihres Lebens selbst entscheiden. In einem gallischen Dorf, das umzingelt ist von einer gewaltigen Streitmacht, kann ich mich als hilfloses Objekt fühlen oder aber als autonomes Subjekt wie Asterix. Die Gallier betrachten sich trotz der römischen Besatzung als selbstbestimmte Wesen.

Nein, mir geht es nicht darum, heldenhaften Verzicht zu zelebrieren, wie es etwa Cal Newport mit seinem radikalen Detox-Programm *Digitaler Minimalismus* vorschlägt, sondern um selbstverantwortlichen Umgang. Statt das schlechte Gewissen nagen zu lassen, bemühe ich mich um ein möglichst liebevolles Akzeptieren meines Verhaltens: Abgründe erstens wahrzunehmen, zweitens gelassen anzunehmen und drittens konsequent mit ihnen umzugehen, gehört zu meinen täglich wiederkehrenden Übungen.

Es ist wie mit der bewussten Ernährung. Man kann gedankenlos in sich reinstopfen, was die Werbung preist. Oder bewusst auswählen, was einem guttut. Das wird nicht immer gelingen. Aber Freiheit bedeutet auch die Chance, jede Sekunde neu anzufangen. Dazu sollte man seine Glaubenssätze kennen. In der folgenden Liste finden sich sicher ein paar alte Bekannte:

Fünf Glaubenssätze, die unser digitales Leben diktieren

1. Ich könnte was verpassen: Digitalprofis sprechen in diesem Fall von Fear of Missing Out (FOMO), die man in Journalistenkreisen auch als Seuche bezeichnen kann. Es ist für Medienmenschen nicht leicht, sich von den Nachrichtenströmen abzukoppeln. Aber, ehrlich gesagt, ist es auch eine verdammt gute Ausrede, rasch noch mal zu schauen, was so los ist. Die Grenze zwischen Pflichterfüllung und Suchtverhalten ist fließend, was viele Menschen gerade während der Corona-Quarantäne gespürt haben dürften.

Ein Thema wie die Suche nach dem Covid-19-Impfstoff genügte schon, um mein Durchschnittshirn zu grillen. An einem beliebigen Maimorgen las ich beispielsweise, dass in China erste Tests vielversprechend angelaufen seien. Mittags hieß es, in Brasilien seien Menschen testhalber mit einem Wirkstoff geimpft worden. Abends die Kunde, die Briten seien kurz vorm Durchbruch. Zugleich mahnte einer der unzähligen Virologen, dass es noch mindestens ein Jahr dauern würde, bis ein Impfstoff serienreif wäre.

Google meldete zwölf Millionen Beiträge für »Impfstoff Corona«. Wo hört die Information auf, wo beginnt der Stress? Und: Was machen all die widersprüchlichen Informationen mit mir? Mein Ehrgeiz, jede Impf-News zu inhalieren, lässt mich den Überblick verlieren. Es ist wie am All-you-can-eat-Buffet: Teller überladen, das eigene Fassungsvermögen überschätzt.

Es könnte daran liegen, dass in einem globalen Wettrennen zwischen narzisstischen Staatenlenkern, nicht immer uneitlen Wissenschaftlern und strikt auf Nächstenliebe ausgerichteten Pharmakonzernen jede Petitesse mit einem Breaking-News-feed gefeiert wird. Nachrichten sind wie Lachsschnitten: Was mal besonders war, ist heute industriell produziert.

Als die Welt noch übersichtlich war, gab es drei Quellen, aus denen der Bildungsbürger seine Informationen sog: morgens Zeitung, tagsüber Radio mit bürgernahen Formaten wie

»Hallo Ü-Wagen« und der wunderbaren Carmen Thomas, abends »Tagesschau«. Und interessanterweise geschah in der Welt jeden Tag exakt so viel, wie in diese drei Kanäle passte.

Die Digitalisierung hat uns nun virales Wachstum beschert: Nachrichten vermehren sich wie Covid-19 in Ischgl. Unzählige neue Kanäle brauchen unentwegt neuen Sendestoff, ohne dass mehr auf der Welt passiert wäre. Wir sprechen, wohlgemerkt, nicht von Fake News, also Falschem, sondern von Fast News: halbwegs Zutreffendem, aber nicht Relevantem. Klapprig, wie manche dieser Meldungen sind, müssen sie lackiert, mit Hupe und Lametta aufgemotzt werden. Es gilt das Prinzip Bonanza-Rad: Ein normales Gefährt wird mit blinkenden Accessoires in eine Sensation verwandelt.

Muss ich diese Menge von teils widersprüchlichen Schnipseln, deren Bedeutung nicht mal die verarbeitenden Medienmenschen beurteilen können, wirklich aufnehmen? Ausgerechnet im Silicon Valley, dem Maschinenraum der globalen Müllschleudern, wurde 2013 die Initiative »Time Well Spent« (gut verbrachte Zeit) gegründet, von Googles früherem »Design-Ethiker« Tristan Harris. Er erfand ab 2007 all die kleinen Ablenk-Symbole mit, systematisch installierte Manipulationsinstrumente, für die er sich schon bald zu schämen begann.

Harris plädiert heute für ein bewusstes Abkoppeln vom digitalen Nachrichtenfluss und für ein kluges Auswählen von Informationsquellen. Der Geläuterte rät, mehr Zeit mit Menschen zu verbringen. Auch Effektivitätsprediger Tim Ferriss oder Klardenker Rolf Dobelli raten zur News-Diät, um Zeit zu sparen und Verwirrung zu reduzieren.

2. Ist die Welt aus den Fugen geraten? Zufall, dass dieser Satz sich in unser Bewusstsein brennt, seit wir uns im Internet herumtreiben? Aber was wäre, wenn die Welt eigentlich nie in diesen Fugen war, also ordentlich und übersichtlich, sondern immer ein ziemliches Durcheinander? Wir haben nur kaum davon erfahren, weil es die technischen Möglichkeiten der Echtzeit-Information nicht gab, die uns das Internet bietet. Seit wir im Minutentakt mit jeder Eselei von verhaltensauffälligen Politikern ebenso traktiert werden wie mit Massakern, Katastrophen und Verbrechen aus aller Welt, entsteht bei uns der Eindruck einer völlig wirren Gegenwart. Statistiker wie Hans Rosling begründen dagegen geduldig, warum diese Welt ein besserer Platz ist als in all den tausend Jahren zuvor: weniger Kindersterblichkeit, weniger Hunger, weniger Kriege, stattdessen höhere Lebenserwartung und mehr Menschenrechte, global gesehen.

Kann es sein, dass nicht die Welt, sondern wir selbst aus den Fugen geraten sind? Das digitale Dauerfeuer überfordert schlichtweg unsere Aufnahmekapazität, emotional, intellektuell, seelisch, digitaler Stress entsteht. Meist hilft ein kleines Experiment, um zu ermitteln, ob die Welt aus den Fugen ist oder wir selbst. Wer im Urlaub je in einer Gegend ohne Internetverbindung unterwegs war, der weiß um die heilsame Ruhe, die plötzlich herrscht, dieses lang vermisste Gefühl von Zeit und Gelassenheit. Ein Versöhnen mit der Welt führt oft auch zum Versöhnen mit sich selbst.

So wie ich im Umgang mit Rotwein ein gesundheits- und sozialverträgliches Eingrenzen eingeübt habe, so verfahre ich auch mit dem Online-Sein: Die Dosis entscheidet: Je mehr digitale Neuigkeiten ich aufsauge, desto zuverlässiger sinkt mein Launepegel.

Das ist durch eine der größten Studien mit Facebook-Nutzern unter dem Titel *The Welfare Effects of Social Media* sogar wissenschaftlich erwiesen. Während eine Gruppe ihre Facebook-Routinen fortsetzte, bekam eine Kontrollgruppe vier Wochen Facebook-Fasten verordnet. Die Abstinenten sparten etwa sechzig Minuten täglich, die in persönliche Kontakte zu Familie oder Freunden investiert wurden. Der Nachrichtenkonsum sank und damit auch die Schärfe der politischen Ansichten. Zugleich berichteten die Teilnehmer dieser Gruppe über einen signifikanten Zuwachs an Wohlbefinden und individuellem Glücksgefühl, was bis zu vierzig Prozent jener Wirkung ausmachte, die eine professionelle Therapie bringen kann.

3. Ich muss beim digitalen Fortschritt dabei sein: Gerade wir analogen Ötzis schleppen ja diese Dämonen mit uns herum, die uns unentwegt zuflüstern, wir seien unmodern, weil wir nicht auf Instagram herumturnen. Die höhnischen Blicke unserer Kinder tun weh. Aber müssen wir wirklich überall mitmachen? Wer jemals Herd oder Backofen mit einem Touch-Display zu bedienen versuchte, der weiß, dass Digitalisierung als Religion nicht taugt. Warum? Weil mit feuchten oder öligen Flossen, die in der Küche unvermeidbar sind, ein Touchscreen kaum zu benutzen ist. Den guten, alten Knebelknopf drehen wir mit verbundenen Augen auf Wunschtemperatur. Und der korrigierte Glaubenssatz lautet: Es geht nicht um digital/analog, sondern um tut's/tut's nicht.

4. Ich bin zu blöd, ich kriege das nicht hin: Dieser Glaubenssatz ist gefährlich, weil er die Schuldfrage verkehrt. Nicht der Mensch muss die Technik verstehen, sondern die Technik den Menschen. Wie viel Zeit unseres Lebens haben wir vergeudet, um digitale Technik zum Laufen zu bringen, wie oft lautete der Expertentipp »Stecker raus, Stecker rein«?

Störungen bei der Netzverbindung seien ein Dauerbrenner bei den Beschwerden, meldet der Bundesverband der Verbraucherzentralen. Mal wird die versprochene Bandbreite nicht bereitgestellt, dann funktioniert die »kinderleichte Schritt-für-Schritt«-Anleitung nicht, ganz abgesehen von Geräten verschiedener Generationen, mit eigenen Programmversionen und Steckern. Und dann noch das A-Wort: Anbieterwechsel.

Es gibt das Internet, wie es in der Werbung funktioniert. Und es gibt den neuen Router. Den Anbieter. Die App, die durch die Installation führen soll. Die Hotline, die besetzt ist. Oft ist nicht der Nutzer zu dämlich, sondern die Technik. Wie häufig bin ich unter Schränke gerobbt, um nach Routern oder Splittern zu tauchen, wie oft habe ich im Elektronikmarkt jenen Adapter gesucht, der gerade ausverkauft war, wie häufig vergeblich auf einen Techniker gewartet? Wir vertrödeln Ewigkeiten, um ein Fernsehgerät mit dem Internet zu verbinden, das bis dahin reibungslos funktionierte. Eines der digitalen Grundgesetze lautet: Irgendwas ist immer.

5. Meine paar Daten sind doch egal: Dieser Glaubenssatz stützt vor allem die persönliche Bequemlichkeit. Denn das innere Abkoppeln von den eigenen Daten bedeutet, die Verantwortung fürs eigene Handeln abzugeben. Würden wir unser Auto unabgeschlossen auf der Straße stehen lassen, das Rad an den nächsten Baum lehnen, ohne Panzerkette? Natürlich nicht. Warum gehen wir mit unserem digitalen Eigentum dann so nachlässig um?

Das Entwickeln eines Datenbewusstseins gehört zu den wichtigsten Eigenschaften unseres digitalen Daseins. In seinem Bestseller *Data for the People* erklärt der ehemalige Amazon-Cheftechnologe Andreas Weigend, wie er vom Datenfreak zum Datenschützer wurde, und kritisiert die Naivität der User beim leichtfertigen Weggeben ihres Eigentums. Ein Teil jener Aufmerksamkeit, die wir Autokatalogen oder Fahrradprospekten, Weinen und Kosmetika, Kaffee und Olivenöl widmen, ein Bruchteil dieser Zeit würde genügen, um uns halbwegs auf dem Laufenden zu halten, was zum Beispiel Datensicherheit angeht.

Ich mache mir ein Vergnügen daraus, solche und weitere Glaubenssätze aufzuspüren, um sie durch bewusstes Wahrnehmen zu entkräften, etwa:

- Wenn ich offline bin, habe ich das Gefühl, ich sei unmodern, ich verpasse etwas, ich werde ausgegrenzt.
- Wenn ich online bin, habe ich das Gefühl, es sei wichtig, was ich tue, es dauere nicht lange, und: Das machen die anderen doch auch.
- Wenn ich mein achtloses »Okay« zu AGB erteile, denke ich, dass sich die Politik schon darum kümmern werde, wahlweise Verbraucher- oder Datenschützer, und dass ich ohnehin nichts zu verbergen habe.
- Wenn ich analoge Techniken nutze, fühle ich mich unmodern und fürchte, im Job bald nicht mehr gefragt zu sein.

- Wenn ich mich digital präsentiere, fühle ich mich produktiver, wertvoller, fit für die Zukunft und akzeptiert von meinen Kindern.
- Wenn ich viele Follower oder Likes habe, werde ich als erfolgreicher und beliebter wahrgenommen.

All diese Sätze, die sich natürlich wunderbar ineinander verweben lassen, haben eines gemeinsam: Sie sind eingebildet, eingeredet, von uns selbst oder anderen aufgestellt worden, ob aus Achtlosigkeit, festem Glauben oder reiner Bequemlichkeit. Ob sie wirklich zutreffen, das entscheiden wir aber selbst. Kein einziges dieser Denkmuster steht im Range eines Gesetzes oder einer sozialen Norm. Selbst aufgestellte Glaubenssätze haben immerhin einen enormen Vorteil: Sie gelten nur so lange, wie wir sie gelten lassen.

Wer ein wenig Distanz zwischen sich und seine Glaubenssätze legt, ist auf dem besten Weg, die beiden Superkräfte des 21. Jahrhunderts zu trainieren: Autonomie und Nichtablenkbarkeit. Je mehr Glaubenssätze wir entlarven, desto widerstandsfähiger werden wir im Umgang mit dem Digitalen. Daher gilt: Diese dämonischen Sätze nicht wegwischen wie Tinder-Kandidaten, sondern bewusst wiederholen und fragen: Woher stammt dieser Satz? Dann einen inneren Schritt zurücktreten und sich klarmachen: Ich trage diese Sätze in mir, aber ich bin nicht diese Sätze. Ich kann sie glauben oder nicht, sie befolgen oder nicht, vor allem aber kann ich sie ändern.

Mir hat das gelassene Betrachten meiner Glaubenssätze geholfen, mein inneres Bild der digitalen Welt zu verändern. Früher dachte ich tatsächlich, das Internet sei ein Netzwerk und ich einer der vielen Knotenpunkte. Sobald dieser Knotenpunkt nicht besetzt ist, so glaubte ich, sei da eine Lücke, woraus ich eine Art Bürgerpflicht des Onlineseins ableitete.

Heute stelle ich mir die digitale Welt eher vor wie ein mittelalterliches Wirtshaus. Halunken und Heilige, erschöpfte Reisende und aufgekratzte Prostituierte, grimmige Wirtsleute, Lügner, Betrüger und jede Menge Alkohol. Informationen werden ausgetauscht über Orte und sichere Routen, über Jobs und Krankheiten, die allesamt jedoch mit Vorsicht zu genießen sind. Man kennt weder Quelle noch Absicht dahinter. Bei aller Faszination würden wir uns in einem solchen Wirtshaus vorsichtig verhalten, achtsam bleiben, nicht jeden Satz glauben und die Hand auf der Brieftasche behalten.

Elan oder WLAN: 30 Tipps für entspanntes Bio-Surfen – und ein Psychotrick

Öko, gesund, aus der Region? Und im Zweifelsfall radikales Ent-netzen. Mit diesen Tricks klappt die digitale Selbstverteidigung.

Woher stammt die Kuh? Ihr Futter? Wie sieht der Stall aus? Unter welchen Bedingungen arbeiten die Menschen? Stammt der Sellerie aus der Region? Bei Lebensmitteln schauen wir penibel auf Anbau, Haltung, Herkunft. »Bio« ist uns wichtig, eine Chiffre für ökologisch, sozial, ökonomisch, gesundheitlich halbwegs korrekt, also idealerweise ohne Schäden für die Erde, nicht auf Kosten von Menschen und Tieren, gut für die Gemeinschaft und den Einzelnen.

Ein Bio-Bewusstsein, das über die Jahre unser Konsumverhalten verändert hat, brauchen wir auch für unseren Umgang mit dem Internet, mit ganz ähnlichen Kriterien: Was tut uns gut, unseren Kindern, unserem sozialen Gefüge? Wo droht Zerstörung oder Disbalance? Was stammt aus unserer Gegend? Und wie können wir uns gegen globale Multis zur Wehr setzen, bis eine notorisch reparierende Politik endlich agiert?

Diese Auswahl von großen, kleinen, einfachen, radikalen Maßnahmen, von Tipps und Tricks dienen der digitalen Selbstverteidigung. Sie können helfen, das kostbarste Gut zurückzuerobern, das wir Digitalkonzernen geschenkt haben: unsere Zeit, all die vertrödelten, verdaddelten Minuten, die sich in den vergangenen Jahren zu Stunden, Tagen, Wochen addiert haben.

Im Kern geht es darum, Ablenkungen zu reduzieren, Trigger zu entkräften und Gewohnheiten zu ändern, das eigene Verhalten aufzuräumen und einen klaren Blick zurückzugewinnen. Dabei hilft ein stetes Bewusstmachen der eigenen

Funktionsweisen, auch Impulskontrolle genannt. Manches mag banal klingen, aber fügt sich mit vielen anderen Maßnahmen. Denn vieles greift ineinander, bedingt und verstärkt sich.

Wie bei der Diät bin ich kein Fan von radikalen Ansätzen: Man reißt sich eine Weile zusammen, um direkt im Anschluss umso heftiger zuzuschlagen. Wer sein digitales Leben mit radikalem Verzicht ändern will, der wage das blanke Entnetzen und koppele sich vollständig ab. Kann man im Not- oder Suchtfall machen, ist aber im Alltag nichts für mich. Ich befürchte, der Jo-Jo-Effekt gilt auch im Umgang mit dem Internet. Zudem brauche ich für mein Leben größtmögliche Flexibilität, also eine breite Auswahl an Optionen, die je nach Stimmung, Situation und Kenntnisstand einzusetzen sind.

Zumal es nicht allein um Verzicht geht, sondern vielmehr um Integration: Die Kunst besteht darin, meine bürgerliche Freiheit, die Macht, selbst zu entscheiden, mit den digitalen Möglichkeiten zusammenzubekommen. Und hier ist das Selbstbild ganz entscheidend: Wie sehe ich mich, meine Rolle, meine Aufgabe in dieser Welt? Ich mag das Selbstbild von einem Botschafter für eine bessere Welt, auch als Vorbild für meine Söhne. Und in einer besseren Welt sind analog und digital keine Feinde, sondern wirken mit ihren spezifischen Qualitäten zusammen. So wie bei folgenden Tipps.

Nutznetz und Schmutznetz trennen: Es gibt zwei Internets. Das eine ist das gute Netz, das bei der Arbeit hilft, Informationen bietet, Kontakte knüpft, Impfstoffe ausrechnet, Datenmengen überträgt, also dem zivilisatorischen Fortschritt hilft – das Nutznetz. Dagegen steht das Schmutznetz, eine hysterisch plappernde Ablenkungsmaschine, die Zeit stiehlt, Daten, manchmal Geld oder Ansehen. Und allzu oft gehen wir online, weil wir kurz etwas Nützliches suchen, um dann ewig im Morast zu versinken. Selbst wenn das Internet die Kontrolle über sich selbst verloren hat, heißt das nicht, dass wir diesen Kontrollverlust mitmachen müssen. Wir haben die Macht, bei jedem Klick zu fragen: Muss der Blick auf das Facebook-Profil jetzt sein? Oder kann man das lassen? Es ist ein Erfolg der Impulskontrolle, sich das LinkedIn-Profil eines neuen Geschäftspartners anzuschauen, ohne danach in die weite Welt des Netzwerkes abzudriften. Nur stetes Training hilft.

Nieder mit Bimmeln, Bings oder Plings: Telefonklingeln und Benachrichtigungstöne lassen sich individuell einstellen. Das erfordert ein wenig Fummelei, aber der Lohn ist üppig: Ruhe. Fast alle Smartphones ermöglichen, jedem Anrufer seinen eigenen Klingelton zuzuordnen oder eben lautlos zu stellen. Mein Gerät klingelt nur, wenn wichtige Gesprächspartner anrufen, also Familie oder engster Freundeskreis. Alle anderen Nummern klingeln stumm und werden später zurückgerufen. Unhöflich? Aber nein. Wenn ich in ein Meeting gehe, bin ich auch nicht zu erreichen. Und oft bin ich eben in einem Meeting mit mir selbst.

Die Angst, dass einem Wichtiges entgeht, ist unbegründet. Es passiert nicht. Ähnlich verhält es sich mit den »Bings« und »Plings« sozialer Medien. Nein, neue Facebook-Nachrichten sind nie relevant, Mails oder WhatsApp auch nicht. Und Push-News irgendwelcher Nachrichtenseiten etwa? Stets gilt es, zwischen Nerv und Nutzen abzuwägen. Faustregel: Genervt wird immer, informiert selten. Deswegen: Benachrichtigungstöne radikal reduzieren.

Zartes Ächten: Es hat Jahrzehnte gedauert, aber inzwischen wird der Kampf gegen das Rauchen auch von Vulgärliberalen nicht mehr als Eingriff in die persönliche Freiheit gedeutet, sondern als Verteidigen des Wohlbefindens anderer, der sogenannten Passiv-Raucher. Eine ähnliche Opfergruppe gibt es auch in der digitalen Welt – Passiv-Kommunizierer, die ungewollt mithören oder zu warten haben, bis der Nutzer seine Sucht befriedigt hat.

Ein Nutzungsverbot des Smartphones breitet sich langsam aus. Restaurants und Bars empfehlen, das Gerät an der Garderobe abzugeben, manche Klubs kleben die Kamera ab, smartphonefreie Räume sind Luxus. Raucher, die sich an die frische Luft oder in vergilbte Kammern zurückziehen, können Vorbild für Smartphone-Junkies sein. Bislang wird das Gerät eilig auf der Toilette gecheckt. Dort, wo früher heimlich geraucht wurde.

Im Zweifel lassen: Wie häufig habe ich im Nachhinein eine Mail oder einen Post bereut, vor allem wenn Wut im Spiel war, ein Gefühl der Demütigung, ein Glas Wein zu viel oder alles zusammen. Fast nie habe ich mich dagegen gegrämt, wenn ich auf einen wütenden, beleidigten Text verzichtet habe. Daher gilt für mich: Im Zweifel einfach den ersten Reflex ignorieren und die Finger von der Tastatur lassen. Im Zweifel eine Nacht drüber schlafen.

Digitales Intervallfasten: Einer der größten Diättrends ist das Intervallfasten. Dem Körper wird für eine erträgliche Dauer die Nahrung vorenthalten. Dann darf wieder normal gegessen werden. Genauso funktioniert digitales Intervallfasten. Ob ich Sport treibe oder spazieren gehe, ob ich Freunde besuche oder einen Tag ins Grüne fahre – wann immer es geht, lasse ich mein Smartphone bewusst zu Hause. Morgens erledige ich die drängenden Mails, abends wieder. Und dazwischen genieße ich ein Leben in Unerreichbarkeit. Ich freue mich, dem steten Fotoreflex nicht nachgeben zu müssen. Ich vermisse weder Mails noch WhatsApp. Spannend ist zugleich die Selbstbeobachtung: Was fehlt mir am meisten, wann bitte ich andere, mir ihr Gerät zu leihen? Und dann ist da der Moment, wenn das Intervall vorbei ist, wenn Wiedersehensfreude und Erleichterung aufeinandertreffen: Wieder ist nichts Wichtiges passiert.

Wer nervt, fliegt raus: Lange dachte ich, Menschen mit merkwürdigen Meinungen seien durch Argumente, Fakten, Hinweise zu überzeugen. Aber soziale Medien haben die Kraft, selbst vernunftbegabte Zeitgenossen in Filterblasen-Zombies zu verwandeln, die plötzlich merkwürdige Theorien propagieren oder zweifelhafte Gurus zitieren. Es gehört zur grundgesetzlichen Freiheit, diesen Unsinn glauben zu dürfen. Aber zugleich habe ich die Freiheit, mich von solchen Menschen fernzuhalten. Ich blocke, entfolge, entfreunde konsequent Kreuzzügler, statt auf ihren nächsten irren Post zu warten, um ihn dann empört weiterzuleiten. Merke: Auch das empörte Verbreiten von Unsinn bleibt Verbreiten von Unsinn. Und das hilft immer den Falschen.

Nie ungelesene oder nur halbverstandene Artikel weiterreichen: Der Impuls, einen Beitrag nur aufgrund seiner Überschrift zu verbreiten, ist verständlich. Dummerweise werden immer mehr Beiträge eben für diesen Zweck gestaltet, das heißt: Überschrift und die ersten paar Zeilen verheißen einen Inhalt, den der Text leider nicht hergibt. Früher erreichten mich immer mal wieder Kettenbriefe, gegen die es nur ein Mittel gab: die Verbreitung zu unterbrechen. Nein, es wird mich kein Fluch treffen.

Digitale Geräte raus aus dem Schlafzimmer: Viele Menschen benutzen das Smartphone als Wecker. Klar, man kann auch Zigaretten samt Aschenbecher neben das Kopfkissen stellen, wie es starke Raucher tun. Praktisch. Aber es gibt ein Kollateralproblem: Ob abends vor dem Einschlafen oder morgens mit verquollenen Augen – stets ist die Verlockung greifbar nah, die ersten oder letzten Minuten des Tages mit Nutzlosem zu vertrödeln, übrigens immer länger, als man möchte. Ob iPad oder Smartphone – das Verhältnis von gewonnener Information und verschenkter Lebenszeit gestaltet sich immer negativ.

Ich bin zurückgekehrt zu einem Radiowecker. Wie ein Haustier hat das Smartphone sein Körbchen, an einer fernen Steckdose. Und dort bleibt es meistens, bis ich in die Welt gehe beziehungsweise bis die Familie das Haus verlassen hat und ich meine Morgenroutine absolviert habe, die mir nachweislich guttut: aufstehen, fertig machen, frühstücken, ein bisschen Meditation, ein wenig Sport. Erst dann, und wirklich erst dann, sind digitale Geräte an der Reihe. Abends läuft die Routine exakt andersherum. Zunächst wird das Smartphone abgelegt, spätestens wenn sich das Netz gegen 21.30 Uhr abschaltet. Für alles andere ist plötzlich überraschend viel Zeit.

Ausprobieren – und wieder lassen: Ich bin neugierig, ich bin ein Spielkalb, ich bin schnell gelangweilt. Daher probiere ich alle möglichen Angebote aus, unter einem einzigen Aspekt: Gefällt es, hilft es, ist es unverzichtbar? Im Fall von Instagram stellte sich trotz mehrfacher Anläufe kaum Resonanz ein. Bei Twitch auch nicht, weder bei TikTok, Snapchat noch bei vielen anderen Apps, die von Experten oder meinen Kindern als heißer Scheiß gepriesen wurden. Mit dem Dreiklang Testen – Lassen – Löschen habe ich meine eigene Methode gefunden, um Attraktivität zu prüfen. Ich kann mitreden, ohne mitzumachen.

Abschalten: Ich gebe zu, dass diese Methode radikal ist. Aber sie wirkt. Unser WLAN schaltet sich wochentags gegen 21.30 Uhr und am Wochenende gegen Mitternacht aus, für alle. Heimliches Surfen der Kinder unter der Bettdecke ist damit ebenso unmöglich wie Binge-Watching der Eltern. Für Besuch ist es bisweilen ungewohnt, dass wir absichtlich offline sind. Aber die Effekte sind sofort spürbar. Wir reden miteinander, lesen oder gehen früher schlafen. Nie wieder diese furchtbaren Momente, wenn Essensgäste ihr Smartphone zücken, um mit Urlaubsbildern zu langweilen. Natürlich ließe sich das WLAN mit einem Knopfdruck aktivieren, wenn eine Mondlandung anstünde oder ein Boxkampf mit Muhammad Ali. War bisher aber nicht der Fall.

Feste Zeiten: Dieses Projekt harrt seiner Verwirklichung. Ich träume davon, jeden Morgen und jeden Abend in etwa 30 Minuten alles Digitale, von Mails über Banking bis Social Media, zu erledigen, um für den Rest des Tages meine Ruhe zu haben. Das klappt eher selten, ich übe weiter.

Regeln: Unsere einzige lautet: kein Smartphone bei Tisch. Ausnahme: Beim Kochen zuvor wird Musik, Rezept oder YouTube-Anleitung gebraucht.

Stillarbeit: Hausaufgaben oder Texte schreiben wird unmöglich, wenn währenddessen Mails oder andere Benachrichtigungen eintreffen. Zwar sind die Benachrichtigungstöne abgedreht. Aber irgendwo blinkt es ja doch wieder. Und alles ist wichtiger und interessanter als das, was erledigt werden sollte. Daher wird das WLAN beim Schreiben gekappt und das Smartphone möglichst weit weg platziert. Zur Belohnung darf nach einer Phase der Stillarbeit geguckt werden, zum Beispiel jede halbe Stunde für fünf Minuten. Inzwischen helfen auch Android und iOS, die Ruhe zu wahren. Der Google Calendar bietet eine Funktion namens »Working Hours«, die Terminanfragen automatisch zurückweist und »Out-Of-Office«-Meldungen verschickt. Apple bietet ab Version iOS 12 die »Do-Not-Disturb«-Settings, die ebenfalls für ungestörte Arbeit sorgen.

Datenvolumen: ganz einfach: knapphalten und den kleinsten Tarif wählen. Sorgt für bewusstes Surfen unterwegs, verhindert Zocken und Glotzen, etwa auf dem Schulweg.

Klappe zu: Eine Handyhülle mit Klappe mag nicht stylisch sein. Aber dieser eine Handgriff mehr, das Aufklappen, führt bei mir zu einer deutlichen Reduzierung vor allem der unbewussten Blicke aufs Display. Und verhindert, dass Geblinke auf dem Bildschirm beim Eintreffen neuer Nachrichten zum spontanen Greifreflex führt.

Zugang erschweren: Bei jedem Gebrauch des Smartphones muss der Entsperrcode eingegeben werden. Wie bei der Handyhülle eine weitere absichtlich eingebaute Hürde, die unbewusstes Reflexglotzen reduziert.

Messen verweigern: Body-und-Life-Optimierer wurden uns in den Hochzeiten des Internets als die besseren Menschen präsentiert. Ob Kalorien, Schritte oder Atemzüge – alles wurde gezählt, vermessen und ausgewertet. Keine Frage: Wer sich systematisch auf einen Marathon vorbereitet, braucht Trainingsdaten. Wer ein Bewegungsproblem hat, soll sich von 10 000-Schritte-täglich-Apps motivieren lassen. Meist aber führen derlei Programme weniger zur Fitness als zu vermehrtem Daddeln und Posten. Einzig sinnvolle Zählerei: die wöchentliche Meldung, wie viel Zeit ich am Smartphone-Bildschirm verbracht habe. Mein Ehrgeiz besteht darin, die Vorwoche zu unterbieten. Ansonsten gilt: Messen einfach lassen.

App-Diät: Apps müssen auf eine Seite meines Smartphones passen, ohne Tricks wie etwa Ordner. Auf einer zweiten Seite bunkere ich unlöschbare Apps, die mir das Gerät vorschreibt, die ich aber nie benutze. Ich habe also nie mehr als 24 Apps im Einsatz. Und das ist gut so. Denn bei jeder neuen Anwendung bin ich gezwungen zu entscheiden, ob und was ich aufgeben möchte. Der unentwegte Relevanzkampf meiner Apps sorgt für Übersicht im Smartphone. Und mir fehlt nichts.

Zusätzliche Freiheit schaffe ich mir, weil ich weder Apps für Social Media noch für Spiele, weder für Filme noch für Bürotätigkeiten bei mir trage. Banking oder Twitter erledige ich ausschließlich am heimischen Rechner. Gedaddelt wird nicht. Ein spontanes Smartphone-Foto kann ich erst daheim posten, was die alltägliche Fotografiererei reduziert. Die Nachrichtenseiten von *spiegel.de* und *morgenpost.de* gönne ich mir berufsbedingt, versuche aber, den Konsum in Grenzen zu halten. Geschichten, die mit den Worten »US-Präsident Donald Trump …« beginnen, oder Einsichten aus dem Dschungelcamp brauche ich weder unterwegs noch zu Hause.

Apps entrechten: Auf längeren Reisen gehe ich meine Apps durch, um ihre Rechte zu beschränken. Ja, ich bin ein Digtator in meinem eigenen digitalen Reich. Und ich fühle mich gut dabei. Die netten kleinen Nervensägen fragen ja leutselig, ob sie Kamera, Mikrofon oder Standort erfassen dürften. Was sie nicht sagen: Eine einmal erteilte Generalerlaubnis gilt praktisch für den Rest des Lebens. Weil der Sinn vieler Apps im Sammeln von Daten besteht, reduziere ich die Rechte einer App auf das absolute Mindestmaß. Nein, eine Navi-App benötigt keinen Zugriff auf meine Kontakte, keine Nachrichten-App meinen Standort. Braucht die App tatsächlich Standort oder Kamera, kann man den Zugriff »einmal« erlauben. Ja, das bedeutet zweimal mehr drücken. Dadurch wird der Nutzer immer wieder erinnert, dass die bunten kleinen Gesellen nicht nur Nützlinge sind, sondern auch ekelhafte Spione.

Lieber zahlen: Dienste, die scheinbar umsonst sind, werden mit Daten bezahlt. Wer wissen will, was die Weltmacht Google mit ihren Angeboten von Android über YouTube, von Chrome über Gmail, von Maps bis Google Drive so alles einsammelt, kann unter google.com/maps/timeline oder unter myactivity. google.com nachschauen. Andersherum gilt: Gebührenpflichtige Angebote sind meistens sauber, wie der Mailservice Posteo oder die WhatsApp-Alternativen Threema und Signal. Die Kosten sind überschaubar, manchmal fehlt es nur an etwas Bedienungsfreundlichkeit.

Ebenfalls Geduld erfordern Open-Source-Angebote, die gern bei der Installation ein wenig mucken. Wer ein altes Gerät, etwa ein Tablet, herumliegen hat, kann in einer ruhigen Minute testen, ob ein Browser wie Firefox nicht womöglich als Alternative taugt. Firefox ist von der Mozilla-Stiftung finanziert, die für ein »gesundes Internet« wirbt. Hier wird der Datenschutz respektiert. Firefox blockiert automatisch Werbetracker, die in Webseiten eingebaut sind, um unser Surfverhalten zu verfolgen. Auch die Suchmaschine Ecosia kommt ohne Datensammelei aus; dafür wird das Klima gerettet. Rund 100 Millionen neuer Bäume hat Ecosia bereits angepflanzt als Ausgleich für den Stromverbrauch bei der Suche. Und statt des verbreiteten Doodle-Kalenders bietet der Verein Digitalcourage (poll.digitalcourage.de) eine Alternative zum kollektiven Terminefinden.

Einfach bezahlen: Digitales Bezahlen ist absichtsvoll unübersichtlich. Unsere Oma hielt noch die Hand auf dem Portemonnaie und wusste auf den Pfennig genau, wie viel ihre Barschaft betrug. Um wenigstens einen Rest Überblick zu behalten, nutze ich neben Kredit- und EC-Karte nur PayPal, aber ausschließlich auf dem Rechner. Generell gilt: Bargeld bietet nach wie vor den allerbesten Überblick über Ausgaben.

Keine Sprachsteuerung: Aus Recherchegründen habe ich mir einst eine Alexa zugelegt. Wir haben ein wenig gespielt, bis die Beziehung erkaltet war. Ähnlich verhielt es sich mit Siri, der Alleswisserin von Apple. Die Sprachassistenten dienen den Konzernen vor allem als Trainingsgeräte, um ihre Spracherkennungs-Softwares zu perfektionieren, das nächste große Ding. Denn was ich mit einem spontanen Zuruf bestelle, kann das Hirn noch schlechter bremsen als Klicks auf der Tastatur. Fehlt mir was? Nein. Und das gilt, solange mir Alexa keinen Gin Tonic mixen kann.

Ausloggen: Ja, mit Lästigkeit verbunden, aber sinnvoll – immer und überall das Programm beenden. Google und Facebook sind Meister darin, so zu tun, als seien sie gar nicht da, um im Hintergrund emsig weiter zu sammeln, was geht. Bei Google ist das der Klick aufs Profilfoto, bei Facebook auf das Dreieck oben rechts. Achtung Falle: Sollte allerdings noch eine Anwendung laufen, die mit einem der beiden Dienste verbunden ist, sind wir automatisch wieder angemeldet.

Obfuskation oder: Das Internet belügen: Über jeden von uns existieren gigantische Datensätze, ob wir wollen oder nicht. Software kann uns an unserem Gang, unseren Texten, selbst auf unscharfen Urlaubsbildern erkennen. Man darf von einem asymmetrischen Machtverhältnis sprechen. Aus der Hacker-Bewegung stammt die Idee von der Obfuskation, dem Verschleiern unserer Daten, kurz: das Netz zu belügen, mit falschen Bildern und Identitäten, die die Algorithmen verwirren. Das eigene Profilbild lässt sich so verändern, dass Gesichtserkennungen nicht funktionieren, wir aber für das menschliche Auge weiterhin zu erkennen sind. Es geht nicht um Betrug, sondern um Notwehr, um wieder Chancengleichheit herzustellen. Werden gegen meinen Willen Daten gesammelt, etwa alle von mir digital verfügbaren Bilder, muss ich die Chance haben, mich dagegen zu wehren.

Die Macht der Kunst entdecken: Es ist weniger die Politik als vielmehr die Kunst, die sich kritisch-kundig mit den neuen Technologien und ihren Folgen befasst, ob auf dem NODE-Festival, der re:publica oder der Transmediale. Modedesigner entwerfen Kleidung, die Gesichtserkennung erschwert. An der Grenze zwischen Anarchie, Kunst und bürgerlichem Ungehorsam balancieren die Modelle der Designerin Kate Rose, deren Sweatshirt mit Nummernschildern etwa die automatisierten Systeme verwirrt. Adam Harvey bietet Stealth Wear, die den Kameras Gesichter vorgaukelt, wo keine sind. Die Leipziger Designerin Nicole Scheller hat einen Hoodie entworfen, der wie ein Blumenstrauß aussieht und die Gesichtserkennung foppt. Sie zieht Folien in Mäntel, die Wärmebildkameras verwirren sollen, und lässt LEDs in Kapuzen blinken, die die Kameras statt des Gesichts einen hellen Kreis aufzeichnen lassen.

Aus der Kunstszene stammen auch Programme, die nach dem Prinzip Zufall Datenmüll erzeugen, um den Sammlern das Kategorisieren zu erschweren. Gorando klickt willkürlich Emojis bei Facebook, womit die Gefühlsanalyse verwirrt wird, Adnauseam klickt zufällig auf Werbebanner, Trackmenot gibt irrsinnige Fragen bei Suchmaschinen ein. Wer das Datensammeln nicht verhindern kann, macht die Beute zumindest wertlos.

Der digitale Öko: Umweltfreunde züchten Tomaten auf dem Balkon, imkern auf dem Dach, verarbeiten saisonales Gemüse aus der Kiste vom Bauern, kurz: Sie meiden den schnellen und bequemen Weg über die Plastikwelt des Supermarkts, um nachhaltiger, bewusster und reduzierter zu konsumieren. Warum? Weil im Sellerie aus dem eigenen Hochbeet mehr Sinn steckt als in Avocados aus Südamerika.

Bewusste Bürger misstrauen dem Prinzip »billig und bequem«, sie informieren sich vielmehr über Inhaltsstoffe, Ökobilanz, Herkunft und Arbeitsbedingungen und halten »Fairtrade« für ein wichtiges Siegel. Ein ähnlich kritisches Bewusstsein hat auch die digitale Wirtschaft verdient. Wer steckt hinter dieser Webseite? Wo werden die Steuern bezahlt? Ist dieses Spiel unbedenklich für ein Vorschulkind? Wie Filme eine Altersfreigabe erhalten, Kosmetika für Tierversuche gescholten und jede Kaffeebohne auf ihre sozialen Kosten hin untersucht werden kann, lassen sich auch digitale Angebote prüfen und kategorisieren. Erst wenn ein klarer, nachvollziehbarer Qualitätsmaßstab etabliert ist, haben Verbrauchende die Chance, bewusste Entscheidungen zu treffen.

Informieren hilft: Wissen ist die wirkungsvollste Waffe von Bio-Surfern gegen Digitalkonzerne, aber auch von Wahlbürgern gegen Autokraten. Ob es nun die Tricks von Cambridge Analytica waren, die Donald Trump mutmaßlich ins Amt brachten, oder die verhängnisvollen Mechanismen der YouTube-Empfehlungen, die den Hetzer Bolsonaro erst bekannt und dann zum brasilianischen Präsidenten machten – all diese Phänomene sind bekannt und bestens dokumentiert. Die Informationen über die digitale Welt stehen reichlich und kostenlos zur Verfügung, von *heise.de* bis *mimikama.at*, von *netzpolitik.org* bis *saschalobo.de*, vom Faktenfinder der »Tagesschau« bis zu den Online-Angeboten vieler Zeitungen. »Das wusste ich gar nicht« gilt als Ausrede schon lange nicht mehr. Wer viel surft, sollte auch viel darüber wissen.

Einfach mal fragen: Das Klagen über Datenmissbrauch gehört zum guten Ton des Bildungsbürgers, aber konkrete Informationen darüber beschafft er sich selten. Dabei bieten die größten Datensammler tatsächlich einen Einblick in die eigene Arbeit. Ob »Mein Amazon«, das »Facebook-Aktivitätsprotokoll« oder »Google Dashboard« – überall lässt sich ganz legal schauen, einstellen oder überhaupt erst einmal ein Bewusstsein schaffen, was da jede Sekunde durch die Leitung abfließt. Als der Datenkämpfer Max Schrems 2011 durchsetzte, all seine je von Facebook gesammelten Daten zu bekommen, erhielt er eine Datei, die 1 200 Seiten Papier entsprach. Dank Aktivisten wie Schrems sind die Nutzer heute weiter. Wir können den Gebrauch von Daten untersagen oder zumindest einschränken. Es braucht allerdings etwas Zeit, um Gespür für die pudergezuckerte Sprache zu entwickeln. Die Konzerne wollen »das Erlebnis verbessern«, was übersetzt nichts anderes heißt, als möglichst zielgenaue Reklame zuzuspielen. Wer sich von dem klebrigen Mix aus Versprechen und Drohung nicht irritieren lässt, bekommt sowohl bei Googles Sicherheits-Check als auch beim Privatsphären-Check von Facebook einen ganz neuen Blick auf sich selbst präsentiert: der Mensch als Datenwesen, reduziert darauf, ausrechenbar zu handeln und zu konsumieren.

Abschalten: Einst wollte ich Ranga Yogeshwar eine Mail schreiben, um ihm ein paar Fragen wegen dieses Buches zu stellen. »Danke für Ihre Mail!«, schnarrte das Antwortprogramm. »Momentan befinde ich mich in meiner OFF-Zeit. Bitte haben Sie Verständnis dafür, dass ich keine Mails lese, weder zeitnah noch später. Alle einlaufenden Mails werden gelöscht!« Bitte was? Löschen ohne Lesen? Ausgerechnet Ranga Yogeshwar, Wissenssammler und Wissensvermittler? Und wenn nun ein wirklich wichtiger Mensch was will, ein millionenschwerer Werbeauftrag winkt oder einfach nur Angst vor digitaler Einsamkeit droht? Egal: »Vielleicht erscheint Ihnen diese Handlungsweise radikal, doch in Zeiten der Dauererreichbarkeit sind mir Phasen der Fokussierung und des Abstands wichtig.« Recht hat er. Und deswegen suche ich Urlaubsziele aus, die maximal am Abend ein wenig mieses WLAN bieten, tagsüber aber keinerlei digitalen Terror. Er habe seine Eltern dafür oft verflucht, sagte unser großer Sohn, 26, unlängst. Inzwischen habe er kapiert, dass wir ihm und der Familie damit viel Gutes getan haben. Er hat sich überschwänglich bedankt.

Mehr Vielfalt wagen: Das Prinzip der Filterblase ist hinlänglich bekannt. Vor allem Rechtsradikale haben den medialen Tunnelblick kultiviert und schimpfen auf angeblich gleichgeschaltete »Systemmedien«. Eine putzige Verkehrung der Realität. Nirgendwo lässt sich Wahrnehmung leichter gleichschalten als in den sozialen Medien, wo Gleichgesinnte Gleichgesinntes mit Gleichgesinnten teilen. Demokratischer Medienkonsum aber braucht das Gegenteil: Binnen- und Außenpluralität. Vielfalt sollte sowohl innerhalb einer Redaktion als auch in der Gesamtheit aller Medien geboten sein, um Inhalte in einem Wettbewerb gegeneinander antreten zu lassen. Inhalte aber kosten.

Seit Facebook und Google den Weltmarkt für Reklame von den klassischen Medien weg- und auf die eigenen Plattformen gelenkt haben, hat sich ein unschöner Effekt eingestellt. Verlage und Sender tragen Produktionskosten für Inhalte, die die Netzwerke verbreiten. So wird Digital Natives vermittelt, dass Inhalte prinzipiell umsonst und irgendwie auch ziemlich gleichwertig seien. Stand ja bei Facebook. Die uns Boomern bekannten Unterschiede zwischen privat/öffentlich-rechtlich oder Boulevard/Abonnement existieren für unseren Nachwuchs nicht mehr. Wie soll da ein Bewusstsein für Vielfalt entstehen? Die beste Investition in die demokratische Erziehung unserer Kinder besteht vermutlich im Finanzieren einer Tageszeitung, die auf dem Küchentisch liegt.

Und am Ende noch ein Psychotrick: Ja, zugegeben, es geht jetzt um Manipulation, und zwar die der eigenen Wahrnehmung. Als jahrelanger Gefährte einer Psychologin ist mein Vertrauen in die großen und kleinen Tricks der konstruktiven Selbststeuerung nahezu grenzenlos. Besonders gut gefällt mir die Strategie des funktionalen Alibis, was viel besser klingt als »Ausrede« oder »Notlüge«.

Funktionale Alibis sind kleine Geschichten, die ich mir selbst erzähle, um mein Verhalten zu beeinflussen. Beispiel: Ich kann Facebook als große Bühne betrachten, die mir internationalen Ruhm verspricht. Ich kann das globale Netzwerk aber genauso gut wie eine Flasche Schnaps wahrnehmen, von der man hin und wieder ein Schlückchen genießt, aber wohldosiert.

Unser eigenes Kopfbild entscheidet mit darüber, ob und wie wir digitale Angebote nutzen. Glauben wir, dass uns viele Menschen mögen, weil wir originelle Dinge posten? Oder sehen wir die Plattformen als das, was sie sind, nämlich Maschinen, die nach mathematischen Regeln liefern, wonach wir dürsten: Bestätigung. Wer Facebooks algorithmisch orchestrierten Zuspruch für echte menschliche Sympathie hält, der glaubt auch, dass das Nicken eines Wackeldackels Zustimmung bedeutet.

Ein funktionales Alibi deckt keinen Mord, sondern erzählt eine Geschichte, die unsere Kopfbilder und Glaubenssätze verändert. Ein schönes Beispiel für funktionale Alibis finden sich in meiner Kindheit, als Eltern unseren ausufernden Fernsehkonsum mit der Warnung versahen, dass unsere Augen bald rechteckig sein würden. Auch der Kauf von Luxusartikeln wird oft mit solchen Storys gerechtfertigt, Langlebigkeit zum Beispiel. Funktionale Alibis können in allen Lebensbereichen wirken, ob ich nun daran glaube, dass ein ungemütliches Camping-Wochenende mit den Kindern meine Leistung im Büro steigert, die Wanderferien in WLAN-freien Zonen den Zusammenhalt der Familie stärken oder die vermeintliche Strahlung von Mobiltelefonen mein Hirn grillt. Für die Zukunft gilt es, funktionale Alibis zu ersinnen, die den unreflektierten Gebrauch digitaler Angebote eindämmen und vor allem mächtiger sind als das Dopamin, das die Tech-Giganten uns verabreichen.

Ausblick: Die Bhutan-Strategie

Wie wollen wir leben? Wie sieht das Deutschland der Zukunft aus? Digitale Aufholjagd? Digitale Wüste? Weder noch. Die Zukunft gehört denen, die Technologie und Ökologie, Ökonomie und Demokratie, Kopf, Leib und Seele zum Nutzen aller versöhnen.

Die Autofahrt, die ich am Anfang dieses Buches beschreibe, hat uns zu einer Kooperative geführt, die ich unbedingt besuchen wollte, um zu schauen, wie ein bewusstes Leben zwischen Hochtechnologie und gelingendem Miteinander aussehen kann. Die jungen israelischen Hippies nutzen einerseits die Segnungen des Internets, um ihre Produkte weltweit zu verkaufen. Diese Produkte wiederum tragen Tradition und Kultur, also viel Bewahrenswertes in sich. Es handelt sich um nachhaltig produzierte Kleidung, hergestellt in ärmeren Ländern: gute Rohstoffe, fair bezahlte Arbeit, hohe Qualität, zeitlose Modelle. Sie wollten ein globales Bewusstsein der gegenseitigen Verantwortung fördern, erklären die jungen Menschen, dazu Freundlichkeit und inneres Wachstum. In ihrer Kommune proben sie ein Zusammenleben, das diesen Zielen dient. Ihr Unternehmen peilt nicht die Weltmarktführerschaft an, sondern maximale Zufriedenheit aller Beteiligten, ob Lieferanten, Händler, Kunden, Mitarbeitende. Zugegeben, nur eine Handvoll Menschen. Aber irgendwer muss ja mal anfangen.

Ich habe nie verstanden, warum Helmut Schmidt für diese merkwürdige Behauptung gefeiert wird, dass zum Arzt gehen solle, wer an Visionen leidet. Ich mag Visionen. Meine lautet: ein Deutschland, das sich gelassen, aber unbeirrt auf eine Zukunft einstellt, die das Digitale klug nutzt, ohne in all die Fallen zu tappen, die dort lauern.

Ich wünsche mir einen dritten Weg. In allen Teilen der Welt wird der Umgang mit revolutionären Technologien probiert, in alle erdenklichen Richtungen. China testet die Totalüberwachung, die USA den Hyperkonsum, Russland die Desinformation. Überall wird das Militär digitalisiert. Demokratische Spielregeln geraten zu Folkloreelementen für die Ansprachen von Präsidenten. Aber wo auf der Welt wird der Mensch priorisiert, wo wird Technik gesellschaftsverträglich genutzt?

Ich wünsche mir ein Deutschland, das Technologie von ihrer monopolistischen Nutzung trennt, das Ökonomie und Menschlichkeit, Digitales und Ökologie integriert, ein Land, das seinen nicht unbeträchtlichen Ehrgeiz darauf verwendet, das modernste, effizienteste, liebenswerteste, grünste, sozialste und fairste Land der Erde zu werden, ein Land, dessen Erfolg sich daran bemisst, dass Menschen aus aller Welt unbedingt mal schauen wollen, wie diese Deutschen das nun wieder hingekriegt haben. Ich wünsche mir eine Heimat, deren Narrativ über die platte Aufholjagd hinausreicht, die das Wohl aller Bürger mehren will. Ganz nebenbei: Auch Bürger sind gefordert, etwa bei der Einsicht, dass es edlere Ziele im Leben gibt, als möglichst viele Schnäppchenreisen zu absolvieren.

Mit der Digitalisierung verhält es sich wie mit allen revolutionären Neuerungen, ob Dampfmaschine, Individualverkehr oder Wunderpharmaka: Eines Tages sind Begeisterungsrausch und Goldgräberstimmung verflogen, Nebenwirkungen werden sichtbar, die Menschen verlangen Schutz und Regeln. Hier käme Deutschland ins Spiel. Schutz und Regeln können wir gut.

Die Marktlücke der Zukunft: Digitalisierung mit Demokratie zu versöhnen, die soziale Marktwirtschaft um das Ökologische und das Digitale erweitern. Wo macht der Einsatz moderner Technik in der Bildung Sinn? Wie hält eine Nation die Balance zwischen Grundrechten einerseits und Prävention andererseits? Wie integrieren wir das Ich, das Wir, das Alle?

Die Corona-Krise war Stresstest und Standortbestimmung

zugleich: Wer sind wir? Wo wollen wir hin? Was ist uns wichtig? Was nützt uns? Was fehlt? Was kann weg?

Der kleine Himalaya-Staat Bhutan ist bekannt für seine eigene Art, den Erfolg seiner Politik zu bestimmen. Die Arbeit der monarchischen Regierung bemisst sich nicht nur an Wirtschaftskennzahlen wie dem Bruttosozialprodukt, sondern am Wohlbefinden der Bürger. Das Ökonomische ist ein wichtiger Baustein, aber eben nicht Zentralwert. Auch in westlichen Volkswirtschaften steigt die Sehnsucht nach Sinn und Nähe; Gewerkschaften verhandeln längst nicht mehr nur über Löhne, sondern auch über mehr freie Zeit. Ziel vieler Menschen ist ein gelingendes Leben, das nicht zwingend zwei Autos und eine 60-Stunden-Woche braucht.

Meine Vision: Deutschland verständigt sich auf eine Bhutan-Strategie. Bei jeder politischen Entscheidung wird fortan gefragt: Wird das Wohlbefinden des Einzelnen und der Gemeinschaft gefördert? Dient dieses Gesetz, jene Verordnung unseren Werten und Zielen, etwa dem Zusammenhalt in der EU oder der Maßgabe, dass kein Kind ohne Schulabschluss ins Leben geschubst wird? Welche digitale Lösung ist hilfreich auf diesem Weg, welche führt in die Irre? Sollten sich Hinweise verdichten, dass massenhafter Konsum sozialer Medien die Menschen dumm und wirr macht, dann muss der Gebrauch, wie bei anderen Sucht- und Genussstoffen auch, limitiert werden.

Diese Bhutan-Strategie dreht sich nicht nur um Kennzahlen, sondern hat fundamentale Fragen im Blick: Sind unsere Errungenschaften bedroht? Welche Unternehmen verhalten sich unsolidarisch, weil sie ihre Steuern nicht dort zahlen, wo die Gewinne gemacht werden? Wo wachsen Monopole heran? Wie erhalten wir unsere Stärken, etwa Vielfalt, ob in der Kultur, in den Fußgängerzonen oder in den Köpfen? Welche Bildung bietet unseren Kindern eine schlaue Mischung aus Analogem und Digitalem? Und wie soll ein unabhängiges Mediensystem aussehen, das dem Zusammenhalt dient und nicht als Bühne für Hate und Fake?

Den pubertären Schlachtruf von der »Disruption« hätte ich gern ersetzt durch »Wachstum«, durch ein Leitbild von Transformation, deren Ziel eine ständige Verbesserung ist, mehr Nutzen für alle. Ist »Tempo« wirklich ein Wert an sich? Macht »Wachstum« ohne die Adjektive »nachhaltig« und »menschlich« wirklich Sinn? Sind Menschen wirklich nur Konsumenten?

Diese Strategie erfordert Mut. Denn sie erschöpft sich nicht im Kopieren, sondern erfordert das selbstbewusste Beschreiten eines eigenen, eines dritten Wegs, der auch noch EU-kompatibel zu sein hat. Die Erfahrungen aus all den gesellschaftlichen Experimenten der vergangenen 150 Jahre bieten schon mal ein stabiles Fundament. Im Datenzeitalter, sagt Yuval Noah Harari, gerate das ganze Leben »zu einem endlosen, stressigen Bewerbungsgespräch«. Müssen wir das mitmachen? Oder misstrauen wir dem Mainstream, prüfen ehrlich unsere Bedürfnisse und machen dann, was wir »wirklich, wirklich wollen«. So definiert der Philosoph Frithjof Bergmann Glück.

Seien wir ehrlich: Es wird nicht von großem Erfolg beschieden sein, wenn wir ein Google, Facebook oder Amazon einfach nachbauen. Eine vorausschauende Gesellschaft geht einen Schritt weiter und beginnt jetzt mit den Arbeiten für ein Post-Google-System, das die offenkundigen Schwächen der aktuellen Börsenstars erkennt, abstellt und die Vorteile schlau weiterentwickelt. Als die Kernkraft ihren internationalen Siegeszug antrat, waren jene die Gewinner, die konsequent am Danach arbeiteten, an nachhaltigen und sicheren Energiesystemen.

Was können wir Deutschen besonders gut? Richtig: skeptisch sein. Hinterfragen. Das Haar sehen, nicht die Suppe. Wenn der Mut zu einer konsequent menschenfreundlichen Perspektive hinzukommt und wir uns die hellsten und dunkelsten Momente unserer Geschichte vergegenwärtigen, sind wir geradezu prädestiniert, an einer Bhutan-Strategie zu arbeiten: Im Mittelpunkt steht das Leitbild eines Menschen, der mehr kann und will, als zu nutzen und zu konsumieren, der Lernen schätzt, Wachsen, das Miteinander, der stolz ist auf sein

Land, wo mehr geboten wird als ein lebenslanges Bewerbungsgespräch.

Wäre die Welt ein Dorf, würde diese Bhutan-Strategie Deutschland als ein kreatives Bildungsviertel positionieren, wirtschaftlich gesund, konsequent demokratisch, nachhaltig und vor allem fröhlich. Aus allen Teilen der Welt würden die Menschen dieses Land besuchen wollen, das es fertigbringt, rare Ressourcen zu vermehren: Freundlichkeit, smarteste Technologie, Zeit für einen Plausch, Wachstums- und Lernangebote für Menschen jeden Alters und aller Herkünfte, Freiräume zum Denken, Atmen, Bewegen.

Ein Land, das den Wert des Zufalls zu schätzen weiß und nicht im Alles-ist-ausrechenbar-Wahn feststeckt, ein Land, das dem Leben in permanenter Gegenwart misstraut und schlaue Wege praktischer Entschleunigung geht. Nichterreichbarkeit ist Luxus. Warum nicht Inseln mit extra langsamem Internet schaffen, warum nicht eine Viertelstunde Wartezeit bis zur Veröffentlichung eines Posts einbauen? Seit Daniel Kahneman wissen wir, dass unser Denken aus guten Gründen mal langsamer, mal schneller erfolgt. Kann es mit dem Internet nicht genauso sein?

Und für die Ökonomen: In einer Turbowelt wird das Entspannte, Nachhaltige, Demokratische, Kluge, Herzliche, Faire, Menschenfreundliche ein international geschätzter Wettbewerbsvorteil sein. Und auch das Digitale bekommt seinen Platz – nicht als Selbstzweck, Religion oder Konsumturbo, sondern als Instrumentarium, das nur einen Zweck hat: unsere Lebensqualität zu verbessern.

Hilfreiches und Wissenswertes

Digitale Gelassenheit/Detox

Holz, Gesa: »Digital Detox: 8 Tipps für das moderne Entgiften«. In: *stern.de* 14. April 2018.

John, Dan: »Why you should embrace the joy of missing out«. In: *BBC Online* 7. Februar 2020.

Lehnen, Eva: »Zum Glück kein Empfang«. In: *SPIEGEL Online* 13. Februar 2020.

Otto, Anne: »So funktioniert Digital Detox«. In: *SPIEGEL Online* 6. April 2018.

Fasten

Apple »Bildschirmzeit«: https://support.apple.com/de-de/HT 208982

Digital Wellbeing (Android): https://play.google.com/store/apps/details?id=com.google.android.apps.wellbeing&hl=de

Warnke, Simone: »Digital Detox: Mit diesen Apps klappt das Handyfasten«. In: *inside-digital.de* 27. Februar 2020.

Faire Geräte, Browser und Suchmaschinen

(Browser) Mozilla Firefox: https://www.mozilla.org/de/firefox/new/

(Geräte) AfB social & green IT: https://www.afb-group.de/home/

(Mail) Posteo: https://posteo.de/de

(Mail und Webhosting) Greensta: https://ssl.greensta.de

(Smartphone) Fairphone (Website): https://www.fairphone.com/de/

(Smartphone) Germanwatch: »Faire Handys«: https://germanwatch.org/de/stichwort/faire-handys

(Suche) Ecosia: https://www.ecosia.org

(Termintool) Digitalcourage: https://nuudel.digitalcourage.de

(Telefonkonferenz) meetgreen [kostenpflichtig / Stand Mai 2020]: https://meetgreen.de

(Webhosting – Überblick) The Green Web Foundation: https://www.thegreenwebfoundation.org/directory/

(Messenger) Floemer, Andreas: »Whatsapp-Alternativen: Das können die Messenger von Signal über Threema bis Wire«. In: *t3n.de* 24. Februar 2020.

Fakten checken

Mimikama: https://www.mimikama.at

ARD-Faktenfinder: https://www.tagesschau.de/faktenfinder/

Correctiv Faktencheck: https://correctiv.org/faktencheck/

EUvsDisinfo (Projekt des Strategischen Kommunikationsteams Ost des Europäischen Auswärtigen Dienstes [EEAS] der EU): https://euvsdisinfo.eu

von Gehlen, Dirk, und Ott, Klaus: »Zehn Tipps gegen die Lügen«. In: *Süddeutsche Zeitung Online* 16. März 2020.

(Klickzahlen) Y-Kollektiv: »Der Rap Hack: Kauf Dich in die Charts! Wie Klickzahlen manipuliert werden«. In: *YouTube.com* 23. Mai 2019.

Verstehen, Ausprobieren & Lernen

(Bitcoin) Elsner, Dirk: »Lesehinweis zu Darknet, Kryptografie und Phänomen Bitcoin«. In: *Blick Log* 2017.

(Bitcoin) ProSieben Galileo: »Bitcoin-Mine: Hier werden Millionen verdient«. In: *YouTube.com* 16. Mai 2017.

(Podcasten) Apple »GarageBand« (App): https://apps.apple.com/de/app/garageband/id408709785

(Programmieren) Coursera: https://www.coursera.org/learn/

(SEO) IHK Düsseldorf, Zertifikatslehrgang SEO-SEA Manager Den Lehrgang bieten auch andere IHKs an, z. B. Bielefeld, Köln.

Aufräumen

(Smartphone) Brand, Robin et al.: »So machen Sie Ihr altes Smartphone wieder flott«. In: *SPIEGEL Online* 3. Mai 2020.

(Smartphone) Peters, Marcel: »Speicher vom iPhone ist voll – so schaffen Sie Platz«. In: *CHIP.de* 25. Mai 2018.

(Smartphone) Typisch Sissi: »Digitaler Minimalismus – Smartphone ausmisten – what's on my phone #nurwasichmag«. In: *YouTube.com* 29. Dezember 2018.

Nachbarschaft

https://nachbarschaft.net
https://nebenan.de
https://nextdoor.de

Selbstschutz & Ungehorsam

(Adblocker) Adblock Plus: https://adblockplus.org/de/

(Adblocker) o. V.: »Top 100 Adblocker Downloads aller Zeiten«. In: *CHIP.de*

(Daten-Schutz) Rupp, Michael: »Inkognito-Modus: Privatsphäre beim Surfen schützen«. In: *PC-WELT* 01.05.2019.

(Daten-Schutz) TrackMeNot: https://www.chip.de/downloads/TrackMeNot_29096048.html

(Google) Google My Activity: https://myactivity.google.com/myactivity

(Mode) Adversarial Fashion: https://adversarialfashion.com/pages/diy-resources

Auf www.netzentdecker.de werden all diese Themen ausführlich behandelt und weitere Links und Informationen bereitgestellt.

Quellen

Allcott, Hunt, et al.: *The Welfare Effects of Social Media*. (Studie) In: web.stanford.edu 8. November 2019.

Alter, Adam: *Unwiderstehlich: Der Aufstieg suchterzeugender Technologien und das Geschäft mit unserer Abhängigkeit*. Berlin 2018.

Amer, Karim, und Noujaim, Jehane (Regie): *Cambridge Analyticas großer Hack (The Great Hack)*. (Film) USA 2019.

arte (Kanal »Irgendwas mit ARTE und Kultur«): »Süchtig nach Dopamin« [achtteilige Reihe]. In: *YouTube.com* 18. September 2019 ff.

as [nur Kürzel]: »Ex-Manager erhebt schwere Vorwürfe gegen Google«. In: *ZEIT Online* 3. Januar 2020.

Atland, Nils, und Kirfel, Gudrun: »#Umweltsau: Vom Kinderlied zur Morddrohung«. In: *NDR Online* 8. Januar 2020.

Bähr, Julia: »Schrems' jahrelanger Kampf gegen Facebook«. In: *Frankfurter Allgemeine Zeitung Online* 23. September 2015.

Balser, Markus: »Grüne fordern Recht auf Mobilfunk«. In: *Süddeutsche Zeitung Online* 13. Januar 2020.

Balser, Markus: »Schatten der Zukunft«. In: *Süddeutsche Zeitung* 24./25. Mai 2017, S. 17.

Bartl, Marc: »Mit Hass und Hetze allein gelassen: Richard Gutjahrs schwere Vorwürfe gegen den BR-Intendanten«. In: *kressNEWS Online* 2. Januar 2020.

Bauchmüller, Britta: »›Fühl mich unendlich schuldig‹. Ex-Manager bereut seine Arbeit – und warnt vor Facebook«. In: *Kölner Stadt-Anzeiger Online* 14. Dezember 2017.

Baumgärtner, Maik, und Höfner, Roman: »So werden Sie auf Facebook von Fake Profilen manipuliert«. In: *SPIEGEL Online* 24. Januar 2020.

Baumgärtner, Maik, et al.: »Wie russische Hacker Deutschland angriffen«. In: *SPIEGEL Online* 2. März 2018.

Bernau, Patrick, und Budras, Corinna: »›Sprechen Sie nie wieder von Massenarbeitslosigkeit‹«. (Streitgespräch mit Richard David Precht und Jens Südekum) In: *Frankfurter Allgemeine Zeitung Online* 21. November 2018.

Betschon, Stefan: »Das World Wide Web hat sein gutes Gewissen verloren«. In: *Neue Zürcher Zeitung Online* 30. November 2019.

Beuth, Patrick: »Erst heimlich, dann unheimlich«. In: *SPIEGEL Online* 20. Januar 2020.

Beuth, Patrick: »›Keine Daten zu erzeugen [sic!] ist so unmöglich wie kein Wasser zu nutzen.‹« (Interview mit Andreas Weigend) In: *ZEIT Online* 9. Mai 2017.

Biermann, Kai, et al.: »Die Scharfmacher«. In: *ZEIT Online* 15. Mai 2019.

Bisky, Jens: »Krise der Selbstentfaltung«. (Interview mit Andreas Reckwitz) In: *Süddeutsche Zeitung* 11. November 2019, S. 14.

Blottner, Sebastian: »Ein Hologramm als Superstar«. In: *Berliner Morgenpost Online* 21. Januar 2020.

Böhm, Markus: »Immer wieder 8chan«. In: *SPIEGEL Online* 5. August 2019.

Böhm, Markus: »Nicht wie Nikotin, eher wie Zucker«. In: *SPIEGEL Online* 9. Januar 2020.

Bohland, Sabine: »Kongo: Wenn der Staat versagt«. In: *das-erste.de* 3. August 2019.

Bovermann, Philipp: »Geld wird klug«. In: *Süddeutsche Zeitung* 11./12. Januar 2020. S. 24.

Braune, Tim: »Nach Maradona-Moment: Ist Kühnert die Hand Gottes der SPD?«. In: *Hamburger Abendblatt Online* 8. Dezember 2019.

Breithut, Jörg: »Facebook entschuldigt sich für ›Arschloch‹-Seite«. In: *SPIEGEL Online* 31. Januar 2020.

Brien, Jörn: »Wie Amazon-Flex-Mitarbeiter mit Bots um Aufträge kämpfen«. In: *t3n.de* 13. Februar 2020.

Brinck, Christine: »Massiv gescheitert«. In: *ZEIT Online* 29. Oktober 2015.

Brüggemann, Alexander: »›Welche Schule hat uns das gelehrt?‹«. (Gespräch mit Erzbischof Francois-Xavier Maroy Rusengo) In: *kontinente Online* 2012.

Brühl, Jannis: »Freiheit im Visier«. In: *Süddeutsche Zeitung* 11./12. Januar 2020.

Brühl, Jannis, und Hurtz, Simon: »Ich kann dich sehen«. In: *Süddeutsche Zeitung* 21. Januar 2020, S. 18.

Brühl, Jannis: »›Wir sind das Nutzvieh‹«. (Interview mit Aral Balkan) In: *Süddeutsche Zeitung Online* 13. Dezember 2019.

Bücker, Teresa: »Ist es radikal, immer und offen zu sagen, was man denkt?«. In: *Süddeutsche Zeitung Magazin Online* 20. November 2019.

Bundesministerium für Bildung und Forschung (BMBF): »Industrie 4.0«. In: *BMBF Online* o. D.

Burgess, Matt: »Smart dildos and vibrators keep getting hacked – but Tor could be the answer to safer connected sex«. In: *Wired Online* 3. Februar 2018.

Carl, Verena: »Hier geht's lang!«. In: *BRIGITTE* 1/2020, S. 16.

Christ, Sebastian, et al.: »Das Netz der Zwanziger«. In: *Tagesspiegel Online* 3. Januar 2020. [nicht mehr online, Stand März 2020]

Clüver Ashbrook, Cathryn: »Die digitale Achillesferse«. In: *Internationale Politik und Gesellschaft (IPG) Online* 20. Januar 2020.

Conova Media UG (haftungsbeschränkt; Hrsg.): *Safety-securityTICKER.*

Cwienk, Jeannette: »Internetsperren gegen Bürgerproteste«. In: *Deutsche Welle Online* 20. Dezember 2019.

Czaja, Wojciech: »New Work: Tun, was man ›wirklich, wirklich will‹«. (Interview mit Frithjof Bergmann) In: *Der Standard Online* 2. Juni 2018.

Damore, James: »Google's Ideological Echo Chamber«. In: *assets.documentcloud.org* Juli 2017.

Daum, Timo: *Das Kapital sind wir: Zur Kritik der digitalen Ökonomie*. (Nautilus Flugschrift) Hamburg 2017.

Deggerich, Markus: »Danke, es geht mir gut«. In: *SPIEGEL Online* 11. November 2019.

Detsch, Claudia: »Schrei nach Liebe«. (Interview mit Julia Ebner) In: *Internationale Politik und Gesellschaft (IPG) Online* 10. Februar 2020.

Deuber, Lea, et al.: »Pakt mit Peking«. In: *Süddeutsche Zeitung* 26. November 2019, S. 2.

Deuber, Lea, et al.: »Sammler und Jäger«. In: *Süddeutsche Zeitung* 25. November 2019. O. S.

Deuber, Lea, et al.: »Wie China Uiguren weltweit überwacht«. In: *Süddeutsche Zeitung Online* 24. November 2019. O. S.

Diener, Andrea: »Instagrammable«. In: *Frankfurter Allgemeine Zeitung Online* 25. Oktober 2018.

Dinger, Alexander: »Cyber-Experte: ›Das Netz ist ein Kriminalitätsort geworden‹«. In: *Berliner Morgenpost Online* 21. April 2019.

Dörner, Astrid, et al.: »US-Techkonzerne wollen die Banken zurückdrängen«. In: *Handelsblatt Online* 13. November 2019.

Dörr, Julian: »Der Mythos vom Verlierer«. In: *Süddeutsche Zeitung* 13. November 2019, S. 12.

Doll, Nikolaus, und Siems, Dorothea: »Digitalisierung: Europa wird abgehängt«. In: *WELT KOMPAKT Online* 10. Januar 2019.

Dooley, Ben: »SoftBank Takes a $4.6 Billion Hit From WeWork. Its C.E.O. Remains Defiant«. In: *The New York Times Online* 6. November 2019.

Dornis, Valentin, et al.: »Russischer Riese«. In: *Süddeutsche Zeitung* 30. November/1. Dezember 2019, S. 25.

Dueck, Gunter: *Heute schon einen Prozess optimiert? Das Management frisst seine Mitarbeiter*. Frankfurt a. M. 2020.

Duhm, Lisa: »Was der Vorstandschef von jungen Kollegen lernen kann«. In: *SPIEGEL Online* 29. Februar 2020.

Eberl, Matthias: »Wie Tiktok seine Nutzer überwacht«. In: *Süddeutsche Zeitung Online* 4. Dezember 2019.

Ebert, Felix, und Munzinger, Hannes: »Auf Sendung«. In: *Süddeutsche Zeitung* 14./15. Dezember 2019, S. 11.

Ebner, Julia: *Radikalisierungsmaschinen. Wie Extremisten die neuen Technologien nutzen und uns manipulieren.* Berlin 2019.

Eckert, Svea, et al.: »Gekaufter Applaus«. In: *Süddeutsche Zeitung* 19. Dezember 2019. O. S.

Eco, Umberto: »Urfaschismus«. In: *DIE ZEIT* 7. Juli 1995.

Efler, Marcus: »Amazon Go: Rein, Rucksack füllen, raus«. In: *ZEIT Online* 30. September 2018.

Engelmeier, Gregor: »›Unser Spiel heißt Geld machen, und ihr seid darin nur eine Zahl‹«. In: *Tagesspiegel Online* 2. Januar 2019.

Epstein, Reid J., et al.: »How the Iowa Caucuses Became an Epic Fiasco for Democrats«. In: *The New York Times Online* 9. Februar 2020.

Erhard, Dominik: »Das Ende des Liberalismus«. In: *Philosophie Magazin* Nr. 01/2020, S. 11.

Ernst, Andreas, et al.: »Rechtsextreme Internetplattformen, der leichte Zugang zu Sturmgewehren und die Verrohung der politischen Sprache sind eine tödliche Mischung«. In: *Neue Zürcher Zeitung Online* 6. August 2019.

Ewert, Laura: »Überwachen oder aufwachen?«. (Gespräch mit Lars Eidinger und Wotan Wilke Möhring) In: *FOCUS Online* 23. November 2019.

Eyal, Nir: »Die Superkraft des 21. Jahrhunderts«. In: *Tagesspiegel Online* 1. Dezember 2019. [Stand März 2020]

Eyal, Nir: *Hooked: Wie Sie Produkte erschaffen, die süchtig machen.* München 2014.

Eyal, Nir: *Indistractable: How to Control Your Attention and Choose Your Life.* Dallas 2019.

Fenner, Dagmar: *Selbstoptimierung und Enhancement: Ein ethischer Grundriss.* Stuttgart 2019.

Fetscher, Caroline: »Müssen wir Lernen neu lernen?«. In: *Tagesspiegel Online* 8. Dezember 2019. [nicht mehr online, Stand März 2020]

251

Fröhlingsdorf, Michael, und Klein, Charlotte: »›Bei Kindern lässt sich ein Schuldgefühl erzeugen‹«. (Gespräch mit Celia Hodent) In: *SPIEGEL Online* 14. Januar 2020.

Fröhlingsdorf, Michael: »Darum warnen Mediziner vor Computerspielen wie ›Fortnite‹«. In: *SPIEGEL Online* 27. Dezember 2019.

Fuchs, Theobald: »Technikvorhersagen vor 60 Jahren & was daraus wurde«. (re:publica 2019) In: *YouTube.com* 12. Mai 2019.

Gamperl, Elisabeth, et al.: »Paradise Papers – Die Schattenwelt des großen Geldes«. In: *Süddeutsche Zeitung Online (Digitale Projekte)* o. D.

Gerdes, Anne: »Wissen, wo es langgeht«. In: *ZEIT Online* 20. Januar 2020.

Giese, Dr. Philipp (Interview mit Jeff Gallas): »›Der Pioniergeist lebt‹ – Jeff Gallas im Interview über die Lightning Conference«. In: *BTC-ECHO* 29. September 2019.

Gigerenzer, Gerd: *Bauchentscheidungen: Die Intelligenz des Unbewussten und die Macht der Intuition.* Gütersloh 2007.

Gökkaya, Hasan: »Die Bar der Millionäre«. In: *ZEIT Online* 18. Januar 2018.

Graf, Achim: »Alibaba: Sie sollen sich fürchten!«. In: *finanztrends.info* 8. Januar 2020.

Graff, Bernd: »Die Profiteure des Katzenjammers«. In: *Süddeutsche Zeitung Online* 19. November 2019.

Graff, Bernd: »Kisch 2.0?«. In: *Süddeutsche Zeitung* 27. März 2018, S. 13.

Graff, Bernd: »Zeit, dem Auge zu misstrauen«. In: *Süddeutsche Zeitung Online* 8. Januar 2020.

Grimm, Petra: »Die Macht der Erzählung«. In: *Süddeutsche Zeitung* 21. Januar 2020, S. 10.

Grimm, Petra, et al. (Hrsg.): *Digitale Ethik: Leben in vernetzten Welten. Kompaktwissen XL.* Ditzingen 2019.

Gröneweg, Maike: »Was macht Rezo im Internet, wenn er nicht auf die CDU schimpft?«. In: *Neue Osnabrücker Zeitung Online* 28. Mai 2019.

Grolle, Johann: »Pillen für die ewige Jugend«. In: *SPIEGEL Online* 30. Oktober 2017.

Grubb, Jeffrey: »Google Duplex: A.I. Assistant Calls Local Businesses To Make Appointments«. In: *YouTube.com* 8. Mai 2018.

Güßgen, Florian: »Wie Internet-Konzerne Lügen verbreiten und unser Leben manipulieren«. In: *Stern Online* 23. Januar 2020.

Gutensohn, David: »›Wir kommen vorbei, aber nicht zum Essen‹«. In: *ZEIT Online* 14. Januar 2020.

Gutjahr, Richard: »Game of Phones«. In: *journalist – das Medienmagazin* Online (Reihe: »Mein Blick auf den Journalismus«) 09. September 2019.

Haberl, Tobias: *Die große Entzauberung. Vom trügerischen Glück des heutigen Menschen.* München 2019.

Häntzschel, Jörg: »Der Akt des Teilens«. (Interview mit Achille Mbembe) In: *Süddeutsche Zeitung* 10. Januar 2020, S. 11.

Hagelüken, Alexander, und Kläsgen, Michael: »Kollege, sei wachsam«. In: *Süddeutsche Zeitung* 20. November 2019, S. 2.

Hagelüken, Alexander, und Zydra, Markus: »›Libra steht völlig quer zu allem‹«. (Interview mit Joachim Wuermeling) In: *Süddeutsche Zeitung* 5. November 2019, S. 19.

Hagelüken, Alexander: »Superstars produzieren Lohneinbußen«. In: *Süddeutsche Zeitung* 12. November 2018, S. 15.

Halpern, Sue: »The Neuroscience Of Picking A Presidential Candidate«. In: *The New Yorker Online* 3. Februar 2020.

Hamblin, James: »Why We Took Cocaine Out of Soda«. In: *The Atlantic Online* 31. Januar 2013.

Hauck, Mirjam: »›Deutschland ist erfolgsverwöhnt und satt‹«. (Interview mit Christoph Meinel) In: *Süddeutsche Zeitung* 30. Oktober 2019, S. 22.

Heinze, Rolf G., et al. (Hrsg.): *Digitalisierung und Nachbarschaft: Erosion des Zusammenlebens oder neue Vergemeinschaftung?* Baden-Baden 2019.

Heller, Piotr: »Die Bots wollen raus aus der EU«. In: *SPIEGEL Online* 23. Juni 2016.

Herget, Steffen: »Kinder und Technik: Machen Smartphones Schüler dumm?«. In: *androidpit.de* 2018.

Hermann, Sebastian: »Applaus, Applaus«. In: *Süddeutsche Zeitung* 19. Dezember 2019, S. 14.

Hern, Alex: »Instagram is supposed to be friendly. So why is it making people so miserable?«. In: *The Guardian Online* 17. September 2018.

Hern, Alex: »The fashion line designed to trick surveillance cameras«. In: *The Guardian Online* 14. August 2019.

Heumann, Stefan: »Arbeit 4.0«. In: *Süddeutsche Zeitung Online* 11. September 2016.

Heusch, Peter, und Unger, Christian: »Von Christchurch bis El Paso – das Netzwerk der Attentäter«. In: *Hamburger Abendblatt Online* 5. August 2019.

Hielscher, Matze: »Wie führt man ein produktives Leben und bleibt gefragt? – Micky Beisenherz im Podcast-Interview«. In: *Mit Vergnügen Berlin Online* o. D.

Hill, Kashmir: »The Secretive Company That Might End Privacy as We Know It«. In: *The New York Times Online* 18. Januar 2020.

Himmelrath, Armin: »»Keinesfalls alles abnicken, was die Schule vorgibt‹« (Interview mit Oliver Hauschke). In: *SPIEGEL Online* 23. Januar 2020.

Hippert, Julia: »Das Smartphone soll wieder dumm werden«. In: *Süddeutsche Zeitung Online* 24. Januar 2020.

Holland, Martin: »Missing Link: Nichts zu verbergen? Von Staatstrojanern, Quellen-TKÜ und Palantir, nicht nur in Hessen«. In: *heise.de* 16. Februar 2020.

Honert, Moritz: »Der große Vergleich der nationalen Glücksformeln [sic!]«. In: *Tagesspiegel Online* 17. Februar 2020.

Hoppenstedt, Max: »Wanzen im Wohnzimmer«. In *Süddeutsche Zeitung Online* 21. Oktober 2019.

Horbelt, Benjamin: »Mark Zuckerberg verpflichtet Ex-Tabak-Lobbyisten«. In: *turi2.de* 29. Juni 2019.

Horchert, Judith: »Das könnten Anzeichen für eine Späh-App auf Ihrem Handy sein«. In: *SPIEGEL Online* 8. März 2020.

Hordych, Harald: »›Eine beinahe historische Entscheidung‹«. In: *Süddeutsche Zeitung* 6. Dezember 2019, S. 31.

Horizont Redaktion: »Australien klagt Facebook [sic!]: 529 Mrd. US-Dollar Strafe steht im Raum«. In: *horizont.at* 10. März 2020.

Horn, Eva, und Peteranderl, Sonja: »Die Empörungsmaschine läuft heiß«. In: *SPIEGEL Online* 27. Januar 2020.

Horx, Matthias: »Der Mythos Disruption«. In: *Zukunftsinstitut Online* o. D.

Hostettler, Otto: Darknet: *Die Schattenwelt des Internets.* Frankfurt 2017.

Hulverscheidt, Claus, und Schmieder, Jürgen: »Ein Leben im Abo«. In: *Süddeutsche Zeitung* 7. Januar 2020. O. S.

Hurtz, Simon: »Böser Streich«. In *Süddeutsche Zeitung* 8./9. Februar 2020, S. 53.

Hurtz, Simon: »Das Netz darf keine Plattform für Massenmörder sein«. In: *Süddeutsche Zeitung Online* 5. August 2019.

Hurtz, Simon, und Haunhorst, Charlotte: »Facebook hält unsere Kritik am neuen Facebook-Logo für Clickbait«. In: *jetzt.de* 12. November 2019.

Hyde, Marina: »Bezos learns the harsh lesson of texting a crown prince fond of crucifixions«. In: *The Guardian Online* 24. Januar 2020.

Jaeger, Mona: »Der neue Herr im Haus«. In: *Frankfurter Allgemeine Zeitung Online* 3. Dezember 2019.

Jalsovec, Andreas: »Auf zum Gegenangriff«. In: *Süddeutsche Zeitung* 18. November 2019, S. 21.

Janisch, Wolfgang: »Ein bisschen Schmerz darf sein«. In: *Süddeutsche Zeitung* 13. Januar 2020, S. 18.

Jannasch, Sebastian: »Der rechnende Reporter«. In: *Süddeutsche Zeitung Online* 11. Oktober 2017.

Jansen, Frank: »Warum ein Massaker wie in El Paso auch in Deutschland droht«. In: *Tagesspiegel Online* 4. August 2019.

Jee, Charlotte: »Internet freedom is declining around the world – and social media is to blame«. In: *MIT Technology Review Online* 5. November 2019.

Jungk, Robert: *Der Atomstaat. Vom Fortschritt in die Unmenschlichkeit.* Berlin 1977.

Kalbitzer, Jan: *Digitale Paranoia: Online bleiben, ohne den Verstand zu verlieren.* München 2016.

Karberg, Sascha: »Krebs erstmals mit Crispr-Gentherapie behandelt«. In: *Tagesspiegel Online* 6. Februar 2020.

Kedves, Jan: »Nur aus Trotz«. In: *Süddeutsche Zeitung Online* 3. Dezember 2019.

Kedves, Jan: »Wer bist du?«. In: *Süddeutsche Zeitung* 11./12. Januar 2020, S. 57.

Kenan, Ido: »Show Intention to Rent Apartment, Says Judge«. In: *room404.net.*

Kerkmann, Christof: »So echt sehen Deepfake-Videos aus«. In: *Handelsblatt Online* 20. September 2019.

Kirzeder, Yasmin: »Jeder dritte Nutzer hat wiederholt Probleme mit seiner Internetverbindung«. In: *Vertraucherzentrale Bundesverband Online* 25. September 2019.

Klute, Hilmar: »Nicht zu fassen«. In: *Süddeutsche Zeitung* 7./8. April 2018, S. 49.

Koenig, Gaspard: *La fin de l'individu: Voyage d'un philosophe au pays de l'intelligence artificielle.* Paris 2019.

Koester, Elsa: »»Aggression und Scham liegen nah beieinander‹«. (Interview mit Stephan Lessenich) In: *der Freitag Online* Ausgabe 52/2019.

Köver, Chris: »Der selbstgebaute Algorithmus«. In: *netzpolitik. org* 19. November 2019.

Kolb, Matthias: »Schöne Fotos und nette Fragen«. In: *Süddeutsche Zeitung Online* 15. Februar 2020.

Kolokythas, Panagiotis: »259 Selfie-Tote in den vergangenen sechs Jahren«. In: *PC-WELT.de* 5. Oktober 2018.

Kolokythas, Panagiotis: »Google streicht ›Don't be evil‹ aus seinem Kodex«. In: *PC-WELT.de* 22. Mai 2018.

Kondo, Marie: *Magic Cleaning: Wie richtiges Aufräumen Ihr Leben verändert.* Hamburg 44. Aufl. 2013.

Koopmann, Jan-Paul: »Abschalten ist keine Lösung«. (Interview mit Geert Lovink) In: *SPIEGEL Online* 09.10.2019.

Kretschmar, Daniel: »Tim Berners-Lee und das offene Netz: Neun Prinzipien fürs Internet«. In: *taz Online* 2. Dezember 2019.

Kucklick, Christoph: *Die granulare Gesellschaft: Wie das Digitale unsere Wirklichkeit auflöst.* Berlin 2. Aufl. 2014.

Küchemann, Fridtjof: »Kommt damit klar! – ›Zerstörung der CDU‹ bei YouTube«. In: *Frankfurter Allgemeine Zeitung Online* 20. Mai 2019.

Kühl, Eike: »Wo weiße Terroristen posten«. In: *ZEIT Online* 5. August 2019.

Kümpel, Anna Sophie, und Rieger, Diana: »Wenn die Hetze das Netz verlässt«. In: *Tagesspiegel Online* 10. November 2019.

Kurzweil, Ray: *Menschheit 2.0: Die Singularität naht.* Berlin 2. Aufl. 2014.

Läsker, Kristina: »Der Chip ist Teil meines Körpers geworden‹«. (Interview mit TUI-Manager Alexander Huber) In: *SPIEGEL Online* 20. Oktober 2019.

LaJeunesse, Ross: »I Was Google's Head of International Relations. Here's Why I Left«. In: *Medium.com* 2. Januar 2020.

Lanier, Jaron, et al.: *Zehn Gründe, warum du deine Social Media Accounts sofort löschen musst.* Hamburg 2018.

Laperruque, Jake: »No, Clearview AI's creepy plan to spy on us is not ›free speech‹«. In: *The Guardian Online* 14. Februar 2020.

Leonhard, Ralf: »Autoritäre Herrschaft verteidigen«. In: *taz Online* 30. Juli 2019.

Lepore, Jill: *Diese Wahrheiten: Eine Geschichte der Vereinigten Staaten von Amerika.* München 3. Aufl. 2020.

Leutheusser-Schnarrenberger, Sabine: »Weitere Enthüllungen rund um Cambridge Analytica: Schützt unsere Daten!«. In: *Frankfurter Rundschau Online* 8. Januar 2020.

Lindenblatt, Roland: »Der Milliardenbetrug der Krypto-Königin«. In: *Capital Online* 13. Februar 2020.

Lischka, Konrad, und Stöcker, Christian: *Digitale Öffentlichkeit. Wie algorithmische Prozesse den gesellschaftlichen Diskurs beeinflussen.* Arbeitspapier im Auftrag der Bertelsmann Stiftung Gütersloh 2017.

Lobe, Adrian: »Das digitale Arkanum«. In: *Süddeutsche Zeitung* 21. November 2019, S. 9.

Lobe, Adrian: *Speichern und Strafen: Die Gesellschaft im Datengefängnis.* München 2019.

Lobo, Sascha: »Lernt was Ordentliches! Aber was?«. In: *SPIEGEL Online* 5. Juli 2017.

Lobo, Sascha: *Realitätsschock: Zehn Lehren aus der Gegenwart.* Köln 5. Aufl. 2019.

Lobo, Sascha: »Von der Hetze zum Mord«. In: *SPIEGEL Online* 22. Januar 2020.

Lovink, Geert: *Digitaler Nihilismus: Thesen zur dunklen Seite der Plattformen.* Bielefeld 2019.

Lühmann, Hannah: »Der Erfinder des Like-Buttons bereut alles«. In: *WELT Online* 9. Oktober 2017.

Mahn, Jan: »Israel: 2000 Euro Strafe für irreführende Emojis«. In: *heise.de* 22. Mai 2017.

Marantz, Andrew: »The El Paso Shooting and The Virality of Evil«. In: *The New Yorker Online* 4. August 2019.

Martin-Jung, Helmut: »Das Superhirn«. In: *Süddeutsche Zeitung* 18./19. Januar 2020, S. 32.

Martin-Jung, Helmut: »Whatsapp knackt Marke von zwei Milliarden Nutzern«. In: *Süddeutsche Zeitung Online* 13. Februar 2020.

Marx, Patricia: »Taking Virtual Reality For A Test Drive«. In: *THE NEW YORKER Magazine Online* 9. Dezember 2019.

Mascolo, Georg: »Spionage-Software ist eine gefährliche Waffe«. In: *Süddeutsche Zeitung Online* 23. Januar 2020.

Matsakis, Louise, et al.: »Here Are the Citations for the Anti-Diversity Manifesto Circulating at Google«. In: *VICE.com* 8. August 2017.

Matthes, Sebastian, und Bialek, Catrin: »Axios-Gründer: ›Ich würde Journalisten das Twittern verbieten‹« (Interview mit Jim VandeHei). In: *Handelsblatt Online* 5. Dezember 2019.

Mayer, Verena: »›Es bedarf der Expertise‹«. (Interview mit Michael Maier) In: *Süddeutsche Zeitung* 18. November 2019, S. 23.

Mazzucato, Mariana: *Das Kapital des Staates: Eine andere Geschichte von Innovation und Wachstum.* München 2014.

McNamee, Roger: *Die Facebook-Gefahr: Wie Mark Zuckerbergs Schöpfung die Demokratie bedroht.* Kulmbach 2019 (Originaltitel: *Zucked.* London 2019).

Meikle, James: »Twitter is harder to resist than cigarettes and alcohol, study finds«. In: *The Guardian Online* 3. Februar 2012.

Merchant, Brian: »Deine Pornos beobachten dich«. In: *VICE. com* 07.05.2015.

Meschede, Laura: »Die Mensch-Maschine«. In: *Süddeutsche Zeitung Magazin Online* 23. März 2018 (aus Heft 12/2018).

Meyer, Jens-Uwe: »Werde ich bald wegdigitalisiert?«. In: *SPIEGEL Online* 1. November 2016.

Mingels, Guido: »»Niemand hat der Start-up-Welt mehr Schaden zugefügt als dieser Mann‹« (Gespräch mit Len Sherman). In: *SPIEGEL Online* 20. November 2019.

Möbius, Walter: *Der Krankenflüsterer: Ein Diagnostiker erzählt von seinen interessantesten Fällen.* Köln 2. Aufl. 2015.

Mönnich, Ernst: »Die fortschreitende Vereinheitlichung der Volkswirtschaftslehre und ihre Risiken«. In: *Ökonomenstimme.org* 12. Dezember 2014.

Mönnich, Ernst: »Technischer Rückschritt I: Thesen zu einem dringlichen ökonomischen Forschungsfeld«. In: *Ökonomenstimme.org* 25. Oktober 2016.

Mönnich, Ernst: »Technischer Rückschritt II: Netzwerkeffekte und Wissensmonopole«. In: *Ökonomenstimme.org* 27. Oktober 2016.

MontanaBlack (Marcel Eris): *Vom Junkie zum YouTuber.* München 2019.

Moorstedt, Michael: »Vernebelt Euch!«. In: *Süddeutsche Zeitung Online* 25. Dezember 2019.

Morozov, Evgeny: *To Save Everything, Click Here: The Folly of Technological Solutionism.* New York City 2013.

Moser, Prof. Dr. Maximilian: *Vom richtigen Umgang mit der Zeit: Die heilende Kraft der Chronobiologie.* Berlin 2. Aufl. 2017.

mp [nur Kürzel]: »Digitalisierung, Bildung, Fachkräfte – Wirtschaft will mehr Anstrengungen der EU«. In: *SPIEGEL Online* 27. April 2019.

Müller, Felix: »Verzeichnis einiger Verluste«. In: *Berliner Illustrirte Zeitung* 15. Dezember 2019, S. 14 f.

Mumme, Thorsten: »Fake Bewertungen bei Amazon und Co. sind rechtswidrig«. In: *Tagesspiegel Online* 14. November 2019.

Munzinger, Paul, und Kramer, Bernd: »Die fünf wichtigsten Erkenntnisse aus der Pisa-Studie«. In: *Süddeutsche Zeitung Online* 3. Dezember 2019.

Muth, Max: »Spionage-Krimi um Whatsapp«. In: *Süddeutsche Zeitung Online* 30. Oktober 2019.

Nachtwey, Oliver: »Der Geist des digitalen Kapitalismus«. (re:publica 2019) In: *YouTube.com* 8. Mai 2019.

Nachtwey, Oliver: *Die Abstiegsgesellschaft: Über das Aufbegehren in der regressiven Moderne.* Berlin 2016.

Nagel, Till Simon: »Gamer sind nicht mehr einsame Nerds vorm Rechner«. In: *welt.de* 25. August 2017.

Nast, Michael: *Generation beziehungsunfähig.* Hamburg 2016.

Netz, Dina: »›Es gibt nicht mehr den einzig mächtigen Gate Keeper‹« (Gespräch mit Bernhard Pörksen). In: *Deutschlandfunk Online* 11. Januar 2017.

Netzentdecker: »Deutschland ärgert sich über Funklöcher« (Interview mit Helge Braun). In: *www.netzentdecker.de.*

Netzentdecker: »Digital macht einsam« (Interview mit Prof. Gerd Gigerenzer). In: *www.netzentdecker.de.*

Netzentdecker: »Macht endlich euren Job!« (Interview mit Ranga Yogeshwar). In: *www.netzentdecker.de.*

Netzentdecker: »Nur der Schein ist rein«. In: www.netzentdecker.de.

Netzentdecker: »Verräter wider Willen« (Interview mit Ranga Yogeshwar). In: *www.netzentdecker.de.*

Netzentdecker (Hajo fragt nach #7): »Warum bald niemand mehr mit Bargeld bezahlt« (Gespräch mit Tu-Lam Pham). In: *www.netzentdecker.de.*

Newport, Cal: *Digitaler Minimalismus: Besser leben mit weniger Technologie*. München 2019.

Newton, Casey: »The Terror Queue«. In: *The Verge Online* 16. Dezember 2019.

Newton, Casey: »YouTube Moderators Are Being Forced To Sign A Statement Acknowledging The Job Can Give Them PTSD«. In: *The Verge Online* 24. Januar 2020.

Nitler, Eric: »An AI Epidemiologist Sent the First Warnings of the Wuhan Virus«. In: *WIRED.com* 25. Januar 2020.

Odell, Jenny: *How to Do Nothing: Resisting the Attention Economy*. Brooklyn 2019.

Osnos, Evan: »Doomsday Prep For The Super-Rich«. In: *The New Yorker Online* 23. Januar 2017.

o. V.: »15 Emojis, die Sie garantiert immer falsch verwendet haben«. In: *Der Postillon* 05.06.2018.

o. V.: »Arztbewertungen: Wie seriös sind Portale?«. In: *NDR Online* 18. Oktober 2019.

o. V.: »Customer Satisfaction Benchmarks (By Industry)«. In: *ACSI Online* (American Customer Satisfaction Index) o. D.

o. V.: »Das Instagram-Ich«. In: *tip Berlin* 24/2019. S. 16 ff.

o. V.: »Dating-App-Forscherin: So sind Nutzer bei Tinder erfolgreich!«. In: *Hamburger Morgenpost Online* 26. Februar 2020.

o. V. (mit dpa): »Der Roboter als Wahlkampfhelfer«. In: *Tagesspiegel Online* 30. Oktober 2016.

o. V. (Quelle: Bloomberg/David Paul Morris): »Facebook macht süchtiger als Alkohol und Nikotin«. In: *WELT Online* 4. Februar 2020.

o. V. (DTS Nachrichtenagentur): »Facebook-Manager will bessere Regeln für digitale Welt«. In: *presse augsburg Online* 21. Januar 2020.

o. V.: »Facebook says it won't take down Trump ad«. In: *CBS News Online* 9. Oktober 2019.

o. V.: »Fragen an Mr. ›I don't know‹. Ocasio-Cortez grillt Facebook-Chef Zuckerberg«. In: *SPIEGEL Online* 24. Oktober 2019.

o. V.: »Geschäftsmodell von Google, Facebook & Co. bedroht Menschenrechte« (Pressemitteilung). In: *Amnesty International Online* 21. November 2019.

o. V. (Quelle: nab.): »›Gott weiß, was Facebook mit den Gehirnen unserer Kinder macht‹«. In: *Frankfurter Allgemeine Zeitung Online* 10. November 2017.

o. V.: »John Stith Pemberton«. In: *Wikipedia.org* (letzte Änderungen 5. März 2020).

o. V.: »Journalist Gutjahr verlässt den BR – und erhebt schwere Vorwürfe«. In: *WELT Online* 1. Januar 2020.

o. V. (Quelle: AFP, dpa): »Lagebericht zur IT-Sicherheit: Zahl und Qualität von Cyberangriffen steigen«. In: *ZDF Online* 17. Oktober 2019.

o. V.: »Lord of the Rings, 2020 and Stuffed Oreos: Read the Andrew Bosworth Memo«. In: *New York Times Online* 7. Januar 2020.

o. V.: »Medienreichhaltigkeitstheorie«. In: *wikipedia.de.*

o. V.: »Nächste Generation: Nicole Scheller«. In: *MDR Kultur Online* (Reihe: Nächste Generation) 5. September 2019.

o. V. (CBC News): »›Not good enough‹: Toronto privacy expert resigns from Sidewalk Labs over data concerns«. In: *CBC Online* 21. Oktober 2018.

o. V.: »Pemberton's French Wine Coca«. In: *Wikipedia.org* (letzte Änderungen 17. Juli 2019).

o. V.: »Personalisierte Preise: Wie uns der Handel austrickst«. In: *BR Online (BR24)* 3. Dezember 2019.

o. V.: »The Book of Jobs. Hope, hype and Apple's iPad«. *The Economist* (Titelseite) 30. Januar 2010.

o. V. (Quelle: dpa): »Wenn das Smartphone-Verhalten der Eltern Folgen für die Kinder hat«. In: *futurezone.de* 22. Juni 2018.

o. V. (Quelle: dpa/tobs): »Wer steckt hinter 8chan?«. In: *Frankfurter Allgemeine Zeitung Online* 5. August 2019.

Paul, Kari: »›We can't trust Google‹: former executive says company has lost its way«. In: *The Guardian Online* 3. Januar 2020.

pbe [nur Kürzel]: »Stadt Potsdam schaltet ihre Server ab«. In: *SPIEGEL Online* 23. Januar 2020.

Peteranderl, Sonja: »So könnte Software für Airbnb Nutzer-Persönlichkeiten einschätzen«. In: *SPIEGEL Online* 7. Januar 2020.

Petter, Jan, und Schumann, Florian: »Wenn die Arbeit krank macht«. In: *Tagesspiegel Online* 5. Dezember 2019.

Petter, Jan: »Wir haben mit der Influencerin gesprochen, die auf TikTok vor einem Weltkrieg warnte – und jetzt angegriffen wird«. In: *bento.de* 10. Januar 2020.

Pinnow, Kevin, et al.: »Einfach mehr hören. Einfach mehr wissen« (Podcasts IKZ). In: *Iserlohner Kreisanzeiger und Zeitung Online.*

Pomerantsev, Peter: *Das ist keine Propaganda: Wie unsere Wirklichkeit zertrümmert wird – Ein SPIEGEL-Buch.* München 2020.

Popper, Karl R.: *Die offene Gesellschaft und ihre Feinde* (Band I und II). Tübingen 7. Aufl. 1992.

Posch, Michaela: »›Keiner will sich mehr spontan kennenlernen‹« (Interview mit Kornelia Hahn). In: *SALZBURG24.at* 9. Februar 2020.

Prinz, Ulrike: »Bedrohte Sprachen: Digitalisierung als Überlebensstrategie?«. In: *Spektrum.de* 14. November 2019.

Rabe, L.: »Monatlich aktive Nutzer von Facebook weltweit bis zum 4. Quartal 2019«. In: *statista Online* 30. Januar 2020.

Raidy, Gino, et al.: »Was geht uns das an?«. In: *Frankfurter Allgemeine Zeitung Online* 8. Dezember 2019.

RCR Wireless News: »Keynote Remarks by Peter Lord, VP, Strategic Initiatives, Oracle«. In: *YouTube.com* 29. März 2018.

Reckwitz, Andreas: *Das Ende der Illusionen. Politik, Ökonomie und Kultur in der Spätmoderne.* Berlin 2019.

Reckwitz, Andreas: *Die Gesellschaft der Singularitäten: Zum Strukturwandel der Moderne.* Berlin 2019.

Reuter, Markus: »8chan, QAnon und Pizzagate: FBI warnt vor Verschwörungsextremismus«. In: *netzpolitik.org* 5. August 2019.

Reuter, Markus: »Geschäftsmodelle von Google und Facebook bedrohen Menschenrechte«. In: *netzpolitik.org* 21. November 2019.

Reuter, Markus: »Wenn Facebook deine Seite drosselt – und du nicht weißt warum«. In: *netzpolitik.org* 13. November 2019.

Reuter, Wolfgang: »Coca Cola ist die verflüssigte Seele Amerikas«. In: *Handelsblatt Online* 8. Mai 2011.

Rezo (Video): »Die Zerstörung der CDU«. In: *YouTube.com* 18. Mai 2019.

Rezo: »›OK, Boomer‹ ist okay, Boomer!«. In: *ZEIT Online* 20. November 2019.

Rixecker, Kim: »KI-Forscher fordern Gesetz gegen Emotionserkennung«. In: *t3n.de* 19. Dezember 2019.

Roose, Kevin: »›Shut the Site Down,‹[sic!] Says the Creator of 8chan, a Megaphone for Gunmen«. In: *The New York Times Online* 4. August 2019.

Rosling, Hans, et al.: *Factfulness: Wie wir lernen, die Welt so zu sehen, wie sie wirklich ist.* Berlin 5. Aufl. 2019.

Ross, Björn, et al. »Are social bots a real threat?«. In: *European Journal of Information Systems (EJIS)* 28(4), S. 394 ff. 2019.

Roth, Johanna: »Warum wollen plötzlich alle mit ihren Nachbarn befreundet sein?«. In: *jetzt.de* 3. Januar 2019.

Rouse, Margaret: »Arpanet/Darpanet«. In: *ComputerWeekly.de* o. D.

Rubin, Rita: »Matters of the Mind – Bedtime Procrastination, Relaxation-Induced Anxiety, Lonely Tweeters«. In: *JAMA Network Online* 11. Dezember 2019.

Russell Hochschild, Arlie: *Fremd in ihrem Land: Eine Reise ins Herz der amerikanischen Rechten.* Frankfurt a. M. 2017.

Sadigh, Parvin: »Nur ein Viertel der Schulen hat ein funktionierendes WLAN«. In: *ZEIT Online* 5. November 2019.

Safranski, Rüdiger: *Zeit: Was sie mit uns macht und was wir aus ihr machen.* München 2. Aufl. 2015.

Scheele, Martin: »Lernen von den Jungen«. In: *Süddeutsche Zeitung Online* 29. September 2018.

Scheu, René: »Paypal-Gründer und Philosoph Peter Thiel: ›Die

Köpfe im Silicon Valley haben sich gleichgeschaltet‹« (Gespräch mit Peter Thiel). In: *Neue Zürcher Zeitung Online* 5. April 2019.

Schindler, Jörg: »Deutschland rastet aus«. In: *SPIEGEL Online* 15. März 2019.

Schlack, Martin: »Warum kann der Supercomputer nur bis vier zählen?«. In: *SPIEGEL Online* 2. Februar 2020.

Schlagnitweit, Lilly: »Rezos Real Talk«. In: *taz Online* 21. Mai 2019.

Schlindwein, Simone: »Geld heißt Krieg«. In: *taz Online* 12. November 2018.

Schlindwein, Simone: »In Kongos größtem Coltan-Bergwerk«. In: *Deutsche Welle Online* 17. September 2018.

Schmalz, Gisela: *Mein fremder Wille. Wie wir uns freiwillig unterwerfen und die Tech-Elite kassiert.* Frankfurt a. M. 2020.

Schmieder, Jürgen: »American Angst«. In: *Süddeutsche Zeitung* 13. Dezember 2019, S. 11.

Schmitz, Peter, und Jakobs, Joachim: »Anbieter müssen ›in die Pflicht genommen werden‹«. In: *Security Insider Online* 21. Januar 2020.

Schnabel, Ulrich, und Scholz, Anna-Lena: »Die Anspitzung des Denkens«. In: *DIE ZEIT* 26. September 2019, S. 43 ff.

Schneider, Ralf: *Die Suchtfibel: Wie Abhängigkeit entsteht und wie man sich daraus befreit. Informationen für Betroffene, Angehörige und Interessierte.* Baltmannsweiler 14. Aufl. 2009.

Schrödel, Tobias: *Ich glaube, es hackt: Ein Blick auf die irrwitzige Realität von Computer, Smartphone und IT-Sicherheit.* 4. erw. und akt. Auflage Berlin 2016.

Schubert, Christian: »Wie wir schleichend unseren freien Willen aufgeben«. In: *Frankfurter Allgemeine Zeitung Online* 15. November 2019.

Schulenberg, Stephan R.: »Landgericht Stuttgart verbietet Werbung mit gekauften Facebook Likes«. In: *MLMRecht.de* (ein Blog der SBS LEGAL) 29. August 2014.

Schulte, Brigid: *Overwhelmed. Work, Love And Play When No One Has The Time.* New York City 2014.

Schumacher, Florentin: »Deutsche: Esst keine Kartoffeln!«. In: *Frankfurter Allgemeine Zeitung Online* 15. Februar 2020.

Schumacher, Hajo: »Im digitalen Vorzeigeland Estland läuft das Internet rund«. In: *Berliner Morgenpost Online* 25. Januar 2019.

Schwarz, Karolin: *Hasskrieger: Der neue globale Rechtsextremismus*. Freiburg i. B. 2020.

Schwenn, Kerstin, und Wieduwilt, Hendrik: »20 Prozent auf alles – aber nicht für jeden«. In: *Frankfurter Allgemeine Zeitung Online* 22. Juli 2018.

Shani, Ayelett: »Just Think What Goebbels Could Have Done With Facebook«. In: *Haaretz Online* 1. Juni 2019.

Sheffield, Hazel: »Could your online porn habits be publicly released?«. In: *The Independent Online* 07. April 2015.

Siegle, Jochen: »Wenn der Roboter ins Stocken gerät. Googles KI-System Duplex […]«. In: *Neue Zürcher Zeitung Online* 23. Mai 2019.

Silberstein, Schlecky: *Das Internet muss weg: Eine Abrechnung*. München 2018.

Simon, Felix: »Google baut in Toronto einen vernetzten, perfekten Stadtteil – der unsere Freiheit einschränken könnte«. In: *Neue Zürcher Zeitung Online* 8. Dezember 2017.

Singelnstein, Tobias: »Big Data bei der Polizei: Hessen sucht mit Palantir-Software nach Gefährdern«. In: *netzpolitik.org* 3. Juni 2019.

Slavik, Angelika: »Mein Job, meine Badehose«. In: *Süddeutsche Zeitung* 2./3. November 2019, S. 23.

Smirnova, Julia: »Boris Johnson, der Grenzschließer«. In: *SPIEGEL Online* 20. Februar 2020.

Specht, Frank: »Der Staat darf die Verlierer der Digitalisierung nicht abschreiben«. In: *Handelsblatt Online* 12. Juni 2019.

Spiewak, Martin: »Um Klassen smarter«. In: *ZEIT Online* 6. November 2019.

Sprengel, Bernhard (dpa): »Internetsucht bei Jugendlichen: Süchtig nach Likes und Strikes«. In: *heise online* 17. September 2018.

Staab, Philipp: *Digitaler Kapitalismus: Markt und Herrschaft in der Ökonomie der Unknappheit.* Berlin 2019.

Stadelmann, Urs: »Googles Vaterfigur Eric Schmidt verlässt Alphabet«. In: *Neue Zürcher Zeitung Online* 22. Dezember 2017.

Stauffacher, Reto: »Die neue mediale Macht«. In: *Neue Zürcher Zeitung* 25. Januar 2020, S. 11.

Stegemann, Patrick, und Musyal, Sören: *Die rechte Mobilmachung: Wie radikale Netzaktivisten die Demokratie angreifen.* Berlin 2. Aufl. 2020.

Steier, Henning: »USB-Stick als Speicher: Meine Daten habe ich bei mir«. In: *NZZ am Sonntag Online* 7. März 2020.

Steinhagen, Martín: »›Es geht um Leben und Tod für manche Unternehmen‹«. In: *ZEIT Online* 13. September 2019.

Steinitz, David: »Programmierte Erfolge. Hollywood setzt bei der Filmauswahl auf künstliche Intelligenz«. In: *Süddeutsche Zeitung Online* 13. Januar 2020

Stellpflug, Jürgen: »Täuschung im Web stoppen«. In: *Mittelbayerische Online* 16. Januar 2020.

Stiftung für Zukunftsfragen (Hrsg.): »Freizeitmonitor 2019«.

Strobl, Natascha: »Wie ein rechter Shitstorm funktioniert«. In: *Moment.at* 11. November 2019.

Suchert, Vivien: *Das vermessene Ich: Von Selbstkontrolle, Optimierungswahn und digitalen Doppelgängern.* Salzburg 2019.

Südekum, Jens: »Arbeislos durch Algorithmen?«. In: *Tagesspiegel BACKGROUND Online* 12. Dezember 2018.

Sürig, Dieter: »›Mark Zuckerberg könnte einiges von Europa lernen‹« (Gespräch mit Andreas Weigend). In: *Süddeutsche Zeitung Online* 12. April 2018.

Sunstein, Cass R.: *Conformity: The Power of Social Influences.* Harrogate 2019.

tagesschau.de (Wahlprogramme im Vergleich): »Wie die Parteien die Digitalisierung gestalten wollen«. In: *tagesschau.de* 9. Mai 2019.

tb [nur Kürzel]: »Gute Qualität, aber kaum jemand sieht's:

Diese SEO-Probleme haben DAX-Konzerne«. In: *www.absatzwirtschaft.de* 5. März 2019.

Terlep, Sharon: »Everyone Hates Customer Service. This Is Why«. In: *The Wall Street Journal Online* 3. August 2019.

Thiel, Peter: »The Education of a Libertarian«. In: *Cato Unbound Online* 13. April 2019.

Thoreau, Henry David: *Walden oder Leben in den Wäldern*. Taschenbuch-Ausgabe z. B. Zürich 2007 (Original 1854, Deutsche Erstausgabe 1897).

Timm, Ulrike: »Privatsphäre ist eine Illusion« (Gespräch mit Andreas Weigend). In: *Deutschlandfunk Kultur Online* 26. März 2019.

Tzanetakis, Meropi, und Stöver, Heino (Hrsg.): *Drogen, Darknet und Organisierte Kriminalität: Herausforderungen für Politik, Justiz und Drogenhilfe*. Baden-Baden 2019

Ulrich, Viola: »Was die Wahl deines Smartphones über dich verrät«. In: *Welt Kompakt Online* 22. November 2016.

Urner, Maren: *Schluss mit dem täglichen Weltuntergang: Wie wir uns gegen die digitale Vermüllung unserer Gehirne wehren*. München 2019.

Viciano, Astrid: »Zehnmal Lob für 118,88 Euro«. In: *Süddeutsche Zeitung* 16. Dezember 2019, S. 16.

Vieweg, Martin: »Handy-Sucht destabilisiert die Hirn-Chemie«. In: *wissenschaft.de* 30. November 2017.

Wallman, James: »Why We're All So Worried About Having Too Little Time«. In: *TIME Online* 30. Januar 2020.

Wannenmacher, Tom: »Facebook startet eine neue Kampagne und klärt über Privatsphäre-Einstellungen auf!«. In: *mimikama.at* 11. November 2019.

Weber, Amelie Marie: »Wenn im Bett nur noch das Smartphone gedrückt wird«. In: *Berliner Morgenpost Online* 19. Februar 2020.

Weigend, Andreas: *Data for the People. Wie wir die Macht über unsere Daten zurückerobern*. Hamburg 2017.

Weller, Julia: »Gekaufte Likes für politische Parteien«. In: *Ruhr Universität Bochum Online* 9. Dezember 2019.

WELT Nachrichten:»›Amazon Go‹: In Seattle hat der erste Supermarkt ohne Kassen eröffnet«. In: *YouTube.com* 22. Januar 2018.

Wetzel, Katharina:»Der größte Robo«. In: *Süddeutsche Zeitung* 26./27. Oktober 2019, S. 30.

Wienand, Lars:»Ex-Mitarbeiter rechnen mit Facebook ab«. In: *t-online.de* 21. März 2018.

Wilke, Felicitas:»Gute Note, schlechter Platz«. In: *Süddeutsche Zeitung* 13. Januar 2020, S. 18.

Willborn, Nina:»Marina Weisband will mehr Gemeinschaft«. In: *Weser-Kurier Online* 19. Januar 2020.

Wittrock, Olaf, und Winter, Carina (Mitarbeit):»Wie Kinder Medien nutzen«. In: *journalist* 10/2019, S. 14 ff.

Wolf, Andre:»Kommentare sind verschwunden? Das ist der Grund!«. In: *mimikama.at* 28. Januar 2020.

Wolf, Christian:»Die Epidemie, die keine ist«. In: *Spektrum.de* 27. Januar 2020.

Wylie, Christopher: *Mindf*ck: Wie die Demokratie durch Social Media untergraben wird*. Köln 2020.

Yogeshwar, Ranga: *Nächste Ausfahrt Zukunft: Geschichten aus einer Welt im Wandel*. Köln 2017.

Zajonz, Moritz:»Warum es so schwierig ist, ein faires Handy zu bauen«. In: *Süddeutsche Zeitung Online* 29. August 2018.

ZDF heute journal:»Die Vernetzung der Welt verstört« (Gespräch mit Bernhard Pörksen). In: *ZDF Online* 4. August 2019.

Zdrzalek, Lukas:»Das Fünf-Minuten-Problem«. In: *Süddeutsche Zeitung Online* 27. März 2017.

Zinkant, Kathrin:»Studie zu HPV ist ein Fest für Impfgegner«. In: *Süddeutsche Zeitung Online* 27. Dezember 2016.

Zuboff, Shoshana: *Das Zeitalter des Überwachungskapitalismus*. Frankfurt a. M. 2018.

Zuckerberg, Mark:»Mit mehr Kontrolle über die eigene Privatsphäre ins neue Jahrzehnt«. In: *Facebook Newsroom* 28. Januar 2020.

Dank

Jedes Buch hat viele Macher und Mitmacher, die viel zu wenig gefeiert werden. Deswegen bitte bei den folgenden Namen eine Champagner-Pyramide vorstellen, Konfettiregen und ein großes Orchester: Prof. Bodo Hombach, Dr. Boris Berger, Sonja Villareal, Jascha Loos, Anika Wiese, Fritz Schumacher, Paul Schumacher, Kristen Meyers, Carla Mönig, Barbara Wenner, Dominique Pleimling, Prof. Dr. Gerd Gigerenzer, Frank Thelen, Axel Berger, Michael Panzer, Mart Laanemäe, Dirk Opalka, Kevin Pinnow, Jeff Gallas, Prof. Dr. Rolf G. Heinze, Jo Graff, Sarah Wurzer, Dirk Linden, Ersin Üstün, Juliane Berghauser Pont, Thomas Reunert, Günther Oettinger, Anna Melamed, Tu-Lam Pham, Benjamin Köhler, Christine Scholz, Christine Richter, Torsten Kroop, Suse Schumacher, Christian Sauer, Martin Wilkel, Simon Wiese, Christian Ruhnau, Ingo Andert, Dr. Tobias Korenke, Ranga Yogeshwar, Armin Laschet, Dr. Helge Braun, Mark Semmler, Christiane Auffermann, Nikolas Korte.